언어, 논리, 진리

나남
nanam

나남신서 1474

언어, 논리, 진리

2010년 10월 20일 발행
2024년 11월 15일 4쇄

지은이__알프레드 J. 에이어
옮긴이__송하석
발행자__趙相浩
발행처__(주) 나남
주소__10881 경기도 파주시 회동길 193
전화__(031) 955-4601 (代)
FAX__(031) 955-4555
등록__제 1-71호(1979. 5. 12)
홈페이지__http://www.nanam.net
전자우편__post@nanam.net

ISBN 978-89-300-8474-1
ISBN 978-89-300-8215-0 (세트)

책값은 뒤표지에 있습니다.

언어, 논리, 진리

알프레드 J. 에이어 지음 | 송하석 옮김

나남
nanam

Language, Truth and Logic

옮긴이 머리말

에이어, 그는 천재인가, 바보인가

옮긴이가 철학을 공부하기 위해서 미국으로 유학을 갈 때, 철학 전반에 대해서도 그랬지만 분석철학에 대해서는 완벽한 문외한이었다. 학부에서 철학을 전공하지 않은 옮긴이의 철학적 지식은 부전공으로 철학을 선택하면서 기본적 철학강좌 몇 개를 들으면서 얻은 것이 전부였고, 그나마도 당시의 대학사정 때문에 제대로 된 수업을 들을 수도 없었기 때문에 부실하기 그지없는 것이었다. 그래서 유학기간 첫 몇 해 동안 학부수업을 들었는데, 그때 "분석철학"이라는 과목을 수강하면서 읽은 책 중 하나가 에이어의 《언어, 논리, 진리》였다. 그 과목을 강의한 폴 탱(Paul Tang) 교수는 옮긴이에게 분석철학에 흥미를 갖게 만들어 준 첫 스승이기도 하다. 옮긴이가 영어도 미숙하고 철학지식도 부족해서 좌절감을 느낄 때마다, 탱 교수는 격려와 함께 여러 가지 형태의 자극을 주었다. 매년 철학과 대학원생들이 주도하는 철학심포지엄이 개최되었는데, 탱 교수는 "분석철학" 수업시간에 에이어에 대해서 옮긴이가 기말보고서로 제출한 것을 발전시켜서 철학심포지엄에서 발표하게 하였다. 그리고 옮긴이가 석사학위를 받기 직전, 에이어의 사망소식을 전해 듣고, 탱 교수와 함께 그해 철학심포지엄의 주제를 "에이어의 철학"으로 결정하고, 다시 옮긴이는 비트겐슈타인의 사적 언어논증에 대한 에이어의 평가에 대한 글을 발표하였다. 그때 발표한 글들은 지금 생각해보면, 소박하고 심지어는 유치하기까지 한 것이었지만, 그 발표들은 옮긴이가 분석철학에 흥미를 갖게 된 중요한 계기가 되었다. 이것이 옮긴이와 에이어와의 인연의 시작이었다.

그리고 한동안 옮긴이는 에이어에 대해 연구할 기회를 갖지 못했는데, 그것은 아마도 분석철학 내에서도 에이어와 함께 전통적 논리실증주의 철학은 한물간 사상이라는 생각이 지배적이었기 때문일 것이다. 옮긴이도 에이어가 논리실증주의 철학을 이해하는 데 중요한 철학자라는 정도의 인식만을 가지고 있었고, 더 깊이 있는 연구를 하지 못하고 있었다. 그러던 중 옮긴이는 근대철학 세미나를 수강하면서 에이어가 쓴 《지식의 문제》(*The Problem of Knowledge*) 라는 저서를 읽을 기회가 있었는데, 근대 철학자에 대한 그의 탁월한 분석적 설명에 감탄하지 않을 수 없었다. 특히 에이어가 데카르트의 '코기토'에 대해서 제시한 논리적 분석은 매우 흥미로운 것으로 에이어의 천재성을 확인할 수 있는 부분이기도 했다. 비트겐슈타인이 왜 에이어에 대해서 "그의 문제는 항상 지나치게 영리하다는 것"이라고 말했는지를 이해할 수 있기도 했다. 물론 비트겐슈타인은 에이어가 불필요하게 영리해서 철학적으로 중요하지 않은 문제에 대해서도 지나치게 분석적인 결과를 내놓는다는 다분히 냉소적이고 반어적으로 표현한 것이지만, 비트겐슈타인도 에이어의 천재성을 인정한 것임은 분명하다.

아마도 사르트르가 에이어를 "얼간이"(*Il est un con*) 라고 칭한 것도 같은 맥락에서였을 것이다. 에이어가 진정한 천재인지, 얼간이인지에 대한 평가는 이 책을 읽는 독자에게 맡겨두기로 하자.

옮긴이는 1994년 귀국해서 "분석철학", "현대 영미철학" 등을 강의할 기회가 있었는데, 그때마다 논리실증주의를 강의하기 위해서 이 책을 강의 주교재 중 하나로 택해서 읽어가곤 했다. 그런데 이 책이 그렇게 읽어내기에 어렵지 않음에도 불구하고 많은 수강생들이 영어로 된 철학책을 읽어야 하는 부담 때문이었는지 그러한 강의를 기피하는 경향이 있었다. 그래서 옮긴이는 강의를 위해서 이 책을 조금씩 번역하여 수강생들에게 나눠주기 시작했다. 그렇게 시작된 번역이 3년 정도 지나자 초고가 거의 마무리되었다. 그러나 초고는 초고일 뿐, 많은 수정과 보완이 필요했다. 특히 우리말로 철학공부를 별로 하지 못한 옮긴이에게 우리말 철학용어가 익숙하지 않아 용어선택에 어려움을 겪을 때, 번역원고를 같이 읽으면서 토론에 참여해 준 수강생들의 도움이 매우 컸다. 그런 의미에서 이 책 번역의 첫 번째 조력자들은 옮긴이의 강의를 수강하면서 이 원고를 읽고 토론에 참여해준 수강생들이다.

2005년, 이 책이 한국연구재단의 동서양 명저번역사업의 번역대상 도서로 선정되어, 옮긴이에게 좀더 다듬어진 번역을 할 기회를 준 심사위원들에게도 감사드린다. 그러나 무엇보다 두 차례의 심사과정에서 귀중하고 유익한 코멘트를 해준 익명의 심사위원들에게 감사를 전한다. 2006년 번역을 마무리하여 결과보고를 하고 받아든 심사위원들의 코멘트는 신랄하면서도 자극적이었다. 옮긴이는 심사위원의 지적에 따라 가독성을 높이기 위해서 나름대로 고민하였지만, 여전히 만족할 만한 수준은 아닌 듯싶다. 한편으로는 원문의 의미나 뉘앙스를 살리고 싶다는 바람과 독자들이 가능한 한 편하게 이해할 수 있는 번역이어야 한다는 요구 사이의 적절한 지점이 어디쯤일까에 대한 고민은 여전히 숙제로 남아있다. 앞으로 독자들과 함께 지속적으로 좀더 만족스러운 번역서가 되도록 다듬어 가겠다는 다짐을 하면서 장래의 분석철학자들에게 이 책을 드린다.

2010년 10월

송 하 석

머리말

이 책에서 제시되는 견해는 버트란드 러셀(B. Russell)과 비트겐슈타인(L. Wittgenstein)의 주장으로부터 얻은 것인데, 그들의 주장은 버클리(G. Berkeley)와 데이비드 흄(D. Hume)의 경험론의 논리적 결과이다. 흄처럼 나는 모든 진짜(*genuine*) 명제를 두 종류로 나눈다. 흄의 용어로 표현하면, "관념의 관계"(*relations of ideas*)에 대한 명제와 "사실"(*matters of facts*)에 관한 명제가 그것이다. 전자는 논리학과 순수수학의 선험적 명제들로 구성되고, 나는 이것들이 분석적이라는 이유만으로 필연적이고 확실한 것이라고 인정한다. 다시 말해서, 이러한 명제들은 경험을 통해서 논박될 수 없는데, 그 이유는 그러한 명제들은 경험세계에 대하여 어떤 주장도 하고 있지 않고, 단지 기호를 일정한 방식에 따라 사용하기로 한 약속을 알려주는 것일 뿐이기 때문이라고 주장한다. 다른 한편으로, 나는 경험적 사실에 관한 명제는 개연적일 수 있을 뿐, 반드시 참이라고는 할 수 없는 가설이라고 주장한다. 그리고 그러한 명제를 타당하게 하는 방법에 대해서 설명하면서 나는 진리의 본질에 대해서도 설명했다고 생각한다.

어떤 문장이 진정한 경험적 가설을 표현하는가를 테스트하기 위해서, 나는 수정된 검증원리(*modified verification principle*)라는 것을 채택한다. 왜냐하면 경험적 가설에 대해서 실제로 그 가설이 결정적으로 검증가능해야 한다고 주장하는 것이 아니라, 그 명제의 참 또는 거짓을 결정하는 것과 관련된 어떤 가능한 감각경험이 있어야 한다고 주장하기 때문이다. 어떤 잠정적 명제가 이러한 원칙을 만족시키지도 못하고, 동어반복의 명제도 아니라면, 나는 그 명제는 형이상학적이라고 주장할 것이고, 그러한 명제는 형이상학적이기 때문에 참도 거짓도 아니며, 문자 그대로의 의미를 갖지 않는다고 주장한다. 이 기준에 따르면 철학에서 일상적으로 통용되었던 것 중에서 많은 것들이 형이상학적이라는 것을 알게 될 것이고, 특히 경험과 무관한 가치에 관한 세계가 있다든지, 사람은 불멸하는 영혼을 가지고 있다든지, 혹은 초월적 신이 있다고 의미 있게 주장할 수 없다는 것을 알게 될 것이다.

철학의 명제 자체에 대해서 나는 그것들이 언어적으로 필연적이며 따라서 분석적이라고 주장할 것이다. 철학과 경험과학의 관계와 관련하여, 철학자는 그 자체로 과학의 가설들과 경쟁할 사변적 진리를 제공할 입장에 있지 않고, 과학이론의 타당성에 대해서 선험적으로 판단할 입장에 있지도 않으며, 철학자의 역할은 과학적 명제들 사이의 논리적 관계를 드러내 보이고, 그 명제에 사용된 기호를 정의함으로써 과학의 명제를 명료화하는 것이라는 것을 보여줄 것이다. 결론적으로 나는 철학의 그러한 본성상, 서로 갈등하는 철학의 "학파들"이 존재한다는 생각을 정당화해주는 아무 근거도 없다고 주장할 것이다.

그리고 나는 과거 철학자들 사이의 논쟁의 주요한 원천이 되었던 문제에 정의적(*definitive*) 해결책을 제시함으로써 이것을 구체적으로 보여주려고 시도할 것이다.

철학함을 분석이라는 활동으로 보는 견해는 영국에서 무어(G. E. Moore)와 그의 제자들의 저술과 관련된다. 나는 무어 교수에게서 많은 것을 배웠지만, 무어와 그의 제자들은 내가 취한 철두철미한 현상론(*phenomenalism*)을 받아들이지 않았고, 철학적 분석의 본질에 대하여 나와는 꽤 다른 견해를 가지고 있다고 믿을 만한 이유가 있다. 나의 입장과 가장 가까워서 내가 동의하는 철학자들은 슐리크(M. Schlick)의 지도 아래 "비엔나학파"(*Vienna Circle*)를 구성하고, 일반적으로 논리실증주의자(*logical positivists*)라고 알려진 철학자들이다. 이들 중에서 나는 카르납(R. Carnap)에게 많은 도움을 받았다. 나는 더욱이 나의 첫 철학 스승인 라일(G. Ryle)에게 많은 빚을 졌음을 밝히며, 이 저서의 논증에 나타난 모든 점에 대해서 나와 토론하고 비록 내가 주장하는 것에 대해서 상당부분 동의하지는 않았지만, 많은 귀중한 제안을 해준 벌린(I. Berlin)에게 감사를 전한다. 그리고 원고교정을 도와준 윌리스(J. R. M. Willis)에게도 감사를 전한다.

1935년 7월
11 Foubert's Place, London
알프레드 J. 에이어

언어, 논리, 진리

차 례

서 론

《언어, 진리, 논리》가 처음 출간된 지 10년이 지나서, 나는 그것이 다루는 문제가 모든 면에서 외견상 드러나 보이는 것만큼 그렇게 간단하지 않다는 것을 알게 되었다. 그러나 나는 여전히 이 책이 표현하는 관점은 대체로 옳다고 확신하고 있다. 모든 의미에서 그것은 젊은이의 저술이었기 때문에, 대부분의 철학자들이 자신의 저술에서 스스로에게 드러내도록 허용하는 것보다 많은 정열을 가지고 씌어졌다. 아마 그렇게 하지 않았더라면 가졌을 것이라고 생각되는 독자보다 더 많은 독자를 확보하는 데 도움을 주었겠지만, 이제 나는 그렇게 거친 형태로 제시되지 않았더라면 이 책의 논증 중에 많은 것들이 보다 더 설득력을 갖게 되었을 것이라고 생각한다. 그러나 내가 광범위하게 그것을 수정하여 다시 쓰지 않고는 이 책의 논조를 바꾸기는 매우 어려울 것이다. 더구나 나는 이 책이 장점을 갖고 있기 때문만이 아니고, 이 책이 하나의 교과서로서의 지위와 같은 중요한 역할을 하고 있다는 사실 때문에, 이 책의 내용을 그대로 재출간할 충분한 정당성이 있다고 믿는다. 동시에 내가 보기에 좀더 설명해야 할 필요가 있다고 생각되는 많은 점이 있다. 따라서 나는 이 새로운 서론의 나머지 부분에서 그 점들에 대해서 간단히 언급하는 데 주력할 것이다.

검증 원리

검증원리는 어떤 문장이 문자 그대로의 의미(*literal meaning*)를 갖는지 그렇지 않은지를 결정할 수 있는 기준을 제공한다고 생각한다. 그 원리를 정식화하는 간단한 방식은 어떤 문장이 표현하는 명제가 분석적이거나 경험적으로 검증될 수 있다면, 그리고 오직 그럴 경우에만 그 문장이 문자 그대로의 의미를 갖는다고 말하는 것이다. 그러나 이에 대해서 어떤 문장이 문자 그대로의 의미를 갖지 않는다면 그것은 명제를 표현하지 않는 것이라는 반론이 있을 수 있다.[1] 왜냐하면 일반적으로 모든 명제는 참이거나 거짓이라고 가정되고, 어떤 문장이 참이거나 거짓인 것을 표현하고 있다고 말하는 것은 그것이 문자 그대로의 의미를 가지고 있다고 말하는 것을 함축하기 때문이다. 따라서 검증원리가 이런 방식으로 정식화된다면, 그것은 어떤 명제도 표현하지 않은 문장에 대해서는 아무런 말도 해주지 못하기 때문에 그것은 의미기준으로서 불완전할 뿐만 아니라, 그 원리가 대답하고자 하는 질문은 그 원리가 적용될 수 있기 전에 이미 대답되었음에 분명하다는 점에서 쓸모없

1) M. Lazerowitz, "The Principle of Verifiability," *Mind*, 1937, pp. 372~378을 보라.

는 것이라고 주장될 수 있다.[2] 내가 이 책에서 이 원리를 도입할 때, "잠정적(*putative*) 명제", 어떤 문장이 "표현하고자 의도하는"(*purport to express*) 명제에 대해서 말함으로써 이러한 문제점을 피하려고 했다는 것을 알게 될 것이다. 그러나 이러한 장치도 만족스럽지 않다. 왜냐하면 첫째 "추정적"이나 "의도하다"와 같은 단어를 사용하는 것은 내가 빠져들고 싶지 않은 심리학적 고찰을 끌어들이게 되는 것 같기 때문이고, 둘째 이렇게 말하는 방식에 따라서 "추정적 명제"가 분석적이지도 않고 경험적으로 검증가능하지도 않은 경우에, 그 문장이 표현하고 있다고 적절하게 말할 수 있는 내용은 없는 것처럼 보이기 때문이다. 그러나 어떤 문장이 아무것도 표현하고 있지 않다면, 그 문장이 표현하는 것은 경험적으로 검증가능하지 않다고 말하는 데는 모순이 있는 것처럼 보인다. 왜냐하면 그 문장이 이러한 근거 위에서 무의미하다고 판정되었다고 할지라도, "그것이 표현하는 것"에 대한 언급은 여전히 어떤 내용을 표현하고 있음을 함축하는 것 같기 때문이다.

그러나 이것은 단순히 용어상의 문제일 뿐이고, 이 점에 대해서는 여러 가지 방식으로 대답될 수 있다. 그 대답 중의 하나는 검증가능성 원리를 문장에 직접적으로 적용하는 것이고, 그렇게 해서 명제에 대

---

2) 〔옮긴이 주〕 라제로위츠의 반론을 정리하면 다음과 같다. 에이어의 검증원리는, 경험적 사실을 표현하는 문장이 표현하는 명제가 검증불가능하다면 그 문장은 무의미하다고 말한다. 그런데 위와 같이 정식화되는 검증원리는 문장이 명제를 표현한다는 것을 암암리에 전제하고, 명제는 참이거나 거짓일 것이기 때문에 이미 문장은 의미를 지니고 있다고 해야 할 것이다. 결국 위와 같이 정식화되는 검증원리는 어떤 문장이 아무런 명제도 표현하고 있지 않다면 그 문장 또한 무의미함에 분명할 터인데, 그러한 문장에 대해서는 적용될 수 있는 기준이 아니라는 점에서 불완전하다는 것이 반론의 요지이다.

한 언급을 제거해버리는 것이다. 명제에 대해서와 달리, 문장에 대해서는 보통 그 문장이 검증될 수 있다거나 또는 참이나 거짓이라고 말하지 않기 때문에, 이것은 사실상 일상적 용법에 반하는 것이다. 그러나 일상적 용법에서 벗어나는 것이 실천적인 면에서 어떤 장점을 갖는다는 것을 보일 수 있다면, 그것도 정당화된다고 주장할 수 있을 것이다. 그러나 사실 실제적 장점은 다른 쪽에 놓여 있는 것처럼 보인다. 왜냐하면 "명제"라는 단어를 사용한다고 해서 우리가 그것이 없다면 원칙적으로 말할 수 없는 어떤 것을 말할 수 있게 되는 것은 아니지만, 그 명제라는 단어를 사용함으로써 중요한 기능을 수행할 수 있기 때문이다. 왜냐하면 그것은 어떤 특정한 문장 s에 대해서뿐만 아니라 s와 논리적으로 동치인 임의의 문장에 대해서 타당한 것을 표현할 수 있게 해주기 때문이다. 그래서 예를 들어, 내가 명제 p가 명제 q에 의해서 함축된다고 주장한다면, 사실 나는 암묵적으로 p를 표현하는 영어문장 s가 q를 표현하는 영어문장 r로부터 타당하게 추론될 수 있다고 주장하는 것이다. 그러나 이것이 내가 주장하고자 하는 전부는 아니다. 나의 주장이 옳다면, 영어든 또는 다른 어떤 언어든 s와 동치인 임의의 문장은 해당언어에서 r과 동치인 임의의 문장으로부터 타당하게 추론된다는 것도 따라나올 것이다. 그리고 내가 "명제"라는 단어를 사용하는 것은 바로 이 점을 지적한 것이다. 명백하게 우리가 지금 "명제"라는 단어를 사용하는 방식으로 "문장"이라는 단어를 사용하기로 결정할 수 있다. 그러나 특별히 "문장"이라는 단어는 애매하기 때문에, 이것은 내용을 명료하게 하는 데 도움이 되지 못한다. 하나의 문장이 반복되어 쓰인 경우에, 2개의 다른 문장이 있다거나 동일한 문장이 두 번 정식화되어 있다고 말할 수 있다.[3] 나는 지금까지 그 단어를 두 번째 의미로 사용하였지만, 다른 용법도 마찬가지로 정당하다. 어떤 용법에서든 영어로 표현된 어떤 문장은 그것과 동치인 프랑스어 문장과 다른 문장이라고 간주될 것이다. 그러나 이것은 우리가 "명제"를 "문장"으로 대신하기 위해서 도입해야 하는 "문장"이라는 단어의 새로운 용법에 대해서는 적용할 수 없을 것이다. 왜냐하면 그 경우에 우리는 영어표현과 그것과 동치인 프랑스어 표현은 동일한 문장의 다른 정식화라고 말해야 하기 때문이다. 만약 우리가 그렇게 함으로써 "명제"라는 단어를 사용할 때 수반된다고 생각되는 어떤 문제점을 피할 수 있다면, 실제로 우리가 이러한 방식으로 "문장"이라는 단어의 애매성을 증가시키는 것도 정당화될 수 있을 것이다. 그러나 나는 이것이 단순히 하나의 언어적 표현을 다른 것으로 대체함으로써 달성된다고 생각하지 않는다. 따라서 나는 "문장"이라는 단어는 비록 그 자체로는 정당하게 사용될 수 있는 용어이지만, 그 단어를 전문적 용어로 사용하는 것은 우리에게 아무런 보상적 이익도 확보해 주지 않고 혼돈을 증가시키는 경향이 있다고 결론내린다.

우리의 처음 문제에 대답하는 두 번째 방법은 "명제"라는 단어의 사용을 확대하여 적절하게 문장이라고 불릴 수 있는 것은 어떤 것이나, 그 문장이 문자 그대로의 의미를 갖든지 그렇지 않든지 명제를 표현한

3) 〔옮긴이 주〕 예를 들어, "비가 온다. 눈이 온다. 비가 온다"라고 쓰여 있는 경우에 몇 개의 문장이 쓰여 있는가라는 질문은 애매하다는 것이다. 즉, 3개의 문장이 쓰여 있다고 할 수도 있고, 2개의 문장이 쓰여 있다고 할 수도 있기 때문이다. 그리고 이를 구별하기 위해서 분석철학에서는 전자와 같이 해석하는 경우를 문장사례(*sentence token*)라고 하고, 후자와 같이 해석하는 경우를 문장유형(*sentence type*)이라고 한다. 즉, 이 경우에 2개의 문장유형이, 그리고 3개의 문장사례가 쓰여 있다고 말할 수 있다.

다고 말하는 것이다. 이런 방식으로 대답하는 것은 단순성의 장점을 갖지만 두 가지의 반론에 부딪힌다. 첫째 반론은 그 방식이 오늘날의 철학적 용법에서 벗어난다는 것이고, 둘째는 그 방식이 우리에게 모든 명제는 참이거나 거짓으로 간주해야 한다는 규칙을 포기하지 않을 수 없게 한다는 것이다. 잠시 우리가 이러한 새로운 용법을 받아들인다고 해도, 우리는 여전히 참이거나 거짓인 것은 모두 명제라고 말할 수 있어야 할 것인데, 그 역은 더 이상 성립하지 않는다. 왜냐하면 어떤 명제가 문자 그대로의 의미를 갖지 않는 문장에 의해서 표현된다면, 그 명제는 참도 거짓도 아니기 때문이다. 나는 이러한 반론들이 매우 심각한 것이라고 생각하지는 않지만, 그 반론들은 우리가 갖고 있는 용어상의 문제점을 다른 방식으로 해결해야 할 필요가 있다는 것을 깨닫게 해주기에는 충분히 심각하다고 생각한다.

내가 선호하는 해결은 새로운 전문용어를 도입하는 것이다. 이 목적을 위해서 나는 아마 약간은 익숙하지 않은 의미로 사용되기는 하겠지만, "진술"(*statement*)이라는 익숙한 용어를 사용할 것이다. 그래서 나는 단어의 임의의 형식들 중에서 문법적으로 의미가 있는 것은 모두 문장을 구성한다고 주장되어야 하고, 모든 직설법 문장(*indicative sentence*)은 그것이 문자 그대로의 의미를 갖든지 그렇지 않든지 진술을 표현하는 것으로 간주되어야 한다고 제안한다. 나아가서 상호 번역가능한 2개의 문장은 같은 진술을 표현하고 있다고 말할 것이다. 한편 "명제"라는 용어는 문자 그대로의 의미를 갖는 문장이 표현하는 것을 가리키기 위해서 사용될 것이다. 그리하여 이 용법에서 명제들의 집합은 진술들 집합의 부분집합이 되고, 검증원리의 사용을 기술하는 한 가지 방식은, 그 원리는 직설법 문장이 언제 명제를 표현하는가를 결정하는 수단을 제공한다고 말하는 것이다. 다시 말해서 명제들의 집합에 속하는 진술과 그렇지 않은 진술을 구별하는 수단을 제공하는 것이라고 말하는 것이다.[4)]

이렇게 문장이 진술을 표현한다고 말하기로 한 결정은 하나의 언어적 약속을 채택하는 것에 다름이 아니라는 점에 주목해야 한다. 이 점은, 그것이 대답하고자 하는 질문, 즉 "문장은 무엇을 표현하는가?"라는 질문은 사실과 관련된 질문이 아니라는 것으로 증명된다. 어떤 특정한 문장에 대해서 그것이 표현하는 것이 무엇인가라고 묻는 것은 물론 사실과 관련된 질문으로 해석될 수 있다. 그리고 그 질문에 대답하는 방법 중 하나는 원래의 그 문장에 대한 다른 번역문장을 제시하는 것일 수 있다. 그러나 "문장은 무엇을 표현하는가?"라는 일반적 질문을 사실과 관련된 것으로 해석하려고 한다면, 그 대답으로 주어질 수 있는 것은 기껏해야 모든 문장이 동치는 아니기 때문에 그 모든 문장이 표현하는 것은 없다는 것일 것이다. 동시에 문장 자체가 특정하게 구체화되지 않았을 경우에 불확정적으로(*indefinitively*) "문장이 표현하는 것"을 지시하는 수단을 갖는 것은 유용할 것이다. 그리고 전문적 용어로 "진술"이라는 단어를 도입하는 것은 이런 목적에 기여할 수 있다. 따라서 문장이 진술을 표현한다고 말할 때, 우리는 이 전문적 용어가 어떻게 이해되어야 하는가를 보여주고 있다. 그러나 그렇게 함으로써 우리가 대답하는 질문이 경험적 질문이라면 사실에 관한 정보를 제공해야 한다는 의미에서, 그것은 사실에 관한 어떤 정보도 제공

4) 〔옮긴이 주〕 에이어의 입장을 예를 들어 설명하면, '신은 자비롭다'는 문장은 하나의 진술이지만, 명제를 표현하고 있지는 않다.

하지 않는다. 물론 이 점은 너무나 자명해서 언급할 가치가 없을지도 모른다. 그러나 "문장이 무엇을 표현하는가?"라는 질문은 "문장은 무엇을 의미하는가?"라는 질문과 매우 유사하다. 그리고 내가 다른 저서에서 밝히고자 했던 것처럼,[5] "문장은 무엇을 의미하는가?"라는 질문을 철학자들이 잘못 오해하여 사실에 관한 질문으로 생각하기 때문에, 그 질문은 철학자들에게 혼돈의 원천이 되었다. 직설법 문장이 진술을 표현한다고 말하는 것이 정당한 것처럼, 직설법 문장이 명제를 의미한다고 말하는 것은 사실 정당하다. 그러나 우리가 이러한 종류의 답변을 제시하면서 하는 것은 규약적(*conventional*) 정의를 규정하는 것이다. 그리고 이러한 규약적 정의가 경험적 사실에 관한 진술과 혼돈되어서는 안 된다는 것이 중요하다.

이제 다시 검증원리로 돌아가자. 간결한 논의를 위해서 우리는 그 원리를 진술을 표현하는 문장이 아니라 진술에 직접 적용할 수 있다. 그래서 다음과 같이 말함으로써 그 원리를 다시 정식화할 수 있다. 어떤 진술이 분석적이거나 경험적으로 검증가능하다면, 그리고 오직 그럴 경우에만, 그 진술은 문자 그대로의 의미를 갖는다고 주장될 수 있다. 그러나 이 문맥에서 "검증가능한"이라는 용어는 어떻게 이해되어야 하는가? 실제로 나는 이 책의 첫 번째 장에서 이 질문에 대하여 대답하려고 시도하고 있다. 그러나 나는 그 대답이 아주 만족스러운 것은 아니라는 것을 인정해야 한다.

우선 내가 "검증가능한"이라는 용어의 "강한" 의미와 "약한" 의미를 구별했음을 알게 될 것이다. 나는 "어떤 명제의 참이 경험을 통해서 결

5) *The Foundations of Empirical Knowledge*, pp. 92~104.

정적으로 확립될 수 있다면, 그리고 오직 그럴 경우에만 그 명제는 강한 의미에서 검증가능하다"고 말하고, "어떤 명제가 경험을 통해서 개연적으로 참인 명제가 될 수 있다면, 그리고 오직 그럴 경우에만 그 명제는 약한 의미에서 검증가능하다"고 말함으로써 그 차이를 설명했다. 그런 다음 나는 검증원리가 요청하는 것은 단지 약한 의미의 검증가능성이라고 결론내린 이유들을 제시했다. 그러나 내가 그것을 제시할 때, 나는 이 둘이 진정한 의미에서 2개의 배타적 선택지가 아니라는 것을 간과했던 것 같다.[6] 왜냐하면 나는 곧 이어서 모든 경험명제는 앞으로의 더 많은 경험을 통해서 계속 테스트되어야 한다고 주장했기 때문이다. 그리고 이로부터 그러한 명제의 참은 결정적으로 확립되지 않았을 뿐만 아니라, 결코 확립될 수 없을 것이라는 것이 따라나온다. 왜냐하면 어떤 증거가 그 명제의 참을 아무리 강하게 지지한다고 할지라도, 앞으로의 경험이 그 명제에 반대되는 경우가 있을 수 있기 때문이다. 그러나 이것은, 내가 말하는 강한 의미에서 "검증가능한"이라는 용어가 적용될 수 있는 사례가 있을 수 없다는 것을 뜻하게 될 것이고, 그럴 경우에는 내가 "검증가능한"이라는 용어의 다른 의미, 즉 약한 의미에 대한 기준은 제시할 필요가 없게 될 것이다. 내가 설명한 바에 의하면, 그것은 어떤 명제가 결정적으로 검증될 수 있는 유일한 의미일 것이기 때문이다.

내가 만약 이러한 결론을 내리지 않는다면, 그것은 내가 결정적으로 검증될 수 있다고 말할 수 있는 경험명제들의 집합이 있다고 생각하게

6) M. Lazerowitz, "Strong and Weak Verification," *Mind*, 1939, pp. 202~213.

되었기 때문이다. 그러한 명제들, 내가 다른 곳에서[7] "기본명제"(*basic propositions*) 라고 부른 명제들은 오직 단일한 경험내용만을 언급하는 특징을 갖는다. 그리고 그러한 명제들을 결정적으로 검증한다고 말할 수 있는 것은 그 명제들이 유일하게 언급하는 경험이 발생한다는 것이다. 더욱이 이제 나는 이런 명제가 "수정될 수 없다"(*incorrigible*) 는 말을, 언어적 의미에서는 실수할 수 있지만 그 외에는 그 명제에 대해서 오해할 수 없음을 의미한다고 가정한다면, 이러한 종류의 명제들은 "수정될 수 없는 것"이라고 말하는 사람들에게 동의해야 한다. 물론 언어적 의미에서 우리의 경험을 잘못 기술하는 것은 항상 가능하다. 그러나 우리가 경험한 것을 그 밖의 다른 것과 관련시키지 않고 단순히 기록하려고 한다면, 사실과 관련된 실수를 할 가능성은 없다. 그리고 이러한 이유는 우리가 다른 사실을 갖고 논박할 어떤 주장도 하고 있지 않기 때문이다. 간단히 말해서 이것은 "아무런 위험도 무릅쓰지 않으면, 아무것도 잃지 않는다"고 말하는 경우와 같다. 그러나 자신의 현재 경험을 단순히 기록하는 것은 다른 사람에게나 자기 자신에게나 어떤 정보를 제공하는 데 아무런 기여도 하지 않기 때문에, 그것은 실제로 "아무런 위험도 무릅쓰지 않으면, 아무것도 얻을 수 없다"고 말하는 것과 동일하다. 왜냐하면 기본명제가 참이라는 것을 앎으로써, 우리는 관련된 경험의 등장을 통해서 이미 확보된 것 이상의 어떤 다른 지식도 얻지 못하기 때문이다. 명백하게 기본명제를 표현하기 위해서 사용되는 단어의 형식은 다른 사람에게나 자기 자신에게나 정보를 제공하는

7) "Verification and Experience," *Proceedings of the Aristotelian Society*, Vol. XXXVII; *The Foundations of Empirical Knowledge*, pp. 80~84.

무엇을 표현한다고 이해될 수도 있다. 그러나 그것이 그렇게 이해되면, 그것은 더 이상 기본명제를 표현하지 않는다. 실제로 나는 바로 이런 이유 때문에 이 책의 다섯 번째 장에서 내가 지금 그 용어를 사용하는 의미에서 기본명제와 같은 것은 있을 수 없다고 주장한다. 왜냐하면 나는 어떤 종합명제도 순수하게 직시적일(*ostensive*) 수는 없다는 것을 논증해야만 하기 때문이다. 이에 대한 나의 추론은 그 자체로 틀린 것은 아니다. 그러나 나는 그 추론의 목적을 오해했다고 생각한다. 왜냐하면 나는 실제로 하고 있었던 일이 "즉각적 경험을 직접적으로 기록하는" 진술에 "명제"라는 용어의 적용을 거부했던 동기를 설명하는 것이었음을 깨닫지 못했던 것 같다. 그리고 이것은 그리 크게 중요하지 않은 용어상의 문제이다.

우리가 경험명제의 집합에 기본진술을 포함시키든지 그렇지 않든지, 따라서 어떤 경험명제는 결정적으로 검증될 수 있다고 인정하든지 그렇지 않든지, 사람들이 실제로 표현하는 대부분의 명제는 그 자체로 기본진술도 아니고, 기본진술들의 유한한 집합으로부터 연역될 수 있는 것도 아니라는 것은 여전히 참이다. 결론적으로 검증원리가 진지하게 의미의 기준으로 생각되려면, 그 검증원리는 기본진술들과 같이 그렇게 강하게는 검증될 수 없는 그런 진술을 인정하는 방식으로 해석되어야 한다. 그러나 그렇다면 "검증가능한"이라는 단어는 어떻게 이해되어야 하는가?

이 책에서 독자는 나의 기준에 따르면, "어떤 가능한 감각경험이 하나의 진술의 참이나 거짓을 결정하는 것과 관련된다면" 그 진술은 "약하게" 검증가능하고 따라서 의미를 갖는다고 주장하면서 시작한다는 것을 알게 될 것이다. 그러나 내가 인정하듯이, 이것은 그 자체로 해석을 필요로 한다. 왜냐하면 "관련되는"이라는 단어는 모호해서(*vague*) 곤란함을 야기하기 때문이다. 따라서 나는 약간 다른 용어로 다시 기술한 나의 원리의 두 번째 버전을 제안할 것이다. 나는 여기서 "현실적 혹은 가능적 관찰을 기록하는" 진술을 가리키기 위해서 "경험적(*experiential*) 명제"라는 말 대신 "관찰진술"(*observation statement*) 이라는 용어를 사용한다.[8] 이 버전의 검증원리는 다음과 같다. 어떤 관찰진술(O) 이 다른 전제들과 연언적으로 결합되어 하나의 진술(S) 로부터 연역될 수 있다면, 그리고 그 관찰진술(O) 은 그 다른 전제들부터만으로는 연역될 수 없다면, 그 진술(S) 은 검증가능하고, 따라서 의미를 갖는다.

나는 이 기준에 대해서 "충분히 관대한 것처럼 보인다"고 말한다. 그러나 그것은 임의의 진술에 대해서도 의미가 있다는 것을 허용하기 때문에, 사실 그것은 지나치게 관대한 기준이다. 주어진 임의의 진술 "S"와 어떤 관찰진술 "O"에 대해서 말하자면, "O"는 "만약 S라면 O이다"만으로부터는 따라나오지 않지만, "S"와 "만약 S라면 O이다"로부터는 따라나온다. 그래서 "절대자는 게으르다"는 진술과 "절대자가 게으르다면, 이것은 하얗다"라는 진술은 결합하여 "이것은 하얗다"라는 관찰진술을 함축한다. 그리고 "이것은 하얗다"라는 진술은 이 두 전제 각각으로부터 따라나오지 않기 때문에, 이들 전제는 내가 말한 의미의 기준을 만족시킬 것이다. 더욱이 위의 예에서 "절대자는 게으르다"

---

8) 〔옮긴이 주〕 여기서 "경험적 명제"라는 용어는 에이어가 "empirical"과 구별하여 "experiential"이라고 쓴 것을 번역한 것이다. 에이어는 "empirical"이라는 용어는 일반적으로 종합명제라는 의미로 사용하는 반면, 여기서 사용한 "experiential"이라는 단어는 관찰사실을 보고하는 일종의 관찰명제와 유사한 개념으로 사용하고 있다.

라는 진술의 자리에 서술문의 문법적 형태를 갖는 어떤 다른 종류의 무의미한 진술을 대신해도 이것은 성립할 것이다. 그러나 이렇게 지나친 관용을 허용하는 의미의 기준은 분명히 받아들일 수 없다.[9]

우리가 반증가능성의 기준으로 삼고자 제안했던 것에 대해서도 동일한 반론이 적용될 수 있다는 것을 언급할 필요가 있다. 주어진 임의의 진술 "S"와 어떤 관찰진술 "O"에 대해서도, "O"는 "S"와 "S라면 O가 아니다"라는 진술의 결합과는 양립할 수 없을 것이기 때문이다. 실제로 우리는 위 두 경우에서 다른 전제들에 대한 규정을 무시함으로써 이러한 난점을 피할 수 있다. 그러나 이렇게 하는 것은 경험명제의 집합에서 모든 가정문을 제외하기 때문에, 우리가 우리의 기준을 너무 관용적이지 않은 것으로 만들기 위해서는 경험명제를 지나치게 엄격하게 만드는 대가를 치러야만 한다.

내가 검증원리를 정식화하려고 처음 시도했을 때, 내가 간과했던 또 다른 난점은 대부분의 경험명제는 어느 정도 모호하다는 것이다. 그래서 내가 다른 곳에서 언급했던 것처럼,[10] 물질적 대상에 관한 진술을 검증하기 위해서 요구되는 것은 정확하게 이 감각내용이나 저 감각내용의 출현이 아니라, 단지 상당히 불명확한 범위에 속하는 어떤 감각내용의 출현이다. 우리는 실제로 어떤 구체적 감각내용이 나타나는 관찰을 함으로써 그러한 진술을 테스트한다. 그러나 우리가 실제로 행하는 모든 테스트에 대해서, 동일한 목적에 기여하지만 그 조건이나

9) I. Berlin, "Verifiability in Principle," *Proceedings of the Aristotelian Society*, Vol. XXXIX를 볼 것.

10) *The Foundations of Empirical Knowledge*, pp. 240~241.

결과라는 측면에서 어느 정도 다른 무수히 많은 테스트가 언제나 존재한다. 그리고 이것은 물질적 대상에 관한 임의의 진술이 정확하게 함축한다고 말할 수 있는 관찰진술의 집합은 없다는 것을 의미한다.

그럼에도 불구하고 어떤 물질적 대상에 관한 진술은 오직 어떤 감각내용의 출현, 그리고 어떤 관찰진술의 참에 의해서만 실제로 검증된다. 그리고 이러한 사실로부터 물질적 대상에 관한 모든 의미 있는 진술은 관찰진술의 선언(*disjunction*)을 함축하는 것으로 나타낼 수 있다. 물론 여기서 선언은 무한하기 때문에 각각의 선언지는 구체적으로 열거될 수는 없다. 결론적으로, 나는 우리가 관찰진술의 "함축"에 대해서 말할 때, 주어진 전제로부터 연역될 수 있다고 여기는 것은 어떤 특정한 관찰진술이 아니라 단지 그러한 진술들의 집합 중의 하나일 뿐이라는 점을 이해하는 한, 우리가 모호성과 관련하여 갖게 되는 난점으로 곤란해 할 필요는 없다고 생각한다. 여기서 진술의 집합이라고 할 때, 그 집합의 정의적 속성은 그 집합의 모든 원소가 구체적으로 적시할 수 있는 어떤 특정한 범위의 감각내용을 가리킨다는 것이다.

내가 제시한 기준은 그 자체로 모든 직설법의 진술이 의미를 갖는 것으로 인정한다는 보다 심각한 반론이 남아있다. 이러한 반론에 답하기 위해서 나는 그 기준을 다음과 같이 수정할 것이다. 나는 어떤 진술이 그 자체로 관찰진술이거나, 하나 혹은 그 이상의 관찰진술과 연언적으로 결합되어, 그 결합되는 다른 전제만으로는 연역될 수 없는 관찰진술을 적어도 하나 이상 함축할 때 그 진술은 직접적으로 검증가능하다고 주장하고자 한다. 그리고 나는 어떤 진술이 다음 조건을 만족시킬 때 간접적으로 검증가능하다고 주장하고자 한다. 첫째, 그 진술이 어떤 다른 전제들과 연언적으로 결합되어, 이 전제들만으로는 연역될 수 없는 하나 혹은 그 이상의 직접적으로 검증될 수 있는 진술을 함축하고, 둘째 이러한 다른 전제들은 분석적이지 않거나, 직접적으로 검증될 수도 없거나, 간접적으로 검증될 수 있다고 독립적으로 설명될 수도 없는 어떤 진술도 포함하지 않는다는 것이다. 이제 나는 검증원리를 분석적이지 않은 문자 그대로의 의미 있는 진술에 대한 조건으로 다시 정식화할 수 있다. 즉, 그것은 앞에서 말한 의미에서 직접적으로 검증가능하거나 간접적으로 검증가능해야 한다.[11)]

어떤 진술이 간접적으로 검증가능하다고 간주되어야 할 조건에 대해서 설명할 때, 내가 명백하게 "다른 전제들"은 분석적 진술을 포함할 수 있다는 단서를 붙였다는 점에 주의할 필요가 있다. 내가 이렇게 한 이유는 이런 방법으로 그 자체로는 관찰가능한 것을 지시하지 않는 용어로 표현된 과학이론을 의미 있는 것으로 허용하려고 의도했기 때문이다. 왜냐하면 이러한 용어를 포함하는 진술은 누군가 관찰할 수 있는 어떤 것을 기술하는 것처럼 보이지 않을 수 있는 반면, 그러한 진술을 검증가능한 진술로 변형할 수 있게 하는 "사전"이 제공될 수 있기 때문이다. 그리고 그러한 사전을 구성하는 진술은 분석적이라고 간주

---

11) 〔옮긴이 주〕 에이어의 검증가능성을 형식적으로 정리해보자.
"S라는 진술이 직접적으로 검증가능하다"의 충분조건은 다음과 같다.
① S가 관찰진술이거나
② (S & O)가 O′을 함축하고 O나 S만으로는 O′를 함축할 수 없다(여기서 O와 O′는 관찰진술이다).
"S′이라는 진술이 간접적으로 검증가능하다"의 충분조건은 다음과 같다.
(S′ & p)는 직접적으로 검증가능한 진술 S를 함축하지만, p나 S′만으로는 S를 함축하지 않는다(여기서 p는 분석진술이거나 직접 검증가능한 명제를 표현하는 진술이거나, 간접적으로 검증가능한 명제임을 독립적으로 보일 수 있는 진술만 포함하는 진술이다).

될 수 있기 때문이다. 이것이 사실이 아니라면, 그러한 과학이론과 내가 형이상학적이라고 배척한 것 사이에 차이가 있다고 주장할 만한 근거는 아무것도 없을 것이다. 그러나 나는 다음과 같은 점을 다소 경멸적 의미에서 형이상학자의 특징이라고 간주한다. 그들의 진술은 원칙적으로도 관찰될 수 있는 어떤 것도 기술하지 않을 뿐만 아니라, 또한 그 진술이 직접적으로나 간접적으로 검증될 수 있는 진술로 변형시켜 줄 수 있는 어떤 사전도 제공될 수 없다.

형이상학적 진술은, 내가 그 용어를 이해하는 대로, 경험될 수 있는 것을 기술하지 않는 진술은 어떤 것도 문자 그대로의 의미를 가질 수 없다는 과거 경험론의 원칙에 의해서도 배제된다. 여기서 경험될 수 있다는 것의 기준은 실제로 경험된 것과 같은 종류의 어떤 것이어야 한다.[12] 그러나 정확성을 갖지 못했다는 점을 제외하고도, 경험론의 이 원칙은 내가 보기에 과학이론의 형식에 대한 지나치게 조잡한 조건을 부과하는 결점을 가지고 있다. 왜냐하면 그것은 관찰할 수 있는 어떤 것을 지칭하지 않은 용어를 도입하는 것은 적합하지 않다는 것을 함축하는 것처럼 보이기 때문이다. 다른 한편으로 검증원리는 내가 제시하려고 했던 것처럼 이 점에서 보다 관대하다. 그리고 과거 경험

12) B. Russell, *The Problems of Philosophy*, p. 91. "우리가 이해할 수 있는 모든 명제는 전적으로 우리가 경험적으로 아는 요소로 구성됨에 분명하다." 그리고 만일 내가 러셀을 정확하게 이해했다면, 이것은 스테이스(W. T. Stace) 교수가 "관찰가능한 종류의 원칙"에 대해서 말할 때 그가 염두에 두는 것이다. 그의 "Positivism," *Mind*, 1944를 볼 것. 스테이스는 검증원리가 관찰가능한 종류의 원칙에 "의존하고 있다"고 주장한다. 그러나 이것은 잘못이다. 관찰가능한 종류의 원칙에 의해서 의미를 갖게 되는 모든 진술이 또한 검증원리에 의해서도 의미를 갖게 된다는 것은 참이지만, 그 역은 성립하지 않는다.

론의 원칙이 배제하는 과학이론이 실제로 이용된다는 점에서 보다 관대한 기준이 더 선호되어야 한다고 생각한다.

나를 비판하는 사람들은 때때로 검증원리가 어떤 진술도 다른 진술의 의미의 일부가 아니라면 다른 진술의 증거가 될 수 없다는 것을 함축하는 것으로 여기고 있다고 전제한다. 그러나 이것은 사실이 아니다. 간단한 실례를 이용해 보면, 내 외투에 핏자국이 묻어 있다는 진술은 어떤 상황에서 내가 살인을 범했다는 가설을 확증(*confirm*)해 줄 수 있다. 그러나 그것은 내가 외투에 핏자국을 묻힐 수밖에 없는 살인을 범했다는 진술이 갖는 의미의 일부인 것은 아니고, 내가 이해하는 바로는 검증원리가 그러한 사실을 함축하지도 않는다. 왜냐하면 하나의 진술은 다른 진술에 대한 증거일 수 있지만, 전자가 그 자체로 후자의 진술이 참이 될 필요조건을 표현하지도 않고, 그러한 필요조건이 속하는 범위를 결정하는 진술의 집합에 속하지도 않을 수 있기 때문이다. 그리고 검증원리가 하나의 진술이 다른 진술이 갖는 의미의 일부라는 결론을 만들어내는 경우는 이러한 경우일 뿐이다. 그리하여 검증원리에 따르면 물질적 대상에 대한 임의의 진술은 오직 어떤 것을 관찰함으로써만 직접적으로 검증될 수 있다는 사실로부터 모든 그러한 진술은 어떤 관찰진술을 포함하거나, 그 진술의 의미의 일부로써 다른 관찰진술을 포함한다는 것이 따라나온다. 또한 비록 그러한 진술의 일반성 때문에 관찰진술로 이뤄진 임의의 유한한 집합은 그것의 의미를 남김없이 말할 수 없지만 그것은 관찰진술로 재현될 수 없는 어떤 것도, 그것의 의미의 일부로 포함하지 않는다는 것이 따라나온다. 그러나 그러한 진술의 의미의 일부가 되지 않으면서 그것의 참 또는 거짓과 관련되는 많은 관찰진술이 있을 수 있다. 신의 존재를 주장하는 사람은 종교적 경험이라는 사실에 의존하여 자신의 주장을 뒷받침하려고 할 수 있다. 그러나 이러한 사실로부터 그의 진술의 사실적 의미가 전적으로 이러한 종교적 경험을 기술하는 명제에 포함된다는 것이 따라나오지 않는다. 왜냐하면 그가 관련이 있다고 생각할 수 있는 다른 경험적 사실이 있을 수 있기 때문이다. 그리고 이러한 다른 경험적 사실에 대한 기술이 종교적 경험에 대한 기술보다 더 적절하게 그의 진술에 대한 사실적 의미를 포함하는 것으로 간주하는 것도 가능하다. 동시에 만약 우리가 검증원리를 받아들인다면, 우리는 그의 진술이 관련된 경험적 명제 중 적어도 몇몇 명제에 포함되는 것 이상의 어떤 다른 사실적 의미도 갖지 않는다고 주장해야 한다. 그리고 그것이 그렇게 해석되어 어떤 가능한 경험도 그것을 검증할 수 없다면, 그것은 아무런 사실적 의미도 갖지 않는다고 주장해야 한다.

검증원리를 의미의 기준으로 제시하면서, 나는 "의미"라는 단어가 일상적으로 여러 가지 뜻으로 사용된다는 사실을 간과하지 않았다. 나는 하나의 진술이 분석적이지도 않고 경험적으로 검증가능하지도 않지만, 그 단어의 어떤 의미에서, 그러한 진술이 적절하게 의미가 있다고 말할 수도 있다는 것을 부인하고 싶지는 않다. 그러나 나는 어떤 진술이 검증원리를 만족시키지 않는다면 의미가 있다고 말하는 것이 옳지 않음을, 적어도 "의미"라는 단어의 한 가지 적절한 용법이 있다고 주장하는 것이다. 아마도 의도적으로 나는 이러한 용법을 다른 용법과 구별하기 위해서 "문자 그대로의 의미"라는 표현을 사용했고, 한편으로 분석적 진술이 아니면서 나의 기준을 만족시키는 진술의 경우에 "사실적 의미"라는 표현을 적용하였다. 더욱이 나는 이런 의미에서 어떤 진술이 적절하게 참이거나 거짓이라고 말할 수 있다는 것은 오직 그것이 문자 그대로의 의미를 갖기 때문이라고 주장한다. 그래서 나는 검증원리 자체가 하나의 가설로서가 아니라[13] 하나의 정의로 간주되기를 바라는데, 그것이 전적으로 임의적인 것이라고 생각하지 않는다. 실제로 누구든지 의미에 대한 다른 기준을 채택할 수도 있고 "의미"라는 단어가 일반적으로 사용되는 방식 중의 하나에 매우 잘 대응하는 또 다른 정의를 제시할 수도 있다. 그리고 만약 어떤 진술이 그러한 기준을 만족시킨다면, 의심할 바 없이 그것이 이해될 수 있다고 할 때의 "이해"라는 단어의 적절한 용법이 있는 것이다. 그럼에도 불구하고 나는 그것이 검증원리를 만족시키지 않는다면, 과학적 가설이나 상식적 진술이 관습적으로 이해된다고 말할 때의 이해라는 의미에서 이해될 수 없다고 생각한다. 그러나 나는 어떤 형이상학자도 이러한 종류의 주장에 승복할 것이라고 생각하지 않는다는 점을 인정한다. 그리고 비록 내가 방법론적 원칙으로서 검증가능성의 기준을 사용하자고 주장한다고 할지라도, 형이상학의 효과적 제거를 위해서는 그것이 구체적인 형이상학적 논증에 대한 상세한 분석에 의해서 뒷받침되어야 할 필요가 있다는 것을 깨닫고 있다.

13) A. C. Ewing, "Meaninglessness," *Mind*, 1937, pp. 347~364와 Stace의 앞의 논문은 검증원리를 하나의 경험적 가설로 취급하고 있다.

선험성

선험명제(*a priori proposition*)의 확실성은 그 명제가 동어반복이라는 사실에 의존한다고 말할 때, 나는 "동어반복"이라는 단어를 다음과 같은 방식으로 사용한다. 즉, 어떤 명제가 분석적이라면 동어반복이라고 말할 수 있고, 그리고 나는 어떤 명제가 그 명제를 구성하는 기호의 의미에 의해서만 참일 경우에, 따라서 어떤 경험적 사실에 의해서도 확증되거나 논박될 수 없는 경우에 분석적이라고 주장한다. 실제로 선험명제를 그렇게 다루는 것은 선험명제를 경험명제의 부분집합으로 만들어버린다는 주장이 제기되었다.[14] 왜냐하면 때때로 내가 선험명제란 기호들이 사용되는 방식을 기술하는 것이라고 주장하는 것처럼 생각되기도 하는데, 사람들이 자신들의 방식으로 기호를 사용한다는 것은 의심할 여지없이 경험적 사실이기 때문이다. 그러나 이것은 내가 주장하고자 하는 입장이 아니다. 또한 내가 그러한 주장을 하고 있다고 생각하지도 않는다. 왜냐하면 비록 내가 선험명제의 타당성은 언어적 용법에 관한 어떤 사실에 의존한다고 말했다고 할지라도, 이렇게 말하는 것이 경험명제가 그것을 검증해주는 사실을 기술한다는 것과 같은 의미에서 선험명제도 그러한 사실을 기술하고 있다고 말하는 것이라고는 생각하지 않는다. 그리고 실제로 나는 이러한 의미에서 선험명제는 어떤 사실도 기술하지 않는다고 주장한다. 동시에 나는 선험명제의 유용성은 어떤 기호가 그것들이 사용되는 방식으로 사

---

14) 예를 들어, 브로드(C. D. Broad) 교수는 "Are these Synthetic a priori Truths," *Supplementary Proceedings of the Aristotelian Society*, Vol. XV에서 그렇게 주장한다.

용된다는 경험적 사실과 그 기호들은 우리의 경험에 성공적으로 적용된다는 경험적 사실에 기초한다는 것을 인정한다. 그리고 나는 이 책의 제 4장에서 이것이 어떻게 그럴 수 있는가를 설명하고자 했다.

선험명제를 언어에 관한 경험명제와 동일시하는 것이 실수인 것처럼, 이제 나는 선험명제는 그 자체로 언어적 규칙이라고 말하는 것도 잘못이라고 생각한다.[15] 왜냐하면 선험명제에 대해서 그것이 참이라고 말하는 것은 적절하지만, 언어적 규칙에 대해서는 그렇게 말할 수 없다는 사실 이외에도, 언어적 규칙은 임의적인 반면 선험명제는 필연적이라는 사실에 의해서도 구별되기 때문이다. 동시에 선험명제가 필연적이라면, 그것은 단지 관련된 언어적 규칙이 전제될 뿐이기 때문이다. 그리하여 "earlier"라는 단어가 영어로 "더 일찍"을 의미한다는 것은 우연적인 경험적 사실이고, 시간관계를 나타내는 단어가 이행적으로(*transitively*) 사용될 수 있다는 것은 편리하기는 하지만 임의적인 언어적 규칙이다. 그러나 이 규칙이 주어지면 A는 B보다 더 일찍 발생했고, B는 C보다 더 일찍 발생했다면, A는 C보다 더 일찍 발생했다는 명제는 필연적으로 참이 된다. 마찬가지로 러셀과 화이트헤드의 논리체계에서, "⊃"라는 부호는 그것이 갖는 의미가 부여되었어야 했다는 것은 우연적이고 경험적인 사실이고, 이 부호의 용법을 지배하는 규칙은 그 자체로 참도 거짓도 아닌 규약이다. 그러나 이러한 규칙이 주어지면, "q. ⊃ . p ⊃ q"라는 선험명제는 필연적으로 참이다. 이 명제는 선험적이기 때문에, 경험명제가 정보를 제공한다고 말

15) 이것은 내가 한 심포지엄에서 발표한 논문에서 말한 것과 모순된다. "Truth by Convention," *Analysis*, Vol. 4, Nos. 2 & 3. Norman Malcolm, "Are Necessary Propositions really Verbal," *Mind*, 1940, pp. 189~203.

할 수 있는 일상적 의미에서는 이 명제는 어떤 정보도 제공하지 않고, 또한 그것은 그 자체로 논리적 상항 "⊃"이 어떻게 사용되어야 하는가에 대해서 규정하고 있지도 않다. 이 명제는 이러한 논리적 상항의 적절한 사용을 명료하게 보여주는 역할을 한다. 그것이 정보제공적이라는 것은 바로 이러한 의미에서이다.

"p는 q를 함축한다"는 형식의 선험명제가 분석명제라는 주장에 반대하여 제기되는 논증은 어떤 명제가 다른 명제를 자신의 의미의 일부로 포함하지 않고도 그 명제를 함축할 수 있다는 것이다. 왜냐하면 만약 함축에 대한 분석적 견해가 옳다면 이것은 가능하지 않다고 전제되기 때문이다.[16] 그러나 이에 대한 대답은 하나의 명제가 다른 명제의 의미의 일부인가, 아닌가라는 질문은 애매하다는 것이다. 예를 들어, 이러한 반론을 제기하는 대부분의 사람들이 그렇게 말할 것이라고 생각되는 것처럼, 만약 당신이 q에 대해서 생각하지 않고 p를 이해할 수 있다면 q는 p의 의미의 일부가 아니라고 말한다고 하자. 그러면 분명히 하나의 명제는 자신의 의미의 일부로 다른 명제를 포함하지 않고 그 다른 명제를 함축할 수 있을 것이다. 왜냐하면 주어진 명제의 집합에 대해서 생각하는 사람들이 모두 그 명제들이 함축하는 모든 명제에 대해서 즉각적으로 의식하고 있다고 주장할 수는 없을 것이기 때문이다. 그러나 이것은 함축에 대한 분석적 견해를 지지하는 사람들이라

16) A. C. Ewing, "The Linguistic Theory of a priori Propositions," *Proceedings of the Aristotelian Society*, 1940을 볼 것. 그리고 G. E. Moore, "A Reply to My Critics," *The Philosophy of G. E. Moore*, pp. 575~576과 E. Nagel의 *The Philosophy of G. E. Moore*의 서평, *Mind*, 1944, p. 64를 참고할 것.

면 누구나 동의할 것이라고 생각한다. 왜냐하면 연역추리는 우리가 그 결론을 이미 이전에 파악한 적이 없었다는 의미에서 새로운 결론을 이끌어 낼 수 있게 하는 것은 공통적 근거이기 때문이다. 그러나 "p는 q를 함축한다"는 형식의 명제가 분석적이라고 말하는 사람들이 이 점을 받아들인다면, 어떻게 그들은 또한 p가 q를 함축한다면 q의 의미가 p의 의미에 포함된다고 말할 수 있는가? 이에 대한 대답은 검증원리가 되었든, 그와 다른 어떤 것이 되었든, 그들은 하나의 의미의 기준을 사용하는데, 그 기준으로부터 어떤 명제가 다른 명제를 함축할 때, 후자의 의미는 전자의 의미에 포함된다는 것이 따라나온다는 것이다. 다시 말해서 그들은 어떤 명제가 함축하는 것을 생각함으로써 그 명제의 의미를 결정한다. 그리고 내가 생각하기에 이것은 완전하게 적합한 절차이다.[17] 만약 이러한 절차를 받아들인다면, "p가 q를 함축한다면 q의 의미는 p의 의미에 포함된다"는 명제는 그 자체로 분석적이다. 따라서 이것은 이러한 견해를 비판하는 사람들이 의존하는 것과 같은 심리적 사실에 의해서 논박될 수 없는 것이다. 동시에 그것이 함축의 본질에 대해서 그것이 우리에게 많은 정보를 제공하지 않는다고 당연히 반대할 수 있다. 왜냐하면 어떤 명제의 논리적 귀결이 그 명제의 의미를 설명해준다고 말할 수 있다고 할지라도, 그 이유는 오직 어떤 명제의 의미는 그것이 함축하는 것에 의존한다고 이해되기 때문이다.

17) Normal Malcolm, "The Nature of Entailment," *Mind*, 1940, pp. 333~347 참고.

과거에 대한 명제와 다른 사람의 마음에 대한 명제

과거에 대한 명제는 "일반적으로 그 명제를 검증한다고 말하는 '역사적' 경험을 예측하기 위한 규칙"이라고 말함으로써, 나는 그러한 명제가 어떻게든 현재나 미래에 대한 명제로 번역될 수 있다고 주장하는 것처럼 보일 수도 있을 것이다. 그러나 이것은 확실히 옳지 않다. 과거에 대한 진술은 적절한 종류의 다른 전제와 결합될 때, 그 전제들만으로는 추론되지 않는 관찰진술을 함축할 수 있다는 의미에서 검증가능할 것이다. 그러나 나는 현재나 미래에 대해서 언급하는 어떤 관찰진술의 참이 과거에 대한 어떤 진술을 참으로 만드는 필요조건이라고 생각하지 않는다. 그러나 이것이 과거를 가리키는 명제들이 현상적 용어로 분석될 수 없다는 것을 의미하지는 않는다. 왜냐하면 그것들은 어떤 조건이 만족되었더라면 어떤 관찰이 발생했을 것이라는 것을 함축하는 것으로 간주될 수 있기 때문이다. 그러나 문제는 이러한 조건이 결코 충족될 수 없다는 것이다. 왜냐하면 그것들은 관찰자가 가정상(*ex hypothesi*) 그럴 수 없는 시간적 위치를 점유해야 할 것을 요구하기 때문이다. 그러나 이러한 난점은 과거에 대한 명제만 갖는 특이성은 아니다. 왜냐하면 현재에 대하여 언급하는 조건문은 관찰자가 실제로 차지하는 것과는 다른 공간적 위치를 점유하고 있어야 할 것을 요구하기 때문에, 현재의 관점에서 실현되지 않은 조건문에 대해서 그 문장의 조건절들이 실제로 만족될 수 없다는 것은 참이기 때문이다. 그러나 내가 다른 곳에서 지적했듯이,[18] 어떤 사람이 주어진 순

---

18) *The Foundations of Empirical Knowledge*, p. 167. 그리고 G. Ryle, "Unveri-

간에 특정한 공간상의 위치를 차지하고 있다는 것이 우연적 사실인 것처럼, 그 사람이 특정한 시간에 살아있다는 것도 또한 우연적 사실이다. 이로부터 나는 공간적으로 떨어져 있는 사건들이 관찰될 수 있다고 말하는 것이 정당화될 수 있다면, 과거에 발생한 사건에 대해서도 원칙적으로 마찬가지라고 말할 수 있을 것이라고 결론내린다.

다른 사람의 경험에 대하여 나는 이 책에서 제시하는 설명이 옳은지 확신하지 못하고 있음을 고백한다. 그러나 나는 그것이 옳지 않다고 확신하지도 못한다. 다른 저서에서 나는 임의의 특정한 경험은 다른 사람의 인격을 구성하는 경험이 아니라, 어떤 특정한 사람의 인격을 구성하는 일련의 경험에 속하기 때문에, "내가 실제로 다른 어떤 사람이 소유하는 경험을 갖는다는 것이 논리적으로 상상할 수 없는 것은 아니다"라고 말하는 것이 의미가 있다고 주장한 적이 있다. 이로부터 나는 "비유에 의한 논증"을 사용하는 것이 정당화될 수 있다고 추론했다.[19] 그러나 보다 최근에 나는 이러한 추리가 매우 의심스럽다고 생각하게 되었다. 왜냐하면 우리가 2명의 다른 인격체에 대해서 그들이 동일한 경험을 소유한다고 말하는 것이 편리하다고 생각할 수 있는 상황을 상상할 수 있지만, 우리의 현재의 어법에 따르면, 사실은 서로 다른 사람이 동일한 경험을 갖지 않는다는 것은 필연적 명제이기 때문이다. 그리고 이것이 사실이기 때문에, 나는 유비에 의한 논증이 여전히 이 책에서 그 논증에 반대해서 제시된 반론에 열려 있지 않은지 염려하고 있다. 결론적으로 나는 다른 사람의 경험에 대한 명제를 "행동

fiability by Me," *Analysis*, Vol. 4, No. 1 참고.

19) *The Foundations of Empirical Knowledge*, pp. 468~470.

주의적으로" 해석하는 방식으로 돌아가고자 한다. 그러나 나는 그것이 참이라고 전적으로 확신할 수 없게 하는 역설의 기운이 있다는 것을 인정한다.[20]

가치에 대한 정서주의 이론

이 책의 제 6장에서 전개되는 가치에 대한 정서주의 이론(*emotive theory*)은 상당한 비판을 불러일으켰다. 그러나 나는 이러한 비판이 그 이론 자체에 대하여 반대하는 것이라기보다는 그 이론이 의존한다고 가정된 실증주의적 원리에 반대해서 자주 제기되었다는 것을 안다.[21] 내가 그 이론을 제시할 때, 나는 나의 입장이 일반적 일관성을 갖도록 하는 데 관심을 기울였다는 것을 부인하지 않는다. 그러나 그것이 이러한 요구조건을 만족시키는 유일한 윤리학 이론이 아니고, 또한 그것은 실제로 나의 논증의 나머지를 구성하는, 윤리와 무관한(*non-ethical*) 어떤 진술도 함축하지 않는다. 결론적으로 윤리와 무관한 이러한 진술들이 부당하다는 것을 보일 수 있다고 할지라도, 이것은 그 자체로 윤리적 판단에 대한 정서주의적 분석을 논박하는 것일 수 없다. 그리고 실제로 나는 이러한 분석이 그 자체 설명에서 타당하다고 믿는다.

---

20) 이에 대한 나의 확신은 존 위스덤(J. Wisdom)의 흥미로운 일련의 논문에 의해서 다소 증가되었다. 그의 논문 "Other Minds," *Mind*, 1940~1943을 볼 것. 그러나 나는 이것이 그가 제기하려고 했던 결과였는지에 대해서는 확신할 수 없다.

21) Sir W. David Ross, *The Foundations of Ethics*, pp. 30~41.

내가 이렇게 말했을 때, 나는 그 이론이 여기서 매우 간략하게 요약해서 제시되었다는 것과 그래서 그것은 내가 제공하려고 시도했던 것보다도 표준적인 윤리적 판단에 대한 좀더 상세한 분석을 통해서 뒷받침될 필요가 있다는 것을 인정해야 한다.[22] 무엇보다도 나는 도덕적으로 승인하거나 부인하는 일상적 대상이 특정한 행위라기보다는 행위들의 집합이라는 사실을 분명히 하지 못했다. 이것에 의해서 내가 의미하는 것은 실제로 그럴 수 있는 것처럼, 하나의 행위에 대해서 옳다든지 그릇되었다, 혹은 좋다든지 나쁘다고 말한다면 그것은 그 행위가 어떤 유형의 행위라고 생각되기 때문이라는 것이다. 그리고 이것은 내가 보기에 중요한 것 같은데, 그 이유는 윤리적 판단이라고 여겨지는 것은 매우 자주 하나의 행위를 실제적으로 어떤 유형의 행위, 즉 화자의 입장에서 특정한 도덕적 태도가 습관적으로 자극되는 유형의 행위에 속하는 것으로 분류되는 것이라고 생각할 수 있기 때문이다. 그리하여 확신에 찬 공리주의자인 어떤 사람은 어떤 행위가 옳다고 말함으로써 단순히 그 행위는 일반적 행복을 증대시키는 경향이 있거나, 또 보다 그럴듯하게는 일반적 행복을 증대시키는 경향이 있는 유형의 행위라는 것을 의미한다. 그리고 그 경우에 그의 진술의 타당

---

22) 나는 이러한 결함이 스티븐슨(C. L. Stevenson)에 의해서 그의 책, *Ethics and Language*에서 보충되었다고 이해하고 있다. 그러나 그 책은 미국에서 출간되었고 나는 아직 그것을 받아볼 수 없었다. 그 책에 대한 던칸존스(A. Duncan-Jones)의 서평이 *Mind*, October, 1945에 실려 있다. 그리고 스티븐슨의 일련의 논증에 대한 훌륭한 암시는 그의 논문 "The Emotive Meaning of Ethical Terms," *Mind*, 1937과 "Ethical Judgements and Avoidability," *Mind*, 1938, 그리고 "Persuasive Definitions," *Mind*, 1938에서 찾아 볼 수 있다.

성은 경험적 사실의 문제가 된다. 마찬가지로 자신의 윤리학을 자신의 종교적 견해에 근거지우는 사람은 어떤 행위가 옳다든지 그릇되었다고 말함으로써 그는 실제로 그 행위가 교회의 권위에 의해서 명령되거나 혹은 금지된 유형의 행위라는 것을 의미할 수 있다. 그리고 이것도 또한 경험적으로 검증될 수 있다. 이 경우에 사실에 관한 진술을 표현하기 위해서 사용되는 단어의 형식은 규범적 진술을 표현하기 위해서 사용되는 단어의 형식과 동일하다. 그리고 이것은 규범적이라고 인식되는 진술이 그러한 인식에도 불구하고 왜 자주 사실적 진술이라고 생각되는지를 어느 정도 설명해준다. 더욱이 매우 많은 윤리적 진술이 사실적 요소로서 행위나 상황에 대한 어떤 기술을 포함하는데, 그러한 진술의 윤리적 용어는 그 행위에 대한 기술이나 상황에 적용되는 것이다. 그러나 윤리적 용어가 그 자체로 기술적으로 이해되어야 하는 수많은 경우가 있을 수 있다고 할지라도, 나는 이것이 항상 그렇다고 생각하지는 않는다. 나는 윤리적 용어가 순수하게 규범적 방식으로 사용되는 많은 진술이 있다고 생각하고, 정서주의적 윤리학 이론을 적용하려는 것은 바로 이러한 종류의 진술이다.

정서주의 이론이 옳다면, 가치의 문제에서 어떤 사람이 다른 사람과 모순을 일으킨다는 것은 불가능하다는 반론이 있는데, 이 반론에 대해서는 가치의 문제와 관련되는 논란거리라고 생각되는 것이 실제로는 사실의 문제에 관한 논란거리라고 말함으로써 대답된다. 그러나 나는 이로부터 두 사람이 가치의 문제에 관하여 의미 있게 서로 동의할 수 있다는 것과 두 사람이 서로를 납득시키려고 시도하는 것은 쓸데없는 일이라는 것이 따라나오지 않는다는 것을 분명하게 했어야 했다. 왜냐하면 기호(*taste*)의 문제에 관한 어떤 논란에 대해서 고찰하면, 형식적 모순 없이 불일치가 있을 수 있다는 것과 다른 사람에게 그 사람의 태도를 바꾸게 만든다는 의미에서 그 사람의 의견을 변경하게 하기 위해서 그가 주장하는 어떤 것과 반드시 모순을 일으켜야 하는 것은 아니라는 것을 보게 될 것이기 때문이다. 그래서 우리가 어떤 문제에 대해서 우리 자신의 감정과 일치하도록 다른 사람의 감정을 움직이는 방식으로 그 사람에게 영향을 주기를 원한다면, 그러기 위해서 우리가 취할 수 있는 다양한 방식이 있다. 예를 들면, 우리는 그 사람의 관심을 우리가 보기에 그 사람이 간과했다고 생각되는 어떤 사실에 집중하게 할 수 있다. 그리고 내가 이미 지적했던 것처럼, 나는 윤리적 토론이라고 간주되는 것 중에서 많은 것이 이러한 형태로 진행된다고 믿는다. 그러나 또한 정서를 나타내는 언어를 적절하게 선택함으로써 다른 사람에게 영향을 주는 것도 가능하다. 그리고 이것이 바로 가치에 대한 규범적 표현을 사용하는 데에 대한 실천적 정당성이다. 동시에 다른 사람이 관련된 사실에 대한 아무런 논의 없이 계속해서 반대되는 태도를 고집한다면, 토론이 더 이상 진행될 수 없는 지점에 이른 것이라는 점이 인정되어야 한다. 그리고 그 경우에는 대립하는 견해 중에서 어떤 것이 참인지 묻는 것은 의미가 없다. 왜냐하면 가치 판단의 표현은 명제가 아니기 때문에, 참이나 거짓의 문제는 발생하지 않기 때문이다.

내가 철학적 분석의 전형으로 버트란드 러셀의 기술구 이론을 인용하면서, 그 이론을 설명할 때 불행하게도 실수를 범했다. 왜냐하면 "《웨버리》의 유일한 저자는 스코틀랜드 사람이다"는 유명한 예를 들었을 때, 나는 그것이 "한 사람이 《웨버리》를 썼고, 그리고 오직 한 사람이 《웨버리》를 썼으며, 그 사람(*that person*)은 스코틀랜드 사람이다"와 동치라고 말했기 때문이다. 그러나 스테빙(Stebbing) 교수가 이 책에 대한 서평에서 지적했듯이, "'그'(*that*)라는 단어가 지칭적으로(*referentially*) 사용된다면, '그 사람은 스코틀랜드 사람이다'가 원래 문장 전체와 동치가 되고, 그 단어가 지시적으로(*demonstratively*) 사용된다면, 그 한정적 표현은 원래 문장의 번역이 아니다."[23] 러셀 자신에 의해서 때때로 주어졌던 버전은[24] "《웨버리》의 유일한 저자는 스코틀랜드 사람이다"는 다음 세 명제의 연언과 동치라는 것이다. 즉, "적어도 한 명이 《웨버리》를 썼다"와 "많아야 한 명이 《웨버리》를 썼다." 그리고 "《웨버리》를 쓴 사람은 누구나 스코틀랜드 사람이다"라는 세 문장의 연언이라는 것이다. 그러나 무어 교수는 "《웨버리》를 쓴 사람은 누구나"라는 표현이 "가장 자연스럽게" 이해된다면 이 명제들 중 첫 번째 명제는 불필요한 것이라는 점을 지적했다.[25] 왜냐하면 《웨버리》를

---

23) *Mind*, 1936, p. 358.

24) 예를 들어, 그의 *Introduction to Mathematical Philosophy*, pp. 172~180을 볼 것.

25) "Russell's Theory of Descriptions," *The Philosophy of Bertrand Russell*, 특히 pp. 179~189를 볼 것.

쓴 사람은 누구나 스코틀랜드 사람이라고 말함으로써 우리가 일반적으로 주장하는 것은 "누군가가 《웨버리》를 썼다"는 것을 그 의미의 일부로 포함하기 때문이다. 따라서 그는 "《웨버리》를 쓴 사람은 누구나 스코틀랜드 사람이다"는 문장으로 러셀이 표현하려고 의도한 명제는 " '《웨버리》를 쓰고 스코틀랜드 사람이 아닌 사람은 결코 있을 수 없다' 라는 문장으로 보다 더 명료하게 표현될 수 있는 명제"라고 주장한다. 그리고 그는 그렇다고 해도 러셀이 제안한 번역이 옳다고 생각하지 않는다. 왜냐하면 만약 어떤 사람이 작품을 실제로 쓰지 않고 그것을 편집했다면 그 사람은 여전히 적절하게 그 작품의 저자라고 불릴 수 있다는 의미에서 어떤 사람에 대해서 그 사람이 어떤 작품의 저자라고 말하는 것이 그가 그 작품을 썼다고 말하는 것을 함축하지 않는다는 반론이 있을 수 있기 때문이다. 이에 대해서 러셀은 그로 하여금 《수학의 원리》에서 인공적 기호언어를 사용하게 만든 것은 바로 일상적 목적을 위해서 사용되는 언어가 갖는 불가피한 모호성(*vagueness*)과 애매성(*ambiguity*) 때문이었고,[26] 자신의 기술구 이론의 전체는 《수학의 원리》에서 주어진 정의에 포함된다고 대답했다.[27] 그러나 그가 이렇게 말했을 때, 나는 그가 스스로에게 공평하지 않았다고 생각한다. 왜냐하면 나에게는 그의 기술구 이론이 갖는 가장 큰 장점 중의 하나는 일상적 대화에서 나타나는 어떤 유형의 표현의 사용법에 대해서

26) 〔옮긴이 주〕 '모호성'이란 단어는 개념의 한계의 불확실성 때문에 발생하는 것이고, '애매성'은 단어가 중의적으로 사용될 수 있음으로 발생하는 것이다. 예를 들어서 '대머리'라는 개념은 모호한 개념이고, '배'라는 단어는 애매한 단어이다.

27) "Reply to Criticisms," *The Philosophy of Bertrand Russell*, p. 690.

빛을 밝혀주는 것이고, 이러한 점이 철학적 중요성의 핵심이라고 생각되기 때문이다. 왜냐하면 "프랑스의 현재의 국왕"과 같은 표현은 이름으로 기능하지 않는다는 것을 보임으로써 그 이론은 철학자들에게 현존하는 존재자를 믿게 하는 오류를 드러내 보여주기 때문이다. 그리하여 그 이론을 예화하기 위해서 매우 빈번하게 선택된 예가 사소한 부정확성을 포함하고 있다는 것은 불행한 일이지만, 나는 이것이 심각하여 그 이론의 가치에 영향을 주거나, 그 이론을 일상적 언어에 적용하는 데에서 영향을 준다고 생각하지 않는다. 왜냐하면 내가 이 책에서 지적하는 것처럼, "《웨버리》의 유일한 저자는 스코틀랜드 사람이다"를 분석하는 목적은 단순히 이러한 특정한 문장에 대한 정확한 번역을 얻는 데 있는 것이 아니라, "《웨버리》의 유일한 저자"와 같은 구절이 단순히 전형적 예가 되는 모든 유형의 표현에 대한 사용법을 설명하는 것이기 때문이다.

"《웨버리》의 유일한 저자는 스코틀랜드 사람이다"에 대한 나의 오역보다 더 심각한 실수는 철학적 분석은 주로 "사용상의 정의"(*definition in use*)를 제공하는 데 있다는 나의 가정이다. 실제로 내가 철학적 분석으로 기술한 것은 주로 다른 유형의 명제들 사이의 상호관계를 드러내 보여주는 일이라는 것은 사실이다.[28] 그러나 이러한 과정을 통해서 실제로 정의의 집합이 만들어지는 경우는 규칙적이라기보다는 예외적인 것이다. 그리하여 물리적 대상에 대한 진술이 어떻게 관찰진술과 관련되는가를 설명하는 문제는 사실 지각에 대한 전통적 문제인데, 그 문제를 해결하기 위해서 우리는 물리적 대상에 대한 진술을 관

28) G. Ryle, *Philosophical Arguments*(1945년 옥스퍼드대학에서의 취임강연).

찰진술로 번역하는 방법을 알려줘야 하고, 그렇게 함으로써 물리적 대상에 대한 정의로 간주될 수 있는 것을 제공하여야 한다고 생각할 수 있다. 그러나 이것은 실제로 불가능하다. 왜냐하면 내가 이미 언급했듯이, 관찰진술로 구성되는 어떤 유한한 집합도 물리적 대상에 대한 진술과 동치일 수 없기 때문이다. 그러나 우리가 할 수 있는 것은 어떤 경우에서도 물리적 대상이 존재한다는 것이 참이 되기 위해서 감각내용 사이에 어떤 종류의 관계가 얻어져야 하는지를 보여주는 도식(*schema*)을 구성하는 것이다. 그리고 적절하게 말해서 이러한 과정이 정의를 만들어낸다고 말할 수는 없지만, 그것은 어떤 유형의 진술이 다른 유형의 진술과 어떻게 관련되는가를 보여주는 효과를 갖는다.[29] 마찬가지로 정치철학분야에서 아마도 정치적 수준에 대한 진술은 개별적 인격체에 관한 진술로 번역될 수 없을 것이다. 왜냐하면 예를 들어서 비록 한 국가에 대해서 말할 수 있는 것이 어떤 개인들의 행위를 통해서만 검증될 수 있다고 할지라도, 그러한 진술은 개인들의 행위에 관한 진술로 구성된 어떤 구체적 집합과도 정확하게 동치일 수 없다는 점에서 그 진술은 보통 불명확하기 때문이다. 그럼에도 불구하고 여기서 다시 문제가 되는 정치적 진술이 참이 되기 위해서, 개인들 사이에 어떤 유형의 관계가 얻어져야 하는가를 나타낼 수는 있다. 따라서 비록 실제적인 어떤 정의도 얻어지지 않았다고 할지라도 그 정치적 진술의 의미는 적절하게 명료화된다.

이와 같은 경우에서 우리는 실제로 사용상의 정의에 접근하는 어떤

29) *The Foundations of Empirical Knowledge*, pp. 243~263을 볼 것. 그리고 R. B. Braithwaite, "Propositions about Material Objects," *Proceedings of the Aristotelian Society*, Vol. XXXVIII를 볼 것.

것에 도달한다. 그러나 정의와 유사한 어떤 것을 제공하지도 않고, 추구하지도 않는 다른 종류의 철학적 분석이 있다. 그래서 무어 교수가 "존재는 술어가 아니다"라고 말하고, 그것은 "'길들여진 호랑이가 존재한다'와 같은 문장에서 '존재한다'가 사용되는 방식과 '길들여진 호랑이가 으르렁거린다'와 같은 문장에서 '으르렁거린다'가 사용되는 방식 사이에는 매우 중요한 차이가 있다"고 말하는 방식일 수 있다고 주장할 때, 무어 교수는 어떤 문장집합을 다른 문장집합으로 번역할 수 있는 규칙을 제공함으로써 자신의 주장을 발전시킨 것은 아니었다. 그는 단지 "모든 길들여진 호랑이는 으르렁거린다"나 "대부분의 길들여진 호랑이는 으르렁거린다"고 말하는 것은 의미가 있지만, "모든 길들여진 호랑이는 존재한다"나 "대부분의 길들여진 호랑이는 존재한다"고 말하는 것은 무의미하다고 주장하는 것일 뿐이다.[30] 이것은 그가 주장하기에는 매우 사소한 점인 것처럼 보이지만, 그것은 사실 철학적으로 설명력이 있는 것이다. 왜냐하면 "존재론적 논증"을 그럴듯하게 보이게 만드는 것은 정확하게 존재가 하나의 술어라고 가정하는 것이기 때문이다. 그리고 존재론적 논증은 신의 존재를 증명한다고 가정된다. 결론적으로 무어는 "존재한다"라는 단어가 사용상 특이함을 갖는다는 점을 지적함으로써 우리가 심각한 오류에 빠지지 않도록 한 셈이다. 따라서 그의 과정이 비록 러셀이 기술구 이론에서 따랐던 과정과는 다르다고 해도, 동일한 철학적 목적을 달성하게 하는 의도를

---

30) G. E. Moore, "Is Existence a Predicate?" *Supplementary Proceedings of the Aristotelian Society*, 1936. 나는 던칸존스(A. E. Duncan-Jones)와의 심포지엄 논문, "Does Philosophy analyse Common Sense?"에서 동일한 예화를 사용했다. *Supplementary Proceedings of the Aristotelian Society*, 1937.

가지고 있는 것이다.[31)]

나는 이 책에서 우리의 과학적 믿음이나 상식적 믿음을 정당화하는 일은 철학의 영역에 속하는 것이 아니라고 주장한다. 왜냐하면 그러한 믿음의 타당성은 경험적 문제이고, 그것은 선험적 방법으로 해결될 수 없기 때문이다. 동시에 그러한 정당성을 구성하는 것은 무엇인가라는 문제는 "귀납의 문제"라는 존재가 보여주는 것처럼 철학적이다. 이 경우에도 또한 반드시 정의가 필요한 것은 아닐 것이다. 왜냐하면 비록 나는 귀납과 관련된 문제는, 어떤 명제가 다른 명제에 대한 좋은 증거라고 말함으로써 의미하는 것이 무엇인가라는 문제로 환원될 수 있다고 믿지만, 이 물음에 대답하는 방식이 "증거"의 형식적 정의를 구성하는 것인지 의심스럽기 때문이다. 내가 생각하기에 주로 요청되는 것은 과학적 방법에 대한 분석이고, 이러한 분석의 결과를 정의의 형식으로 표현하는 것이 가능하다고 할지라도, 이것이 일차적 중요성을 갖는 작업은 아닐 것이다. 그리고 여기서 나는 철학을 분석으로 환원하는 것이, 철학의 기능은 "과학의 전제들"을 밝혀주는 것이라는 견해와 양립할 수 없는 것이라고 생각할 필요가 없다는 것을 덧붙일 수 있다. 왜냐하면 그러한 과학의 전제들이 있다면, 그 전제들은 의심할 바 없이 과학적 방법의 적용이나 어떤 과학적 용어의 사용에서 논리적으로 관련된다는 것이 보여질 수 있기 때문이다.

---

31) 나는 무어 자신이 존재론적 논증을 논박하는 데 유일하게 관심을 가진, 혹은 심지어 가장 일차적으로 관심을 가진 사람이라는 것을 뜻하고자 하지 않는다. 그러나 나는 그의 추리는 이것만은 아니지만 그것을 이루었다고 생각한다. 마찬가지로 러셀의 "기술구 이론"은 "현존하는 존재자"로부터 우리를 구제해주는 것 이외에도 다른 용도가 있다.

비엔나학파의 실증주의자들은 철학의 기능이란 "철학적" 명제들의 특별한 집합을 제시하는 데 있는 것이 아니라 우리의 명제를 명료화하는 데 있다고 말하곤 했다. 그리고 이러한 주장은 적어도 철학이 사변적 진리의 원천이 아니라는 점을 밝혀주는 장점을 갖는다. 나는 그럼에도 불구하고 어떤 철학적 명제도 없다고 말하는 것은 옳지 않다고 생각한다. 왜냐하면 이 책과 같은 책에서 표현되는 명제들은, 그것들이 참이든 거짓이든, 특별한 범주에 속한다. 그리고 그러한 명제들은 철학자들이 동의하거나 부인하는 종류의 명제이기 때문에, 나는 그 명제들이 왜 철학적이라고 불리지 않아야 하는지 그 이유를 알지 못한다. 나는 그 명제들이 어떤 의미에서 단어의 용법에 관한 것이라고 말하는 것은 옳지만 또한 불충분하다. 왜냐하면 틀림없이 단어의 용법에 관한 모든 진술이 다 철학적인 것은 아니기 때문이다.[32] 그리하여 사전편찬가도 단어의 용법에 관한 정보를 제공하고자 하지만, 내가 지금까지 설명하려고 시도한 것처럼, 철학자들은 특별한 표현의 사용법에 관심을 갖는 것이 아니라 어떤 유형의 표현의 사용법에 관심을 갖는다는 점에서 사전편찬가와 다르다. 그리고 사전편찬가의 명제들은 경험적인 반면, 철학적 명제들은 그것들이 참이라면 보통 분석적이다.[33] 그 밖에 나는 나의 철학에 대한 개념을 설명할 방법으로 사례

---

32) "Does Philosophy analyse Common Sense?"와 *Supplementary Proceedings of the Aristotelian Society*, 1937에 실려 있는 던칸존스의 같은 제목의 논문을 볼 것. 그리고 위스덤(J. Wisdom)의 "Metaphysics and Verification," *Mind*, 1938과 "Philosophy, Anxiety and Novelty," *Mind*, 1944를 참고할 것.

33) 나는 철학사에서 나타나는 명제와 같은 경험적 명제 중 어떤 것은 철학적인 것이라고 간주될 수 있다고 생각하기 때문에 여기에서 "보통"이라는 수식어를 썼다. 그리고 철학자들은 철학적 목적을 달성하기 위해서 경험적 명제를 예로

를 언급하는 것보다 더 좋은 방법을 찾을 수 없다. 그리고 그러한 사례 중의 하나가 바로 이 책에 실린 논증이다.

1946년 1월

옥스퍼드 와드햄대학

알프레드 J. 에이어

사용한다. 그러나 단순히 역사적인 것이 아닌 한, 철학적 방법에 의해서 발견될 수 있는 진리는 분석적이라고 생각한다. 동시에 나는 철학자의 작업은 라일 교수가 나에게 지적해 준 것처럼, 진리를 발견하는 것이라기보다는 "퍼즐을 해결하는 것"이라는 말을 덧붙여야 한다.

제1장 형이상학의 제거

철학자들의 전통적 논의는 대부분의 경우 무익할 뿐만 아니라 확증되지도 않았다. 그러한 논의를 끝내는 가장 확실한 방법은 의심할 바 없이 철학적 탐구의 목적과 방법이 무엇이어야 하는가를 분명하게 하는 것이다. 그리고 철학사를 통해서 사람들이 생각했던 것만큼 이것은 결코 그렇게 어려운 작업도 아니다. 왜냐하면 과학이 철학으로 하여금 대답하도록 남겨놓은 문제가 있다면, 제거라는 직접적 과정이 그것을 발견하도록 이끌어 줄 것이 분명하기 때문이다.

우리는 철학이 우리에게 과학과 상식의 세계를 초월한 실재(*reality*)에 대한 지식을 제공한다는 형이상학적 논제를 비판함으로써 시작할 수 있다. 나중에 우리가 형이상학을 정의하고 그러한 것의 존재를 설명하게 될 때, 우리는 초월적 실재를 믿지 않고도 형이상학자가 될 수 있다는 것을 알게 될 것이다. 왜냐하면 많은 형이상학적 진술들이 그들의 입장에서 경험의 한계를 넘어서려는 의식적 욕망 탓이라기보다는 논리적 실수를 범한 탓에 생긴 것이라는 것을 알게 될 것이기 때문이다. 그러나 초월적 실재에 대한 지식을 가질 수 있다고 믿는 사람들의 입장을 우리의 논의를 위한 출발점으로 삼는 것이 편리하다. 이어서 우리가 그들을 논박하기 위해서 사용하는 논증은 형이상학 전체에 적용될 수 있다는 것을 알게 될 것이다.

현상적 세계를 초월하는 실재에 대한 지식을 가질 수 있다고 주장하는 형이상학자들을 공격하는 한 가지 방법은 그들이 제시하는 명제가 어떤 전제로부터 연역되는가를 질문하는 것이다. 다른 사람들처럼, 그들은 감각적 증거를 가지고 시작해서는 안 되는가? 그렇다면 그들은 어떤 타당한 추론과정에 의해서 초월적 실재에 관한 관념을 가질 수 있게 되는가? 경험적 전제로부터 초경험적인 어떤 것의 존재나 속성에 관해 아무것도 정당하게 추론할 수 없다는 것은 분명하다. 그러나 형이상학자의 입장에서 이러한 반대는 자신들의 주장이 궁극적으로 감각적 증거에 근거한다는 것을 부인함으로써 대답될 수 있을 것이다. 형이상학자는 감각경험을 통해서는 알 수 없는 사실을 알게 해주는 지적 직관이라는 능력을 부여받았다고 말할 수 있을 것이다. 그리고 그들이 경험적 전제에 의존하고 있다는 것을 보이고, 또 비경험적 세계에 대한 그들의 탐구가 논리적으로 정당화될 수 없다는 것을 보인다고 할지라도, 그로부터 비경험적 세계에 대한 그들의 주장이 참일 수 없다는 것이 따라나오지는 않는다. 왜냐하면 하나의 결론이 주어진 전제로부터 따라나오지 않는다는 사실이 곧 결론이 거짓이라는 것을 보여주는 것은 아니기 때문이다. 따라서 단순히 형이상학이 존재하게 된 방식을 비판함으로써 초월적 형이상학의 체계를 전복할 수는 없다. 오히려 형이상학을 구성하는 현실적(*actual*) 진술들의 본질을 비판하는 것이 필요하다. 그리고 이것이 실제로 우리가 추구할 논증의 과정이다. 왜냐하면 우리는 모든 가능한 감각경험의 한계를 넘어서는 "실재"를 지시하는 진술은 아무런 문자적 의미(*literal significance*)도 가질 수 없다고 주장하기 때문이다. 그러므로 그러한 실재를 기술하려고 노력하는 사람들의 수고는 무의미를 만들어내는 데 헌신한 것일 뿐이다.

이것은 이미 칸트(I. Kant)에 의해서 입증된 명제라고 주장할지도 모르겠다. 그러나 칸트가 초월적 형이상학을 비판했다고 할지라도, 그는 다른 근거 위에서 이를 수행했다. 왜냐하면 그는 인간 오성이란 가능한 경험의 한계를 넘어서려고 하고 또 물자체(*things themselves*)를 다루려고 시도할 때 모순에 빠지도록 구성되어 있다고 말하기 때문이다. 그런 점에서 칸트는 초월적 형이상학의 불가능성을 우리와 달리, 논리의 문제가 아니라 사실의 문제로 간주했었다. 그는 우리의 정신은 아마도 현상적 세계를 넘어서는 능력을 가질 수 없다고 주장하는 것이 아니라 단순히 우리는 실제로 그런 능력을 결여하고 있다고 주장했다. 그리고 이것은 비판가에게 우리가 감각경험의 한계 내에 있는 것만을 알 수 있다면 어떻게 한계를 넘어서 실재가 존재한다는 주장을 정당화할 수 있으며, 그 한계를 넘어갈 수 없다면 어떻게 인간 오성이 탐구할 수 없는 한계가 무엇인지를 말할 수 있는가라는 질문을 하게 한다. 비트겐슈타인(L. Wittgenstein)이 말한 것처럼, "사유에 한계를 긋기 위해서는 이 한계의 양쪽을 모두 생각할 수 있어야 한다."[1] 브래들리는

1) 비트겐슈타인의 《논리철학 논고》(*Tractatus Logico-Philosophicus*)의 서문을 보라.
〔옮긴이 주〕 비트겐슈타인은 《논리철학 논고》의 서문에서 이 책의 목적은 사유

형이상학이 불가능하다는 것을 증명하려는 사람은 그 스스로가 자기 자신의 경쟁이론을 가진 형제 형이상학자라고 주장함으로써 이러한 사실에 특별한 비틀기를 시도했다.[2]

칸트의 주장에 대한 이러한 반론이 어떤 효력을 갖든지 그것은 여기서 내가 전개하고자 하는 논제에 대해서는 어떤 반론도 되지 않는다. 누구든 자신이 통과할 수 없다고 주장한 장벽을 넘어서 있다고 말할 수 있는 사람은 없다. 왜냐하면 가능한 감각경험의 한계를 넘어서려는 시도가 무익하다는 것은, 인간의 마음이 현실적으로 어떻게 구성되는가에 대한 심리학적 가설로부터가 아니라 언어의 문자적 의미를 결정하는 규칙으로부터 연역되기 때문이다. 형이상학자에 대한 우리의 비판은 그들이 유익하게 탐구할 수 없는 영역에 오성을 사용하려고 시도하기 때문이 아니라, 그들이 만들어내는 문장은 그 자체로 문자적 의미를 가질 수 있는 조건을 충족시키지 못하는 문장이기 때문이다. 어떤 유형의 문장이 모두 문자적 의미를 결여하고 있음을 보이기 위해서 우리가 무의미한 것을 말할 필요는 없다. 우리는 하나의 문장이 사실에 관한 진짜 명제를 표현하는지 아닌지를 검토할 수 있는 기준을 정식화

의 한계를 설정하는 것이라고 말하고, 이어서 사유의 한계를 설정하기 위해서는 사유의 한계 양쪽을 다 생각할 수 있어야 하는데, 이는 생각할 수 없는 것(사유의 한계 밖)을 생각할 수 있어야 한다는 모순이 생긴다는 것을 지적하면서, 결국 언어의 한계를 설정하는 것이 철학의 목적이어야 한다고 말한다.

2) F. Bradley, *Appearance and Reality*, 2nd ed. p. 1.
〔옮긴이 주〕 여기서 에이어는 칸트가 전통적 형이상학을 비판하기는 하지만, 칸트의 철학은 또 하나의 형이상학일 뿐임을 브래들리를 인용하여 지적하고 있다. 에이어는 자신의 형이상학 비판과 칸트식의 형이상학 비판은 구별되어야 함을 강조하고 있다.

하기만 하면 된다. 그리고 지금부터 우리는 이 작업을 하려는 것이다. 우선 우리는 다소 모호한 용어로 그 기준을 정식화할 것이고, 이어서 그것을 정확하게 하기 위해서 필요한 설명을 덧붙일 것이다.

사실에 관한 분명한 진술이 진짜인가 아닌가를 검토하기 위해 사용하는 기준은 검증가능성(*verifiability*)의 기준이다. 우리는 한 문장이 어떤 사람에게 사실적으로(*factually*) 의미가 있다는 것은 그 사람이 그 문장이 표현하고자 하는 명제를 어떻게 검증할 수 있는지를 안다면, 그리고 오직 그럴 경우라고 말한다.[3] 즉, 그 사람이 일정한 조건하에서 어떤 관찰이 그에게 그 명제를 참으로 인정하게 하는지와 그것을 거짓으로 거부하게 하는지를 안다면, 그리고 오직 그럴 경우에만 그 명제가 사실적으로 의미가 있다고 말한다. 다른 한편으로 어떤 명제가 그것이 참이거나 혹은 거짓이라고 가정하는 것이 그 사람의 미래 경험의 본성에 관한 모든 가정과 무모순적 성질을 갖는다면 그 명제가 동어반복이 아닌 한, 그 명제는 그 사람에게 단순히 사이비명제(*pseudoproposition*)일 뿐이다. 그것을 표현하는 문장은 그에게 감정적 의미가 있을 수 있다. 그러나 그것이 문자적으로 의미 있는 것은 아니다. 의문문에 관해서도 그 절차는 동일하다. 모든 경우에서 어떤 관찰이 우리에게 그 질문에 어떤 식으로든 대답할 수 있게 해주는가를 조사해 보아야 한다. 만약 아무것도 발견되지 않는다면, 그 의문문의 문법적 외양이 아무리 강하게 진짜 질문을 표현하고 있다고 주장할지라도 그 문장은 진짜 질

3) 〔옮긴이 주〕 논리실증주의의 핵심이 되는 검증원리에 대한 설명이다. 여기서 "사실적으로 의미가 있다"는 말은 일반적으로 "인지적으로(*cognitively*) 의미가 있다"는 말로 쓰이는데, 논리적 명제와 같은 분석명제나 도덕적 판단과 같은 가치명제와 구별하기 위해서 사용된 것이다.

문을 표현하는 것이 아니다.

이러한 절차를 택하는 것이 이 책의 논증에서 본질적 요소이기 때문에 자세하게 검토할 필요가 있다.

우선 실천적(*practical*) 검증가능성과 원칙상의(*in principle*) 검증가능성을 구별할 필요가 있다. 분명히 우리는 실제로 우리가 검증해보지 않은 명제들을 이해하고 많은 경우에 믿기도 한다. 이러한 명제 중에 많은 것은 우리가 충분한 수고를 한다면 검증할 수 있는 명제들이다. 그러나 우리가 검증해 보려고 해도 검증할 수 없는 사실에 관한 수많은 의미 있는 명제가 있다. 그것은 단순히 우리가 관련된 관찰을 할 수 있는 상황에 들어갈 수 있는 실천적 수단이 없기 때문이다. 그러한 명제의 간단하고 잘 알려진 예는 "달의 다른 쪽 표면에 산이 있다"는 명제이다.[4] 나에게 달의 다른 쪽 표면으로 가서 그곳을 살펴볼 수 있도록 해주는 로켓이 아직 발견된 적이 없어서 현실적 관찰에 의해서는 그 사실이 참인지 거짓인지를 결정할 수 없다. 그러나 내가 그것을 관찰하는 것이 이론적으로 불가능한 것은 아닌데, 그러한 관찰을 할 수 있게 된다면, 어떤 관찰〔내용〕이 나에게 그것을 결정하게 해주는지를 알 수 있다. 그러므로 그 명제는 실천적으로는 아니지만 원칙상 검증가능하고 따라서 의미 있는 명제라고 말한다. 그러나 "절대자는 진화와 진보에 관계하지만, 그 자체는 진화하거나 진보하지는 않는다"[5]는 형이상학적 사이비명제는 원칙상으로도 검증가능하지 않다. 왜냐하

4) 이 예는 같은 점을 설명하기 위해 슐리크(M. Schlick) 교수에 의해서 사용된 적이 있다.

5) 이 문장은 브래들리의 *Appearance and Reality*에서 임의로 뽑은 것이다.

면 절대자가 진화나 진보에 관여하는지 하지 않는지를 결정할 수 있게 해주는 관찰을 생각할 수 없기 때문이다. 물론 그러한 주장을 하는 사람은 아마도 영어를 말하는 사람들이 일반적으로 사용하는 것과는 다른 방식으로 영어를 사용하고 있을 수도 있고, 또한 경험적으로 검증될 수 있는 어떤 것을 실제로 주장하려고 의도했을 수도 있다. 그러나 그 사람이 우리에게 그가 표현하고자 하는 명제가 어떻게 검증되는가를 이해시켜주지 못한다면, 그는 우리에게 아무것도 전하지 못하는 것이다. 그리고 나는 그러한 주장을 하는 사람들이 이를 인정해야 한다고 생각하는데, 만일 그들이 자신의 진술이 동어반복이나 적어도 원칙상으로 검증가능한 명제를 표현하고 있지 않았다는 것을 인정한다면, 그는 결국 자기 자신에게도 문자적 의미가 없는 진술을 하는 것이 된다.

우리가 해야 할 또 다른 구별은 "검증가능성"이란 용어의 "강한 의미"(*strong sense*)와 "약한 의미"(*weak sense*)이다. 하나의 명제가 강한 의미로 검증가능하다는 것은 그 명제의 참이 확실하게 경험에 의해서 결정될 수 있는 경우, 그리고 오직 그럴 경우를 말한다. 만약 경험이 한 명제를 개연적인(*probable*) 것으로 만든다면 그 명제는 약한 의미에서 검증가능하다. 우리가 한 명제가 검증가능하기만 하면 그 명제는 진짜 명제라고 말할 때, 우리는 그 용어를 어떤 의미로 사용하는가?

어떤 실증주의자들이 주장하는 것처럼,[6] 의미의 기준으로 확정적(*conclusive*) 검증가능성을 채택한다면 우리의 논증은 너무 많은 것을

---

6) 예를 들면, 슐리크의 "Positivismus und Realismus," *Erkenntnis*, Vol. I, 1930과 와이즈만(F. Waismann)의 "Logische Analyse des *Warscheinlichkeitsbegriffs*," *Erkenntnis*, Vol. I, 1930.

증명하게 될 것이다. 예컨대, "비소는 유독하다", "모든 사람은 죽는다", "물체는 가열되면 팽창한다"와 같은 법칙과 같은 일반명제의 경우를 생각해보자. 그러한 명제는 그 본성상 유한한 관찰에 의해서 확실하게 참으로 확립될 수는 없다. 그러나 그러한 법칙에 관한 일반명제들이 무한히 많은 경우를 포함하려는 것임을 인식한다면, 그러한 명제들이 원칙상으로도 확정적으로 검증될 수 없다는 것도 인정해야 한다. 그러므로 우리가 의미의 기준으로 확정적 검증가능성을 채택한다면 우리는 논리적으로 어쩔 수 없이 법칙에 관한 일반명제를 형이상학자의 진술과 같은 방식으로 다루지 않으면 안 된다.

이러한 문제에 직면하여 어떤 실증주의자들은7) 이런 일반명제는 비록 본질적으로 중요한 무의미이기는 하지만 어쨌든 무의미한 것이라고 말하는 대담한 입장을 취하기도 한다. 그러나 여기서 "중요한"이라는 단어를 사용하는 것은 단순히 도피처를 마련하려는 시도일 뿐이다. 그것은 단지 그들의 견해가 역설적이라는 것을 자신들도 인식하고 있고, 그 역설을 어떻게라도 제거하려고 하지 않았음을 보여주고 있을 뿐이다. 게다가 그러한 문제는 법칙에 관한 일반명제의 경우 가장 분명하게 드러나기는 하지만 그것은 일반명제의 경우로 제한되지는 않는다. 먼 과거에 관한 명제의 경우도 마찬가지로 명백하다. 왜냐하면 역사적 진술을 위한 증거가 아무리 강력하다 할지라도 그 진술의 참은 결코 매우 개연적인 것 이상이 될 수 없다는 것은 분명히 인정되어야 하기 때문이다. 그리고 그러한 역사적 진술이 중요하거나 그렇

7) 예를 들면, 슐리크의 "Die Kausalitat in der gegenwartigen Physik," *Naturwissenshaft*, Vol. 19, 1931.

지 않은 형태의 무의미를 표현하는 것이라고 주장하는 것은 좋게 말해도 그럴듯하지 않다. 사실 동어반복을 제외하고 어떤 명제도 개연적 가설 이상의 어떤 것일 수 없다는 것이 우리의 주장이다. 그리고 이것이 옳다면 하나의 문장이 확정적으로 검증될 수 있는 것을 표현하는 경우에만 사실적으로 의미가 있을 수 있다는 원칙은 의미의 기준으로서 자가당착적이다. 왜냐하면 그것은 도대체 사실에 관한 의미 있는 진술을 할 수 없다는 결론을 낳기 때문이다.

하나의 문장이 경험에 의해서 결정적으로 반박될 수 있는(*confutable*) 경우, 그리고 오직 그럴 경우에 그 문장이 사실적으로 의미 있는 것으로 보자는 주장도 우리는 받아들일 수 없다.[8] 이러한 주장을 받아들이는 사람들은 어떤 유한한 관찰도 하나의 가설을 모든 의심의 가능성을 넘어서 참이라고 결정할 수는 없지만 단 하나의 관찰이나 일련의 관찰이 명백하게 그 가설을 반증하는 결정적인 경우가 있다는 것을 가정한다. 그러나 나중에 살펴보겠지만 이러한 가정은 잘못이다. 가설은 확정적으로 검증될 수 없는 것처럼 결정적으로 반증될 수도 없다. 왜냐하면 우리가 어떤 관찰을 주어진 가설을 거짓으로 만드는 증거로 간주할 때, 우리는 어떤 조건들이 있음을 전제하기 때문이다. 어떤 경우에서든 이러한 가정이 거짓일 가능성이 거의 없다고 할지라도

---

8) 이것은 칼 포퍼(K. Popper)에 의해서 제안되었다. 그의 *Logik der Forschung*을 보라.
〔옮긴이 주〕 포퍼는 에이어가 말하듯이 문장의 유의미성 기준에 관심을 가졌다기보다는 궁극적으로는 과학과 사이비과학을 구별하고자 했다. 이를 위해서 포퍼는 과학적 진술은 반증가능(*falsifiable*)해야 한다고 주장한다. 포퍼의 위의 책은 *The Logic of Scientific Discovery*(1959)로 영역되었고, 우리말로 박우석 교수에 의해서 《과학적 발견의 논리》(1994)로 번역되었다.

그것이 논리적으로 불가능하지는 않다. 관련된 상황 중의 어떤 것이 우리가 그렇다고 받아들이는 것과 다르고 따라서 그 가설은 정말로 무너진 것이 아니라고 주장할 때, 아무런 자기모순도 있을 필요가 없다는 것을 알게 될 것이다. 그리고 어떤 가설이 결정적으로 반증될 수 없는 것이 사실이라면 한 명제가 진짜 명제인가의 여부가 그 명제의 결정적 반증가능성에 의존한다고 주장할 수 없다.

따라서 우리는 보다 약한 의미의 검증가능성으로 돌아간다. 사실에 관한 임의의 진술에 대해서 물어야 할 것은 "그 명제를 논리적으로 확실한 참이나 거짓으로 만들어 주는 어떤 관찰이 있는가"가 아니라 "그 명제의 참과 거짓을 결정하는 데 관련이 있는 관찰이 있는가"이다. 어떤 진술이 무의미하다고 결론내리는 경우는 오직 두 번째 질문에 부정적 대답을 하는 경우뿐이다.

우리의 입장을 보다 분명하게 하기 위해서 그것을 다른 방식으로 정식화할 수 있다. 현실적 관찰이든 또는 가능적 관찰이든 하나의 관찰을 보고하는 명제를 경험적 명제(*experiential proposition*) 라고 부르기로 하자. 그러면 어떤 명제 x가 사실에 관한 진짜 명제인지의 기준을 다음과 같이 말할 수 있다. 즉, x가 하나의 경험명제나 혹은 유한한 수의 경험명제와 동치는 아니고, 단순히 어떤 경험적 명제가 어떤 다른 전제들만으로부터 연역될 수는 없으나, 그 전제들과 x가 결합될 때 연역될 수 있다면, x는 사실에 관한 진짜 명제이다.[9]

이 기준은 충분히 관대한 것처럼 보인다. 확정적 검증가능성과 비교

9) 이것은 너무 단순하게 표현되어 문자 그대로 옳지 않다. 옳은 정식이라고 내가 믿는 것을 서론에서 다시 제시하고 있다. p. 29를 보라.

해 볼 때, 분명히 이 기준은 일반명제나 과거에 관한 명제의 의미를 부인하지 않는다. 그 기준이 어떤 종류의 진술을 배제하는지 살펴보자.

우리의 기준에 의해서 거짓이라기보다는 무의미하다고 비난받아야 할 종류의 진술의 좋은 예는 감각경험의 세계는 모두 비실재적(*unreal*)이라는 주장이다. 물론 우리의 감각이 때로는 우리를 속인다는 것을 인정해야 한다. 우리는 어떤 감각을 가짐으로써 실제로 얻어질 수 없는 어떤 다른 감각을 얻으리라고 기대할 수도 있다. 그러나 그러한 모든 경우에도 감각경험으로부터 발생하는 실수에 대해서 우리에게 알려 주는 것은 또 다른 감각경험이다. 감각이 때로는 우리를 속이기도 하는데, 그것은 우리의 감각경험이 일으키는 기대가 그 이후에 우리가 경험하는 것과 반드시 일치하지 않기 때문이다. 즉, 우리의 감각에 기초한 판단을 실제로 받아들이거나 반박하기 위해서 우리는 또 다시 감각에 의존한다. 그러므로 우리의 지각적 판단(*perceptual judgement*)이 때로는 실수라고 밝혀지기도 한다는 사실이 조금도 감각경험의 세계가 비실재적임을 보여주는 것은 아니다. 그리고 어떤 가능한 관찰이나 일련의 관찰도 감각경험에 의해서 우리에게 드러난 세계가 비실재적임을 보여줄 수 없다는 것은 분명하다. 결과적으로 감각세계를 실재(*reality*)와 대립되는 단순한 현상(*appearance*)의 세계로 비판하는 사람은 우리의 의미기준에 따르면 문자적으로 무의미한 어떤 것을 말하는 것이다.

우리의 기준을 적용하여 우리가 허구적이라고 비난하지 않을 수 없는 논의의 한 예는 세상에 존재하는 실체(*substance*)의 수에 관해 논쟁하는 사람들에 의해서 제공된다. 왜냐하면 하나의 실체가 존재한다는 일원론자나 실체는 다수라는 다원론자 모두 그들의 논쟁의 해결과 관련되는 어떤 경험적 상황을 생각할 수 없다는 것을 인정하기 때문이다. 그러나 만약 실체가 하나라는 주장이나 실체가 다수라는 주장 어느 것에도 개연성을 부여할 수 있는 어떤 가능한 관찰도 없다고 한다면 우리는 두 주장 모두 의미가 없다고 결론내려야 한다. 나중에 일원론자들과 다원론자들 사이의 논쟁에 관한 참다운 논리적, 경험적 문제가 있다는 것을 살펴볼 것이다.[10] 그러나 "실체"에 관한 형이상학적 질문은 우리의 기준에 의해서 가짜 문제로서 배제된다.

이와 비슷한 처방이 실재론자들과 관념론자들 사이의 논쟁에도 적용되어야 한다. 내가 다른 곳에서[11] 비슷한 논증에서 사용한 간단한 예는 이것을 증명하는 데 도움이 될 것이다. 하나의 그림이 발견되었는데, 그것이 고야의 작품이라는 주장이 있다고 가정해 보자. 그러한 문제를 다루기 위한 명백한 절차가 있다. 전문가가 그 그림을 조사하여 어떤 점에서 고야의 진짜 작품과 유사한지를 보고, 위조의 징후가 있는지를 살펴본다. 그리고 그러한 고야의 그림이 있었는가에 대한 증거를 위해 동시대의 기록을 살펴본다. 끝까지 그들은 여전히 의견의 일치를 보지 못할 수 있지만 각자는 어떤 경험적 증거가 자신의 의견을 확인해 주는지 혹은 의심하게 하는지를 안다. 이제 이 사람들이 철학을 공부했다고 가정하자. 그리고 그들 중의 일부는 그 그림은 지각자의 마음이나 신의 마음에 있는 관념(*idea*)의 집합이라고 주장하고, 다른 사람들은 그 그림은 객관적으로 실재한다고 주장한다고 가

---

10) 제 8장을 보라.

11) "Demonstration of the Impossibility of Metaphysics," *Mind*, 1934의 p. 339를 보라.

정해 보자. 그들 중 누가 이 논쟁과 관련하여 이렇게 혹은 저렇게 해결된다고 말할 수 있는 가능한 경험을 가질 수 있는가? "상상적"(*illusory*)이라는 말과 대립되는 의미인 "실재적"(*real*)이란 말의 일상적 의미에서 그 그림의 실재는 의심할 수 없다. 논쟁자들은 그림이 이런 의미에서, 즉 일련의 관련된 시각과 촉각을 얻음으로써 실재적이라는 것에 동의한다. "실재적"이라는 말이 "관념적"이라는 말과 대립되는 의미에서 그 그림이 실재적인가 판단할 수 있게 하는 비슷한 과정이 있는가? 분명히 아무것도 없다. 그렇다면 그 문제는 우리의 기준에서 허구적인 것이다. 이것이 실재론과 관념론의 논쟁이 더 이상의 논의 없이 사라지게 할 수 있다는 것을 의미하지는 않는다. 왜냐하면 그것은 정당하게 존재명제의 분석에 관한 논쟁으로 간주되어, 나중에 보게 되겠지만[12] 정의를 통해서 해결될 수 있는 논리적 문제로 간주될 수 있기 때문이다. 우리가 보여 준 것은 지금까지 단순히 관념론과 실재론 사이의 문제는 자주 그런 것처럼, 그것을 형이상학적으로 해석할 때 허구적 문제가 된다는 것이었다.

우리의 의미기준을 적용할 중요한 예들을 더 이상 제시할 필요는 없을 것이다. 왜냐하면 우리의 목적은 단순히 지식의 참된 한 분야로서 철학은 형이상학과 구별되어야 한다는 것을 보이는 것이기 때문이다. 우리는 지금 전통적으로 철학으로 간주된 것 중에서 얼마나 많은 것이 실제로 형이상학적인가라는 역사적 질문에 관심을 갖는 것이 아니다. 그러나 나중에 우리는 과거의 "위대한 철학자들"의 대부분이 본질적으로 형이상학자가 아니라는 것을 지적할 것이고, 그렇지 않을 경우 신

---

12) 제 8장을 보라.

앙의 경건성 때문에 우리의 기준을 받아들이지 않을 사람들을 안심시킬 것이다.

우리가 진술한 형식의 검증원리의 타당성에 관하여 앞으로 이 책에서 하나의 증명이 제시될 것이다. 왜냐하면 사실적 내용을 갖는 명제는 모두 경험적 가설이고, 경험적 가설의 기능은 경험에 대한 기대를 하게 하는 하나의 규칙을 제공하는 것임을 보일 것이기 때문이다.[13] 그리고 이것은 모든 경험적 가설이 현실적이거나 가능한 어떤 경험과 관련되어야 하며, 따라서 아무 경험과도 관련되지 않는 진술은 경험적 가설이 아니고 사실에 대한(*factual*) 어떤 내용도 갖지 않는다는 것을 의미한다. 이것이 정확하게 검증가능성의 원리가 주장하는 것이다.

형이상학자의 진술이 무의미하다는 것은 단순히 그 언명이 사실적 내용을 결여하고 있다는 사실로부터 따라나오는 것은 아니라는 점이 언급되어야 한다. 그것은 그 언명이 선험적(*a priori*) 명제가 아니라는 사실과 결합되어야 그 사실로부터 따라나온다. 그리고 그 언명이 선험적 명제가 아니라고 가정하면서 우리는 다음 장의 결론을 다시 기대하는 것이다.[14] 왜냐하면 거기서 그 명제의 확실성 때문에 철학자에게 매력적인 선험적 명제는 그 명제가 동어반복이라는 사실에 의해서 확실성을 갖게 된다는 것을 보일 것이기 때문이다. 따라서 우리는 형이상학적 문장이 진짜 명제를 표현하려고 의도하는 문장이지만, 사실 동어반복도 경험적 가설도 표현하지 않는 문장이라고 정의할 수 있다. 동어반복과 경험적 가설이 의미 있는 명제의 전체를 이루기 때문에 우

---

13) 제 5장을 보라.

14) 제 4장을 보라.

리는 모든 형이상학적 주장은 무의미하다고 정당하게 결론내릴 수 있다. 우리의 다음 작업은 형이상학적 주장이 어떻게 만들어지는가를 보이는 것이다.

이미 우리가 언급한 적이 있는 "실체"라는 용어의 사용은 대체로 형이상학이 씌어지는 방식에 대한 좋은 예를 제공한다. 우리는 사물 자체를 가리키는 것처럼 보이는 단어나 어구를 도입하지 않고는 사물에 관하여 말할 수 있는 어떤 것과 대립하는 사물의 감각될 수 있는 성질을 우리의 언어로 언급할 수 없다. 그 결과 모든 이름에 단 하나의 실재적 존재자가 대응한다는 근본적 가정에 의해서 영향을 받은 사람들은 사물 자체와 감각될 수 있는 사물의 성질을 논리적으로 구별해야 한다고 가정한다. 그리하여 그들은 "실체"라는 용어를 사물 자체를 가리키기 위해서 사용한다. 그러나 우리가 어떤 사물을 가리키기 위해서 단일한 단어를 사용하고, 그 단어가 그 사물의 감각될 수 있는 현상을 언급하는 문장의 문법적 주어가 된다는 사실로부터 사물 자체는 "단순존재자"(*simple entity*) 라는 사실과 그 사물이 그 현상의 총체에 의해서 정의될 수 없다는 사실이 추론될 수는 없다. "그것의" 현상이라고 말할 때 우리는 사물을 그 현상과 구별하는 것처럼 보이는 것은 사실이나, 그것은 단지 언어사용상의 문제일 뿐이다. 논리적 분석을 통해서, 이러한 "현상"을 동일한 사물의 현상으로 만드는 것은 그 현상과 그 현상들과 구분되는 어떤 다른 존재자와의 관계가 아니라 그 현상들의 상호관계라는 것을 알게 된다. 형이상학자들은 자신의 언어의 표면적인 문법적 특성에 의해서 오해되어 이러한 사실을 파악하지 못한 것이다.

문법에 관한 잘못된 생각 때문에, 형이상학이 생겨났다는 보다 간단하고 명백한 예는 '존재'(*Being*)라는 형이상학적 개념의 경우이다. 가능한 어떤 경험을 통해서도 대답할 수 없는 존재에 관한 문제를 제기하려는 경향은, 존재에 관한 명제를 표현하는 문장과 속성에 관한 명제를 표현하는 문장이 우리의 언어에서 동일한 문법적 구조를 갖는다는 사실에서 기인한다. 예컨대, "순교자들이 있다"(*Martyrs exist*)는 문장과 "순교자들은 고난받는다"(*Martyrs suffer*)는 문장은 모두 하나의 명사와 그에 뒤따라나오는 자동사로 구성된다. 그리고 그 문장들이 문법적으로 동일한 모습을 하고 있다는 사실은 그 문장들이 동일한 논리적 형태를 갖는다고 생각하게 한다. "순교자들은 고난받는다"는 명제에서 어떤 종(*species*)의 구성원들이 어떤 성질을 갖는 것으로 인정되고, 때때로 "순교자들이 있다"와 같은 명제에 대해서도 마찬가지의 사실이 참이라고 생각된다. 만약 이것이 실제로 사실이라면, 순교자의 고통에 대해서 생각하는 것처럼 순교자의 존재에 대해서 생각하는 것이 정당할 것이다. 그러나 칸트가 지적했듯이[15] 존재는 성질이 아니다. 왜냐하면 우리가 하나의 성질을 어떤 사물에 속하는 것으로 생각할 때, 우리는 그 사물이 분명히 존재한다고 주장하고 있다. 그러므로 존재가 그 자체로 성질이라면 모든 긍정존재명제는 동어반복이 될 것이고 모든 부정존재명제는 자기모순이 될 것이다. 그러나 이것은 사실이 아니다.[16] 그러므로 존재가 하나의 성질이라는 가정으로부터 존재에 관한 문제를 제기하는 사람들은 의미의 한계를 벗어난 문법

15) 칸트의 *The Critique of Pure Reason*, "Transcendental Dialectic," Book II, Chapter iii, section 4를 보라.

16) 이 논증은 J. Wisdom, *Interpretation and Analysis*, pp. 62~63을 보라.

을 따르는 잘못을 범하는 것이다.[17]

"유니콘은 가상적이다"(*Unicorns are fictitious*) 와 같은 명제에 대해서도 비슷한 잘못이 범해졌다. 다시 "개는 충직하다"(*Dogs are faithful*) 는 문장과 "유니콘은 가상적이다"는 문장 사이에 피상적인 문법적 유사성이 있다는 사실은 그 문장들은 동일한 논리적 형태를 갖는다는 가정을 낳는다. 개가 충직하다는 성질을 갖기 위해서는 존재해야만 한다. 그와 같이 유니콘이 어떤 방식으로든 존재하지 않는다면 가상적이라는 성질을 가질 수 없다고 주장된다. 그러나 가상적 대상이 존재한다고 말하는 것은 분명한 자기모순이기 때문에, 그러한 대상도 비경험적인 어떤 의미에서 실재한다고 말하는 묘안을 제시한다. 즉, 그러한 대상들은 현존하는(*existent*) 사물들의 존재양상과는 다른 실재존재(*real being*) 양상을 갖는다는 것이다.[18] 그러나 하나의 대상이 일상적 의미에서 실재적인가 아닌가를 검토하기 위한 방법이 있는 것과 달리, 그

17) 〔옮긴이 주〕 "순교자는 존재한다"와 "순교자는 고통받는다"는 문장을 술어논리의 양화사를 이용하여 옮기면 그 차이가 분명하게 드러난다. 즉, 전자는 (∃x) Mx이지만, 후자는 '어떤 순교자는 고통받는다'는 뜻으로 해석하면, (∃x) (Mx & Sx) 이고, '모든 순교자는 고통받는다'는 뜻으로 해석하면 (∀x) (Mx → Sx) 이다(여기서 M은 "순교자이다"는 술어이고, S는 "고통을 받는다"는 술어이다).

18) 〔옮긴이 주〕 이러한 입장을 취하는 대표적 철학자는 마이농(A. Meinong) 이다. 그는 1904년 자신의 논문 "Über Gegenstandstheorie"에서 존재하지 않는 대상의 이름—예를 들어, 황금산(*Golden mountain*) 이나 둥근 사각형(*round square*) 과 같은—이 주어인 명제에 대해서 분석하면서, 그러한 대상이 존재하지 않는다고 말하는 것이 경험적으로 참이라는 역설적 문제를 해결하기 위해서 존재와 비존재를 넘어서 있는 순수대상(*pure object*) 을 가정한다. 그의 논문은 R. Chisholm(ed.) (1960), *Realism and the Background of Phenomenology*에 "The Theory of Objects"로 영역되어 실려 있다.

대상이 위와 같은 〔비경험적〕 의미에서 실재적인가 아닌가를 검토하기 위한 방법은 없기 때문에 가상적 대상이 특별한 비경험적 실재존재 양상을 갖는다는 주장은 문자적 의미를 결여하고 있다. 이러한 주장은 가상적임이 하나의 성질이라고 가정하는 결과 때문에 발생한다. 그리고 이것은 존재가 하나의 성질이라고 가정하는 것과 동일한 종류의 오류이고, 그것은 같은 방식으로 드러날 수 있다.

일반적으로 비존재적(*non-existent*) 존재자가 실재한다는 가정은 방금 지적한 것처럼 한 문장의 문법적 주어가 될 수 있는 모든 단어나 어구는 어딘가에 그에 대응하는 실재적 존재자가 있다는 가정으로부터 생겨난다. 경험적 세계에는 이러한 종류의 많은 "존재자들"을 위한 자리가 없기 때문에, 그러한 것들을 수용할 수 있는 특별한 비경험적 세계를 가정하게 되는 것이다. "무"(*Nothing*)는 독특하고 신비로운 어떤 것을 가리키기 위해 사용되는 이름이라는 가정 위에 자신의 형이상학을 기초시키는 하이데거식의[19]의 진술들도 이러한 잘못을 범하고 있음에 분명하고, 또한 그 무의미함이 그만큼 분명하지는 않다고 할지라도 여전히 그와 같은 정도로 완전히 무의미한 명제와 보편자의 실재성에 관한 널리 퍼진 문제들도 역시 같은 잘못을 범하는 것이다.

이러한 몇 안 되는 예가 대부분의 형이상학적 주장이 어떻게 형성되는가를 충분히 보여주고 있다. 그것들은 무의미하다고 깨닫지 못하면서 문자적으로 무의미한 문장을 쓰는 것이 얼마나 쉬운가를 보여 준다. 그리하여 우리는 전통적 "철학의 문제" 중에서 많은 것이 형이상학

19) 하이데거(M. Heidegger)의 《형이상학이란 무엇인가》(*Was ist Metaphysik*)를 보라. 카르납은 이를 그의 "Uberwindung der Metaphysik durch logische Analyse der Sprach," *Erkenntnis*, Vol. II, 1932에서 비판하고 있다.

적이며 따라서 허구적이라는 견해가 철학자들의 심리에 관한 어떤 믿기 힘든 가정을 포함하는 것이 아님을 알 수 있다.

철학이 지식의 참다운 분야로 간주되려면 형이상학과 구별되는 방식으로 정의되어야 한다고 생각하는 사람들 중에는 형이상학자를 일종의 마땅치 않은 시인이라고 말하는 것이 유행하고 있다. 그들의 진술이 문자적 의미를 갖지 않기 때문에 그러한 진술은 참과 거짓에 관한 어떤 기준과도 부합되지 않는다. 그러나 그 진술들은 여전히 감정을 표현하거나 감정을 일으키기 위해서 사용될 수 있으며, 그 결과 윤리적 기준이나 미학적 기준의 적용을 받을 수 있다. 그러므로 그러한 진술들은 도덕적 영감의 수단이나 예술작품으로서 상당한 가치를 가질 수 있다고 주장된다. 형이상학자를 철학으로부터 추방하는 것에 대하여 이런 방식으로 보상하려는 시도가 있다.[20]

나는 그들이 이러한 보상을 받을 자격이 있는지 의심스럽다. 형이상학자들이 시인으로 간주되어야 한다는 견해는 양자 모두 무의미를 말한다는 가정에 근거하는 것 같다. 그러나 이러한 가정은 잘못이다. 시인들에 의해서 만들어지는 문장들은 대부분의 경우에 문자적 의미를 갖는다. 언어를 과학적으로 사용하는 사람과 감정적으로 사용하는 사람들 사이의 차이는 전자는 감정을 불러일으킬 수 없는 문장을 만들어내고 후자는 의미 없는 문장을 만들어내는 것이 아니라, 전자는 일차적으로 참된 명제의 표현에 관심을 갖고 후자는 예술작품의 창조에 관심을 갖는다는 것이다. 그러므로 과학저술이 참인 중요한 명제를

---

20) 이러한 논의를 위해서 C. A. Mace, "Representation and Expression," *Analysis*, Vol. I, No. 3과 "Metaphysics and Emotive Language," *Analysis*, Vol. II, No. 1과 No. 2를 보라.

포함한다면 과학저술로서 그것의 가치는 그것이 세련되지 못하게 표현되었다는 사실 때문에 거의 감소되지 않을 것이다. 그리고 마찬가지로 예술작품은 그것을 구성하는 모든 명제가 문자적으로 거짓이라는 사실 때문에 반드시 더욱 나빠지는 것은 아니다. 그러나 많은 문학저술이 주로 거짓문장으로 이뤄졌다고 말하는 것이 곧 그것들이 사이비명제로 구성되었다고 말하는 것은 아니다. 사실 문학예술가가 문자적 의미를 갖지 않은 문장을 만들어내는 것은 매우 드물다. 이러한 문장이 나타나는 곳은 그 문장이 각운이나 균형을 위해서 조심스럽게 선택된 것이다. 만약 저자가 무의미한 문장을 쓴다면, 이는 그가 자신의 저작이 의도하는 효과를 일으키기에 그것이 가장 적당한 것이라고 생각한 때문이다.

그러나 형이상학자들은 무의미를 의도하지는 않는다. 그들은 문법에 속거나 추론상의 잘못으로 감각세계는 비실재적이라는 견해에 빠져드는 것같이 무의미함에 빠져든다. 그러나 단순히 이러한 실수를 하는 것이 시인의 표식은 아니다. 사실 형이상학자의 진술이 무의미하다는 사실에서 그러한 진술들이 미학적 가치를 갖는다는 견해에 반대하는 이유를 찾는 사람이 있다. 이 이상 논의를 진행할 필요 없이, 우리는 그러한 사실이 아무런 근거도 갖지 않는다고 자신 있게 말할 수 있다.

그러나 형이상학의 대부분은 단순히 평범한 실수가 구체화된 것이지만, 진짜 신비로운 감정에 관한 저작인 형이상학적 구절이 많이 남아있다는 것도 사실이다. 그러한 것은 도덕적이거나 미학적인 가치를 갖는다고 보다 그럴듯하게 주장될 수 있다. 그러나 우리가 아는 한, 문법에 속아 넘어간 철학자들이 만들어낸 형이상학과 표현할 수 없는 것을 표현하려고 시도하는 신비주의자가 만들어낸 형이상학 사이의 차이는 그렇게 중요하지 않다. 우리에게 중요한 것은 시각(*vision*)을 설명하려는 형이상학자의 진술들조차도 문자적으로 의미가 없다는 것을 인식하는 것이다. 그러므로 우리 언어의 용법들을 이해하지 못함으로써 생겨나는 보다 수치스러운 종류의 형이상학에 대해서 그러는 것처럼, 그러한 진술들에 대해서도 거의 고려하지 않은 채 우리의 철학적 탐구를 진행할 수 있을 것이다.

제 2 장 철학의 기능

형이상학을 포기함으로써 우리가 벗어나게 되는 미신들 중에는 철학자의 임무는 연역적 체계를 구성하는 것이라는 견해가 있다. 우리가 이러한 견해를 거부한다고 해서 물론 철학자가 연역적 추론 없이도 지낼 수 있다고 주장하는 것은 아니다. 단순히 우리는 어떤 제일원리를 가정하고 그 원리의 귀결인 실재에 대한 완성된 그림을 제시하는 철학자의 권리에 의문을 제기하는 것이다. 이러한 과정을 비판하기 위해서 우리는 철학이 요청하는 그런 종류의 제일원리란 없다는 것을 보여주기만 하면 되는 것이다.

우리의 인식토대를 제공하는 것이 제일원리의 임무이기 때문에 그 원리는 이른바 자연의 법칙 중에서 발견될 수 없음은 자명하다. 왜냐하면 자연의 법칙이 단순히 정의가 아니라면 그것은 경험에 의해서 반박될 수 있는 가설일 뿐이기 때문이다. 그리고 자신의 전제들을 위해 귀납적 일반화를 행하는 것이 철학체계를 구성하려는 사람들의 작업인 적은 없었다. 그들은 그러한 일반화를 단순히 개연적일 뿐이라고 올바르게 간주하고, 그 일반화를 자신들이 논리적으로 확실하다고 믿는 원리에 종속시킨다.

이것은 데카르트의 체계에서 매우 분명하게 예시적으로 설명된다. 일반적으로 데카르트는 모든 인간의 지식을 직관적으로 확실하게 참인 전제들로부터 연역하려고 시도했다고 말한다. 그러나 이러한 해석은 그의 체계에 있는 심리학적 요소를 부당하게 강조하는 것이다. 인간이 모두 동일한 정도로 속아 넘어가기 쉬운 존재는 아니기 때문에, 나는 그가 단순히 직관에만 의지하는 것은 그의 목적을 달성하기 위해서 충분하지 않다는 것을 잘 알고 있었다고 생각한다. 그리고 그가 실제로 하고자 했던 것은, 부인하면 자기모순이 되는 명제 위에 우리의 모든 지식을 근거지우려는 것이었다고 생각한다. 그는 그러한 명제를 — 여기서는 "나는 생각한다"(*I think*)는 일상적 의미로 이해되어서는 안 되고 차라리 "이제 사고가 있다"(*there is a thought now*)를 의미하는 것으로 이해되어야 하는 — "코기토"(*cogito*)에서 찾았다고 생각한다. 그러나 그의 설명은 옳지 않은데, 그 이유는 "논 코기토"(*non cogito*)가 자기 모순적(*self-contradictory*)이라는 것은 오직 그 명제가 스스로를 부정했을 경우일 뿐인데, 어떤 의미 있는 명제도 그럴 수 없기 때문이다. 그러나 "이제 사고가 있다"는 명제가 논리적으로 확실하다는 것이 참이라고 할지라도, 그것은 여전히 데카르트의 목적에 기여하지 못한다. 왜냐하면 "코기토"가 이런 의미로 이해된다면, 그의 최초의 원리인 "나는 생각한다, 고로 존재한다"(*cogito ergo sum*)는 거짓이기 때문이다. "나는 존재한다"(*I exist*)가 "이제 사고가 있다"로부터 추론되지 않는다. 특정한 순간에 사유가 발생했다는 사실은 다른 순간에 다른 사유가 발생함을 함축하지 않을 뿐만 아니라, 더욱이 하나의 자아를 구성할 정도의 일련의 사유의 발생을 함축하지 않는다.[1] 흄이 결정적으로 보여준 것처럼, 어떤 사건도 본질적으로 다른 사건에 대한 증거가 되지 않는다. 우리는 실제로 관찰하지 않는 사건의 존재를 일반원리의 도움을 통해서 추론한다. 그러나 이러한 원리들은 귀납적으로 얻어져야 한다. 즉각적으로 주어진 것으로부터 연역해서는 한 걸음도 더 나아갈 수 없다. 그리고 즉각적으로 주어진 것을 서술하는 명제 위에 연역체계를 세우려는 시도는 결과적으로 실패할 수밖에 없다.

형이상학에 몰두하지 않고 우리의 모든 지식을 "제일원리"로부터 추론하려는 사람이 선택할 수 있는 유일한 다른 방법은 일군의 선험적 진리를 전제하는 것이다. 그러나 우리가 이미 언급한 것처럼, 그리고 후에 설명하겠지만 선험적 진리는 동어반복이다.[2] 그리고 동어반복의 집합으로부터는 오직 다른 동어반복이 타당하게 연역될 수 있을 뿐이다. 그러나 동어반복의 체계를 우주에 대한 전체 진리를 구성하는 것으로 제시하는 것은 터무니없는 것일 것이다. 그러므로 우리는 모든 지식을 "제일원리"로부터 연역하는 것은 불가능하다고 결론내릴 수 있다. 그러므로 연역을 수행하는 것이 철학의 기능이라고 주장하는 사람

---

1) 〔옮긴이 주〕 에이어는 《지식의 문제》에서 데카르트의 코기토에 대한 매우 흥미로운 분석을 제시한다. 에이어는 데카르트적 회의에서 자유로운 명제는 없음을 논증하면서 "나는 생각한다, 고로 존재한다"의 확실성을 논박한다. A. J. Ayer, *The Problem of Knowledge* (Penguin, 1956), pp. 44~57 참조.

2) 〔옮긴이 주〕 에이어는 여기서 모든 선험명제는 분석명제라는 것을 가정하고 있다. 즉, 칸트처럼 종합적 선험명제가 있다고 믿을 수 없다는 것이다. 그러니까 모든 선험명제는 분석명제이고, 따라서 경험세계에 대한 아무런 정보도 제공할 수 없다는 것이 에이어의 입장이다.

들은 철학이 참된 지식의 분야라는 주장을 부인하고 있다.

제일원리를 탐구하는 것이 철학자의 임무라는 믿음은 철학이란 전체로서의 실재를 연구하는 것이라는 철학에 관한 익숙한 생각과 필연적으로 관련되어 있다. 그리고 이러한 생각은 매우 모호하기 때문에 비판하기가 어렵다. 만약 그러한 생각이 때때로 그런 것처럼, 철학자는 자신을 세계 밖으로 투사하고 세계에 대한 개관을 갖는 것을 의미하는 것으로 이해된다면, 그것은 당연히 형이상학적 개념이다. 그리고 일부 철학자들이 그런 것처럼, "전체로서의 실재"는 개별과학에 의해서 부분적으로 연구되는 실재와는 발생론적으로 다르다고 주장하는 것도 형이상학적이다. 그러나 철학은 전체로서의 실재를 연구하는 것이라는 주장을 단순히 철학자는 모든 과학의 내용에 동일하게 관심을 갖는다는 것을 의미하는 것으로 이해한다면, 우리는 그것을 철학의 정의로서는 아니지만 철학에 대해 옳은 주장을 하는 것으로 받아들일 수 있다. 왜냐하면 우리는 철학과 과학 사이의 관계를 논할 때 철학은 원칙적으로 다른 과학에 비해서 어떤 특별한 과학에 더욱 밀접하게 관련되는 것은 아님을 알게 될 것이기 때문이다.

그 방법은 나중에 보이겠지만,[3] 철학이 개별과학 각각에 관심을 갖는다고 말할 때, 우리는 또한 철학이 사변적 지식의 한 특별한 분야로서 기존의 과학과 독자적으로 전개될 수 있다는 가정을 배제한다는 것을 의미한다. 이러한 가정을 하는 사람들은 세상에는 경험과학의 범위를 넘어서는 사변적 지식의 대상이 될 수 있는 어떤 것이 존재한다는 믿음을 가지고 있다. 그러나 이러한 믿음은 망상일 뿐이다. 원칙적

3) 제 3장과 제 8장을 보라.

으로 어떤 과학법칙의 형식으로도 포섭할 수 없는 경험의 영역은 있을 수 없으며, 원칙적으로 세계에 대해서 과학이 부여할 수 있는 능력을 넘어서는 어떤 형태의 사변적 지식도 있을 수 없다. 우리는 형이상학을 파기함으로써 이미 이 명제에 의미를 부여하는 방법들을 제거해버렸다. 그리고 우리는 이 책에서 그것을 완전하게 정당화할 것이다.

이와 함께 우리는 사변철학의 전복을 완성할 것이다. 우리는 이제 철학의 기능은 전적으로 비판적이라는 것을 보일 자리에 서게 되었다. 그 비판적 활동이란 정확하게 무엇인가?[4)]

이 질문에 대답하는 한 가지 방법은 과학적 가설과 모든 가정의 타당성을 검토하는 것이 철학자의 작업이라고 말하는 것이다. 그러나 이 견해는 광범위하게 주장되기는 하지만 잘못이다. 만약 어떤 사람이 일상적으로 믿는 명제들의 진리를 의심하기로 한다면, 그에게 그 명제들의 참을 다시 확신시켜 주는 것은 철학의 힘이 아니다. 그의 믿음이 일관성 있는가를 살펴보는 것을 제외하고 철학이 할 수 있는 최대한은 어떤 주어진 명제의 진위를 결정하기 위해서 사용되는 기준이 무엇인가

---

4) 〔옮긴이 주〕 현대의 분석철학은 철학의 기능을 비판 혹은 반성이라고 본다. 즉, 분석철학은 직접경험적 대상이나 외부세계에 대해서 탐구하기보다는 이에 대한 개별과학의 탐구내용을 비판적으로 분석하고, 이러한 방법을 통해서 경험세계에 대한 이해에 도달하고자 하는 철학이다. 그런데 개별과학의 탐구내용은 언어로 표현되기 때문에, 분석철학은 언어를 통해서 세계를 이해하려는 철학이라고도 말하고, 그런 의미에서 현대 분석철학의 등장을 "언어적 전회"(*linguistic turn*)라고 표현하기도 한다. 이에 대한 자세한 내용은 로티(R. Rorty)가 편집한 《언어적 전회》(*The Linguistic Turn*) (University of Chicago Press, 1967)의 서문(*Introduction*)에 나와 있는데, 이 서문의 제목은 "언어철학의 메타철학적 난점"(*Metaphilosophical Difficulties of Linguistic Philosophy*)이다.

를 보여주는 것이다. 회의론자가 어떤 관찰이 자신의 명제를 검증해 줄 수 있음을 깨달을 때, 그는 그러한 관찰을 할 수 있음을 또한 깨닫고 따라서 자신의 원래 믿음이 정당화된다고 생각할 수 있다. 그러나 그 경우에 그의 믿음을 정당화해 주는 것이 철학이라고 말할 수는 없다. 철학은 단순히 그에게 경험이 그 믿음을 정당화해 줄 수 있음을 보여 준 것뿐이다. 우리는 철학자에게 어떤 주어진 경험명제의 참을 보증해 줄 충분한 증거를 구성하는 것으로 받아들일 수 있는 것을 제시해 주기를 기대할 수는 있다. 그러나 그 증거가 나타날 것인가 아닌가는 모든 경우에서 순수하게 경험적인 문제이다.

여기서 우리가 너무 많은 것을 당연한 것으로 가정하고 있다고 생각하는 사람은 종합명제의 타당성이 어떻게 결정되는가를 다루는 제 5장 "진리와 개연성"을 참조하기 바란다. 거기서 일관성 있는 경험명제에 대하여 필연적이든 가능적이든, 유일한 종류의 정당화는 경험적 검증이라는 사실을 보게 될 것이다. 그리고 이것은 과학의 법칙만큼 상식적 격률(*maxim*)에도 적용될 것이다. 실제로 그 둘 사이에 질적 차이란 없다. 과학적 가설의 우월성은 단순히 그것이 보다 추상적이며, 보다 정확하고 보다 유익하다는 데에 있을 뿐이다. 그리고 비록 원자나 전자와 같은 과학적 대상이 의자나 책상과는 달리 허구적으로 보인다 할지라도 그 차이는 단순히 정도의 차이일 뿐이다. 왜냐하면 이러한 두 종류의 대상 모두 감각될 수 있도록 드러남(*sensibly manifestation*)으로써만 인식되고 그러한 용어에 의해서 정의될 수 있기 때문이다.

그러므로 철학이 귀납의 문제를 풀 때까지 자연과학은 논리적으로 존중받을 만한 것으로 간주될 수 없다는 생각은 포기되어야 한다. 대체로 말해서 귀납의 문제는 과거의 경험으로부터 얻어진 어떤 경험적 일반화가 미래에도 타당할 것이라는 것을 증명할 방법을 찾는 것이다. 이것이 참된 문제라는 전제하에 이 문제에 접근하는 두 가지 방법이 있다. 그리고 그 둘 중에 어느 것도 해결책을 제시할 수 없다는 것을 보이는 것은 쉽다. 증명하도록 요청된 명제를 순수하게 형식적 명제나 혹은 경험적 원리로부터 연역하려고 시도할 수 있다. 전자의 경우에는 동어반복으로부터 사실에 관한 명제를 연역할 수 있다고 생각하는 잘못을 범하고 있다. 후자의 경우에는 증명하기 시작하는 것을 가정하고 있을 뿐이다. 예를 들면, 우리는 자연의 제일성(*uniformity of nature*)을 끌어들임으로써 혹은 "제한된 독립적 다양성"[5]을 가정함으로써 귀납을 정당화할 수 있다고 말하기도 한다. 그러나 실제로 자연의 제일성 원리는 과거의 경험이 미래에 대한 신뢰할 만한 인도자라는 전제를 단순히 잘못된 방식으로 주장하고 있을 뿐이다. 반면에 제한된 독립적 다양성의 원리는 자연의 제일성 원리를 가정하고 있을 뿐이다. 마찬가지 방식으로 귀납의 정당화로서 제시되는 어떤 다른 경험적 원리도 선결문제 질문의 오류(*begging the question*)를 범한다는 것은 자명하다. 왜냐하면 그러한 원리를 믿기 위해서 가질 수 있는 유일한 근거는 귀납적 근거이기 때문이다.

일반적으로 생각된 것처럼 귀납의 문제를 해결할 어떤 가능한 방법도 없는 것처럼 보인다. 그리고 모든 참된 문제는 적어도 이론적으로는 해결될 수 있어야 하고, 또 일부의 철학자들이 계속해서 그 문제로 고민한다는 사실에 의해서 자연과학의 신뢰도는 손상받지 않기 때문에 이것은 귀납의 문제가 가짜의 문제라는 것을 의미한다.[6] 현실적으

---

5) J. M. Keynes, *A Treatise on Probability*, Part III와 비교할 것.

로 무모순성(일관성)의 필요조건을 만족시키는 어떤 형식의 과학적 절차가 필요로 하는 유일한 검사는 그것이 실천적으로 성공하는가에 대한 검사이다. 하나의 과학적 절차가 의도했던 대로 작업을 잘 수행하는 한, 다시 말해서 우리에게 미래의 경험을 예측할 수 있게 해주고 따라서 환경을 조절할 수 있게 해주는 한, 우리는 그것을 믿을 이유를 갖는 것이다. 물론 어떤 형식의 절차가 실천적으로 항상 성공적이었다는 사실이 앞으로도 계속해서 그러리라는 논리적 보장을 제공하지는 않는다. 그러나 그러한 보장을 얻는 것이 논리적으로 불가능한 곳에서 그러한 보장을 요구하는 것은 잘못이다.[7] 이것이 미래의 경험이 과거의 경험과 일치하리라고 기대하는 것이 비합리적임을 의미하는 것은 아니다. 왜냐하면 "합리성"을 정의할 때 우리에게 "합리적임"은 과거의 경험에 의해서 특별한 방식으로 인도됨을 함축한다는 것을 알게 될 것이기 때문이다.

합리성을 정의하는 일은 정확하게 철학이 수행해야 할 일이다. 그러나 이 일을 해낸다고 그것이 과학적 절차를 정당화하는 것은 아니다. 과학적 절차를 정당화하는 것은, 그것이 정당화될 수 있는 한, 그

---

6) 〔옮긴이 주〕 귀납의 정당성 문제는 에이어의 설명처럼 가짜의 문제일 수 있다. 그러나 어떤 귀납추론은 받아들일 만하고 어떤 추론은 그렇지 않은가라는 문제는 여전히 논리적으로, 과학철학적으로 중요한 문제일 것이다. 그런 점에서 굿맨(N. Goodman)은 귀납의 새로운 문제(*new riddle of induction*)를 제시한 바 있다. N. Goodman, *Fact, Fiction, and Forecast* (Harvard University Press, 1979) 참고.

7) 〔옮긴이 주〕 귀납논증은 정의상(*by definition*) 그 논증의 전제들이 결론을 개연적으로만 뒷받침할 뿐 필연적으로 뒷받침하지 않는 논증이기 때문에, 귀납논증의 결론에 대한 필연적 보장을 원칙적으로 획득할 수 없다는 것이다.

절차가 가능케 하는 예측의 성공여부이다. 그리고 이것은 현실의 경험 속에서만 결정될 수 있다. 종합적 원리(*synthetic principle*)에 대한 분석, 그것만으로는 그 절차가 옳은지 그렇지 않은지에 대해서 아무것도 말할 수 없다.

불행하게도 이 사실은 이른바 인식론에 관심을 갖는 철학자들에 의해서 일반적으로 무시되었다. 그러므로 지각의 주체에 대해서 글을 쓰는 사람들이, 우리가 지각상황에 대해 만족스러운 분석을 할 수 없다면 물질적 대상의 존재를 믿을 수 없다고 가정하는 것이 일반적이다. 그러나 이것은 완전히 잘못이다. 우리가 어떤 물질적 대상의 존재를 믿을 수 있는 것은 단순히 우리가 어떤 감각(*sensations*)을 갖는다는 사실에 의해서이다. 왜냐하면 우리가 그것을 깨닫든지 그렇지 않든지 어떤 것이 존재한다고 말하는 것은 그러한 감각이 얻어질 수 있다고 말하는 것과 같기 때문이다. 물질적 대상을 감각이라는 용어로 정확하게 정의하는 것은 철학자의 일이다. 그러나 이 일에서의 성공과 실패는 우리의 지각적 판단의 타당성과 아무런 관련도 없다. 그것은 전적으로 현실적 감각경험에 의존한다.

그러므로 철학자는 상식적 믿음을 경멸할 권리를 갖지 않는다. 만약 철학자가 그렇게 한다면, 그는 단순히 자신의 탐구의 참된 목적을 알지 못하다는 것을 드러내고 있을 뿐이다. 그가 경멸할 수 있는 것은 그러한 믿음에 대한 반성적이지 않은 분석인데, 그러한 분석은 문장의 문법적 구조가 그 문장의 의미를 위한 믿을 만한 인도자라고 여기는 분석이다. 지각의 문제와 관련하여 범하는 많은 잘못들은 어떤 대상을 그것의 성질이나 상태와 유형적으로 구별하는 것처럼 보이지 않으면서 그 대상을 언급하는 것이 일상적 인도유럽어에서 불가능하다는 사실에 의해서 설명될 수 있다. 이는 "실체"라는 형이상학적 개념과 관련하여 이미 지적한 바 있다. 한 명제의 상식적 분석이 틀렸다는 사실로부터 결코 그 명제가 참이 아니라는 것이 얻어지는 것은 아니다. 철학자는 우리가 믿는 명제들이 우리가 생각하는 것보다 훨씬 더 복잡하다는 것을 보여줄 수도 있다. 그러나 이 사실로부터 우리가 그 명제들을 믿어서는 안 된다는 결론이 나오는 것은 아니다.

이제 철학자가 우리의 지식축적에 특별한 기여를 한다는 자신의 주장을 계속하고자 한다면, 그가 사변적 진리를 형식화하려고 하거나, 제일원리를 찾으려고 하거나 또는 경험적 믿음의 타당성에 대한 선험적 판단을 하려고 시도해서는 안 된다는 것이 충분히 명백해졌을 것이다. 철학자는 자신의 작업을 이제부터 서술하게 될 그런 종류의 분석과 명료화의 작업으로 제한하여야 한다.

철학함(*philosophizing*)이라는 활동이 본질적으로 분석적이라고 말할 때, 물론 우리는 일반적으로 철학자라고 불리는 사람들이 모두 분석을 수행하는 데 실제로 참여하고 있다고 주장하는 것은 아니다. 반대로 우리는 고통스럽지만 일반적으로 철학이라고 불리는 많은 것이 성질상 형이상학적이라는 것을 보일 수밖에 없다. 철학의 기능을 탐구하는 데에서, 우리는 일반적으로 철학자라고 불리는 사람들의 행위와 어느 정도 일치하고 동시에 철학은 지식의 특수한 분야라는 가정과 일치하는 철학의 정의를 찾으려고 했다. 형이상학이 일반적으로 철학이라고 여겨짐에도 불구하고 형이상학은 이 두 번째 조건을 만족시키지 못하기 때문에 우리는 그것을 철학과 구별하는 것이다. 이러한 구별의 정당성은 철학은 지식의 특수한 분야라는 우리의 처음 가정과 형이상학은 그렇지 않다는 우리의 증명에 의해서 필연적으로 얻는다.

이러한 과정이 논리적으로 비판의 여지가 없다고 할지라도, 그것은 부적당하다는 근거 위에서 공격될 수 있을 것이다. "철학의 역사"는 거의 전적으로 형이상학의 역사였고 따라서 철학이 형이상학과 양립할 수 없다는 의미에서 우리가 "철학"이라는 단어를 사용하는 데 아무런 오류도 없다고 할지라도, 그것은 위험스러운 오해를 불러일으킬 것이라고 말한다. 왜냐하면 용어를 정의하는 데 우리가 기울이는 모든 관심도 우리가 철학적이라고 부르는 활동과 우리가 철학자라고 간주하도록 배운 사람들의 형이상학적 활동을 사람들이 혼동하는 것을 막지 못하기 때문이다. 그러므로 우리가 구별되는 지식의 한 분야에 대한 이름으로서의 철학이라는 용어를 포기하고, 우리에게 철학함의 활동을 이름짓고 있다고 생각하게 해줄 만한 어떤 새로운 기술(*description*)을 고안하는 것은 분명히 필요한 것이다.

이에 대해서 우리는 "철학사"가 거의 전적으로 형이상학의 역사라는 주장은 사실이 아니라고 대답할 것이다. 철학사가 약간의 형이상학을 포함하고 있다는 것은 부인할 수 없다. 그러나 나는 일반적으로 위대한 철학자라고 생각된 대부분의 철학자들은 일차적으로 형이상학자가 아니라 분석가(*analyst*)들이었다는 것을 보일 수 있다고 생각한다. 예컨대, 철학적 분석의 성질에 대해 우리가 하는 설명을 받아들이고 로크(J. Locke)의 《인간 오성론》(*Essay Concerning Human Understanding*)을 살펴보는 사람이 어떻게 그것을 본질적으로 분석적 저작이라고 결론짓지 않을 수 있는지 모르겠다. 로크는 일반적으로 오늘날의 무어(G. E. Moore)처럼 상식의 철학을 주창한 사람 중의 한 사람이라고 여겨진다.[8] 그러나 그는 우리의 상식적 믿음에 대한 선험적 정당화를 무어보다도 더 시도하지는 않았다. 오히려 그는 경험명제의 타당성을 긍정하거나 부정하는 것이 철학자로서 자신이 할 일이 아니고 단지 그것을 분석하는 것이 자신이 할 일이라고 보았던 것 같다. 왜냐하면 그는 그의 말대로 "하층 노동자로서 땅(*ground*)을 약간 깨끗이 하고 지식의 길로 가는 곳에 놓인 쓰레기를 제거하는 일에 참여하는 것"[9)]에 만족하기 때문이다. 그리고 그는 지식을 제한하고 명제를 분류하며 물질적 대상의 본질을 보여주는 등의 순수하게 분석적 작업에 몰두한다. 그리고 우리가 의미하는 바의 철학적이 아닌 그의 저작 중에서 작은 부분조차 형이상학이 아니라 심리학에 그 자리를 넘겨주고 있다.

버클리(G. Berkeley)를 형이상학자로 간주하는 것도 정당하지 않다. 왜냐하면 우리가 일반적으로 자주 들어온 것처럼, 그는 물질적 대상들이 실제로 존재한다는 것을 부인하지 않았기 때문이다. 그가 부인했던 것은 물질적 대상의 개념에 대한 로크의 분석이 적절하지 않다는 것이다. 그는 "감각의 다양한 관념"이 단일한 물질적 대상에 속한다는 말은, 로크가 생각했던 것처럼 그 관념들이 어떤 관찰될 수 없는 단일한 토대가 되는 "무엇"〔실체〕과 관계된다는 뜻으로 하는 것이 아니라, 오히려 그것은 다른 관념들과 일정한 관계에 놓여 있는 것이라는 뜻으로 말하는 것이라고 주장한다. 그리고 이 점에서 그는 옳다. 널리 알려진 것처럼 그는 감각에 직접적으로 주어지는 것은 필연적으로 심적(*mental*)이라고 생각하는 실수를 범했다. 그리고 버클리와 로

---

8) 무어의 "A Defence of Common Sense," *Contemporary British Philosophy*, Vol. II를 보라.

9) 〔옮긴이 주〕 로크는 《인간 오성론》의 서두에 독자에게 보내는 편지에서 자신의 목적에 대해서 위와 같이 쓰고 있다. J. Locke, *An Essay concerning Human Understanding*, P. H. Nidditch(ed.), p. 10.

크가 감각적으로 주어지는 것의 요소를 가리키기 위해 관념이라는 단어를 사용하는 것은 반대될 수 있는데, 그것은 이러한 잘못된 견해를 주장하기 때문이다. 따라서 우리는 이렇게 사용되는 "관념"이라는 용어를 단순히 "외적" 감각이 아니라 "내성적" 감각의 직접적 소여를 가리키기 위해 사용하게 될 중립적 용어인 "감각내용"(*sense-contents*)으로 대신할 것이다. 그리고 버클리가 알아차린 것은 물질적 대상들이 감각내용에 의해서 정의될 수 있다는 것이다. 우리가 관념론과 실재론 사이의 갈등을 궁극적으로 해결하게 될 때, 우리는 물리적 대상과 감각내용 사이의 관계에 대해 버클리가 실제로 생각했던 것이 정확하지 않았다는 것을 알게 될 것이다. 그것은 약간의 수정만으로도 피할 수 있을 악명 높은 역설적 결론으로 그를 이끌었다.10) 그러나 그가 물질적 대상이 감각내용에 의해서 구성되는 방식에 대하여 완전히 옳은 설명을 하지 못했다고 해서, 물질적 대상이 그렇게 구성된다는 그의 주장이 타당하지 않은 것은 아니다. 반대로 우리는 물질적 대상을 감각내용으로 정의할 수 있어야 한다는 것을 알고 있다. 물질적 대상의 존재를 검증할 수 있는 가장 손쉬운 방법은 단순히 어떤 감각내용이 생긴다는 것을 보이는 것이기 때문이다. 그러므로 우리는 현상론적 "지각론"이 옳은가, 혹은 어떤 다른 종류의 이론이 옳은가를 묻지 않아야 하고, 단지 어떤 형식의 현상론이 옳은가를 물어야 한다. 왜냐하

---

10) 〔옮긴이 주〕 버클리가 "존재는 지각됨"이라고 말하면서, 모든 존재는 그것을 인식하는 주체의 관념 속에 존재한다고 주장했다는 점에서 주관적 유아론(*subjective solipsism*)적 입장을 갖게 되었음을 말하는 것 같다. 버클리는 바로 이러한 문제를 해결하기 위해서 정신적 실체(*spiritual substance*)인 신의 존재를 가정하게 되는데, 이 점을 에이어는 악명 높은 역설적 결론이라고 말하는 것이다.

면 버클리가 보았던 것처럼 모든 인과적(*causal*), 그리고 표상적(*re-presentative*) 지각론이 물질적 대상을 마치 관찰될 수 없는 존재자처럼 취급한다는 사실은, 우리로 하여금 그 대상들을 선험적으로 배제할 수 있게 한다. 그럼에도 불구하고 그는 불행하게도 우리의 "관념"에 대해 관찰될 수 없는 원인인 신을 가정하는 것이 필연적이라고 생각했다. 그래서 로크의 물질적 대상에 대한 분석을 비판하기 위해서 그가 사용한 논증이 자아의 본질에 대한 자신의 개념에 치명적이라는 사실을 파악하지 못했다고 비판되어야 하고, 흄은 이 점을 효과적으로 파악했다.

흄에 대해서도 우리는 그가 실제로 형이상학자가 아닐 뿐만 아니라, 명백하게 형이상학을 거부한 철학자라고 할 수 있다. 우리는 그가 자신의 《인간 오성탐구》(*Enquiries Concerning Human Understanding*)를 맺으면서 한 말에서 이에 대한 강력한 증거를 찾을 수 있다. 그는 "만약 우리가 한 권의 책, 예컨대 신학이나 스콜라철학이나 형이상학에 관한 책을 손에 가지고 있다면 그것이 양이나 수에 관한 추상적 추론을 담고 있는가 물어보라. 아니면 그것은 사실과 경험에 관한 실험적 추론을 담고 있는가. 아니라면 그것을 불꽃 속에 던져버려라. 왜냐하면 그것은 궤변과 망상 이외에는 아무것도 포함하고 있지 않으니까"라고 말했다.[11] 이것은 형식적으로 참인 명제나 경험적 가설을 표현하고 있지 않은 문장은 인식적 의미를 결여하고 있다고 하는 우리의 주장의 수사적 표현이 아니고 무엇이겠는가? 우리가 아는 한, 흄은 철

11) 〔옮긴이 주〕 흄은 《인간 오성탐구》의 1권을 마무리하면서 위와 같이 쓰고 있다. D. Hume, *Enquiries concerning Human Understanding*, Book I, section 12, part III, P. H. Nidditch(ed.), p. 165.

학적 명제 자체의 성질에 관한 어떤 견해도 제시하지 않았고, 일반적으로 철학적이라고 간주되는 그의 저술은 심리학적 문제를 다루는 부분을 제외하고는 단순히 분석작업이라는 점은 분명하다. 이것이 일반적으로 인정되지 않는다면, 그것은 그의 철학적 작업 중에서 특징적 인과관계에 대한 그의 접근에 대한 빈번한 오해 때문이다. 그는 인과관계를 부인한 것으로 비난받았는데, 실제로 그는 그것을 정의하려는 데 관심을 가졌을 뿐이다. 그는 결코 인과적 명제가 참이 아니라고 주장하지 않았고, 그는 원인과 결과의 존재를 판단하기 위한 규칙을 마련하기 위해서 고심하고 있었다.[12] 그는 주어진 인과적 명제가 참인가 거짓인가를 결정하는 문제는 선험적으로 결정될 수 있는 문제가 아니라는 사실을 충분히 잘 알고 있었다. 따라서 그는 자신의 논의를 분석적 질문, 즉 우리가 한 사건이 다른 사건과 인과적으로 관계한다고 주장할 때 우리가 주장하는 것은 무엇인가라는 질문으로 한정했다. 그 질문에 대답하면서 그는 우선 원인과 결과의 관계를 주장하는 명제는 자기모순에 빠지지 않고 부정될 수 있기 때문에 그러한 관계는 성격상 논리적이 아님을 보여준다. 그리고 두 번째로 인과법칙은 어떤 유한한 수의 경험명제로부터 연역될 수 없기 때문에 인과법칙은 경험으로부터 분석적으로 얻어질 수 없다는 것을 보여준다. 세 번째로 어떤 관찰도 필연적 관계를 만들어내는 경향을 조금이라도 가질 수 있다고 생각할 수 없기 때문에, 인과관계를 주장하는 명제를 개별적 사건들 사이의 필연적 관계라고 분석하는 것은 잘못이라는 것을 보여준다. 그리하여 그는 개별적 인과관계에 대한 모든 주장은 인과법칙에 대한

12) *A Treatise of Human Nature*, Book I, Part III, section 15를 보라.

주장을 포함하고, "C는 E의 원인이다" (*C causes E*) 는 형식의 모든 일반명제는 "C가 일어날 때마다 E가 일어난다"(*Whenever C, then E*) 는 형식의 명제와 동치라는 우리가 받아들이는 견해를 주장한다. 여기서 "~때마다"(*whenever*) 라는 기호는 C의 유한한 현실적 사례를 지시하는 것이 아니라 C의 무한히 많은 가능한 사례를 지시하는 것으로 이해되어야 한다. 그는 원인을 "다른 것이 잇따르는 대상이며, 그리고 처음의 것과 비슷한 대상들에도 두 번째 것과 비슷한 모든 대상들이 잇따르는 것"으로 다시 말하면 "다른 것이 잇따르는 대상이며, 그것의 출현은 언제나 생각을 그 다른 것으로 옮겨다주는 대상"으로 정의한다.[13] 그러나 이 정의 중에 어떤 것도 그 자체로 받아들일 만하지 않다. 왜냐하면 우리의 합리성의 기준에 따르면, 우리가 C와 같은 사건과 E와 같은 사건의 항상적 연접(*constant conjunction*) 을 관찰하지 못한다면 우리는 사건 C가 사건 E의 원인이라고 믿을 충분한 이유를 갖지 못하는 것은 사실이지만, 여전히 "C는 E의 원인이다"는 명제를 주장하면서 동시에 C나 E와 같은 사건이 관찰되었음을 부인한다고 해도 아무런 자기모순도 없기 때문이다. 그런데 인용된 첫 번째 정의가 옳다면 이러한 주장들은 자기모순을 포함하게 될 것이다. 그리고 두 번째 정의가 의미하는 것처럼, 지금까지 전혀 생각된 적이 없는 인과법칙을 생각할 수 없는 것이 아니다. 이런 이유 때문에 우리가 흄의 원인에 대한 정의를 거부할 수밖에 없지만, 인과법칙의 본성에 대한 우리의 견해는 많은 부분 그의 견해와 동일하게 유지된다. 그리고 우리는 귀납적 추론에 대하여 실천적 성공 외에 어떤 다른 정당화도 있을 수

13) *An Enquiry Concerning Human Understanding*, section 7을 보라.

없다는 점에 흄에 동의한다. 우리는 흄이 했던 것보다 더 강력하게 그보다 좋은 정당화가 요구될 수 없다고 주장한다. 흄이 바로 이 점을 명료하게 하지 못했기 때문에 그의 견해가 역설적으로 들리면서 그의 견해를 과소평가하고 오해하게 만들었다.

홉스(T. Hobbes)나 벤담(J. Bentham)이 주로 정의를 내리는 데 몰두했고, 존 스튜어트 밀(J. S. Mill)의 가장 훌륭한 부분은 흄이 수행한 분석을 발전시키는 것이었다는 점을 상기하면 우리가 철학함이라는 활동을 분석적이라고 주장할 때, 우리는 영국 경험론에 항상 내재된 기준을 채택하고 있다고 당연히 주장할 수 있을 것이다. 철학적 분석의 활동이 이 학파의 철학자에게만 한정된 것은 아니지만, 우리는 그들과 가장 밀접한 역사적 친근성을 갖는다.

내가 이러한 문제를 상세히 논하는 것을 피하고, 그 작업이 현저하게 분석적인 모든 위대한 철학자의 목록 — 그 목록에는 분명히 플라톤, 아리스토텔레스, 칸트가 포함될 것이다 — 을 제공하려고 하지 않는다면, 이는 이러한 논의와 관련된 중요성이 우리의 탐구에서는 사소한 것이기 때문이다. 철학이라는 용어를 우리가 그냥 그대로 사용하는 것이 오해를 불러일으킨다는 비난으로부터 우리를 옹호하기 위해서 우리는 많은 "전통적 철학"이 우리의 기준에서 진정한 의미로 철학적이라는 것을 주장했다. 그러나 일반적으로 철학자라고 불리는 사람들이 우리가 철학함이라고 부르는 활동에 참여하지 않았다는 것이 사실이라고 할지라도, 우리의 최초의 가정이 주어지는 한, 그것은 철학에 대한 우리의 정의가 잘못되었다는 것을 보여주지 않는다. 우리가 "철학"이라는 단어를 지속적으로 사용하는 것은 위에서 보여준 역사적 명제들에 대한 우리의 믿음에 인과적으로 의존하고 있다는 것을 인정할 수 있다. 그러나 이러한 역사적 명제의 타당성은 철학에 대한 우리의 정의의 타당성이나 우리가 의미하는 바의 철학과 형이상학의 구분의 타당성과는 아무런 논리적 관련성도 없다.

분석적 방법에 대한 비판가들이 분석적 방법도 일반적으로 형이상학적 토대를 갖는다고 생각하는 한, 우리가 이해하는 것처럼 철학이 형이상학과 무관하다는 점을 강조하는 것은 중요하다. "분석"이라는 단어가 주는 연상 때문에 오도되어서, 그 비판가들은 철학적 분석이란 분해(*dissection*)의 활동이라고 생각한다. 즉, 그것은 전체 우주가 궁극적으로 외적 관계에 의해서 결합된 "순수한 개별자들"(*bare particulars*)의 총체로 드러날 때까지 대상들을 그것의 구성요소로 "쪼개는 것"(*breaking up*)이라고 생각한다. 만약 그것이 정말로 그렇다면, 그 방법을 비판하는 가장 효과적인 것은 그것의 기초적 전제들이 무의미하다는 것을 보여주는 것이다. 왜냐하면 우주가 순수한 개별자들의 총체라고 말하는 것은 그것이 불, 물, 혹은 경험이라고 말하는 것만큼 무의미하기(*senseless*) 때문이다. 어떤 가능한 관찰도 그런 주장을 검증해주지 못한다는 것은 분명하다. 그러나 내가 아는 한, 이런 종류의 비판은 실제로 전혀 받아들여지지 않는다. 비판가들은 이 세상에 있는 복잡한 대상들 중에는 단순히 그 부분들의 총합인 것은 거의 없다 — 전혀 없지는 않다고 해도 — 는 점을 지적하는 데 만족한다. 그런 대상들은 참된 전체로서 단순한 부분의 총체와 구별되는 구조와 유기적 통일성을 갖는다. 그러나 분석가들은 자신의 원자론적 형이상학 때문에, a, b, c, d가 특징적으로 결합하여 구성된 대상을 단순히 a+b+c+d와 같은 것으로 간주할 수밖에 없어서, 그것의 본질에 대한 전적으로 잘못된 설명을 할 수밖에 없다고 비판가들은 주장한다.

참된 전체에 대해서 누구보다 가장 지속적으로 언급한 형태심리학자(*Gestalt psychologist*)들을 따라 전체를 정의한다면, 우리는 참된, 그리고 유기적 전체가 존재한다는 것을 경험적 사실로 인정할 수 있을 것이다. 그들은 그러한 전체를 모든 부분의 속성은 전체에서 그 부분이 차지하는 위치에 어느 정도 의존하는 것으로 설명한다. 그리고 분석적 방법이 이러한 사실을 부인한다면, 그 방법은 실제로 잘못된 것이다. 그러나 분석적 방법의 타당성은 사물의 본성에 대한 형이상학적 가정은 물론 경험적 가정에도 의존하지 않는다. 분석가로서 철학자는 직접적으로 사물의 물리적 속성에는 관심을 갖지 않고, 단지 그것에 대해서 말하는 방식에만 관심을 갖기 때문이다.

다시 말하면 철학의 명제들은 성격상 사실에 대한 것이 아니라 언어적인(*linguistic*) 것이다. 즉, 철학의 명제들은 물리적 대상이나 심적 대상의 행위를 기술하는 것이 아니다. 그것은 정의를 표현하거나 그 정의의 형식적 귀결을 표현한다. 따라서 철학은 논리학의 한 분야라고 말할 수 있다. 왜냐하면 우리는 순수하게 논리적 탐구의 특징적 표식은 그것이 경험적 사실의 문제가 아니라 정의의 형식적 귀결에 관심을 갖는 것임을 알게 될 것이기 때문이다.

그러므로 철학은 결코 과학과 대립하지 않는다. 철학적 명제와 과학적 명제 사이의 유형에서의 차이는 그 명제들이 서로 모순된다고 생각할 수 없는 차이이다. 철학적 분석이 경험적 전제들과 무관하게 이뤄질 수 있음을 분명하게 해주는 것은 바로 이 점이다. 그것이 형이상학적 전제들과 무관하다는 사실은 한층 더 자명하다. 왜냐하면 정의의 규정과 그것의 형식적 귀결에 대한 연구가 이 세계는 순수한 개별자들로 이뤄졌다는 것 같은 무의미한 주장이나 어떤 다른 형이상학적 독단을 포함하리라고 생각하는 것은 불합리하기 때문이다.

철학적 분석의 본질에 대하여 광범위한 오해를 하게 만드는 것은 무엇보다 실제로 언어적 명제와 질문을, 사실에 대한 것처럼 보이게 하는 방식으로 표현하는 것이다.[14] 이에 대한 분명한 예는 "물질적 대상은 동시에 두 장소에 있을 수 없다"는 명제에 의해서 제공된다. 이것은 마치 경험명제인 것처럼 보인다. 그래서 경험명제도 논리적으로 확실할 수 있다는 것을 증명하고 싶어 하는 사람들은 계속해서 이 명제를 사용한다. 그러나 보다 비판적으로 검토해보면 그것은 경험적이 아니라 언어적임을 알 수 있다. 그것은 어떤 언어적 규약의 결과로서 "2개의 감각내용이 동일한 시각 혹은 촉각장소에 발생한다"는 명제와 "그러한 감각내용은 동일한 사물에 속한다"는 명제는 양립할 수 없다는 것을 알려 주고 있을 뿐이다.[15] 그리고 이것은 필연적 사실이다. 그러나 그것이 사물들의 경험적 속성에 대하여 확실한 지식을 가질 수 있다는 것을 보여주는 것은 전혀 아니다. 왜냐하면 관련된 단어들을 특별한 방식으로 사용한 때문에 그것이 필연적이 되었기 때문이다. "한 사물이 동시에 두 곳에 있을 수 없다"는 문장이 필연적 참인 대신 자기모순을 표현하는 것이 되도록 우리의 정의를 바꾸지 않아야만 될

---

14) 카르납은 이 점을 강조했다. 우리가 "사실적" 혹은 "가짜 사실적"(*pseudo-factual*) 언어로 표현된 "언어적" 명제에 대해서 말할 때, 그는 말하기 형식(*Formale Redweise*)에 반대되는 의미로 "내용적"(*Inhaltlich*)이라는 말로 표현되는 것으로써 "가짜 대상명제"(*Pseudo-Objektsatze*) 혹은 "의사종합명제"(*quasi-syntakische Satze*)에 대해서 말한다. *Logische Snytax der Sprache*, Part V를 보라.

15) 에이어의 논문 "On Particulars and Universals," *Proceedings of the Aristotelian Society*, 1933~1934, pp. 54~55 참조.

어떤 논리적 이유도 없다.

경험적 사실에 대한 보고(*report*) 처럼 보이는 언어적으로 필연적인 명제의 또 다른 좋은 예는 "관계는 개별자가 아니라 보편자이다"는 명제이다. 이 명제는 구성상 "미국인들은 이슬람교도가 아니라 기독교인이다"와 같은 명제라고 생각할 수도 있다. 그러나 이것은 잘못이다. 왜냐하면 후자의 명제는 어떤 집단에 속하는 사람들의 종교적 행위와 관련된 경험적 가설이지만 전자의 명제는 "사물"에 관한 것이 아니라 단순히 용어에 관한 것일 뿐이기 때문이다. 그것은 관계기호는 정의에 의해서 사물을 나타내는 종류의 기호에 속하는 것이 아니라 성질을 나타내는 종류의 기호에 속한다는 사실을 알려주는 것이다.

"관계는 보편자이다"는 주장은 "보편자라는 것은 무엇인가?"라는 질문을 불러일으킨다. 그리고 이 질문은 전통적으로 간주된 것처럼 어떤 실재하는 대상의 성질에 관한 질문이 아니라 어떤 용어의 정의에 관한 질문이다. 이와 같이 철학에는 사실에 대한 것처럼 보이지만 실제로는 그렇지 않은 질문으로 가득 차있다. 그리하여 물질적 대상이 무엇인가라고 묻는 것은 "물질적 대상"의 정의를 묻는 것이고, 곧 살펴보겠지만 이것은 어떻게 물질적 대상에 관한 명제가 감각내용에 관한 명제로 번역되어야 하는가를 묻는 것이다. 마찬가지로 '수란 무엇인가?'라고 묻는 것은 자연수에 관한 명제가 집합에 관한 명제로 번역될 수 있는가와 같은 그런 질문을 하는 것이다.[16] 이것은 "x는 무엇인가?" 또는 "x의 본질은 무엇인가?"와 같은 다른 모든 철학적 질문들에도 적용될 수 있다. 그러한 질문들은 모두 정의를 구하고 있고, 나중

16) 카르납의 위의 책, Part V, 79B와 84를 참조.

에 보게 되겠지만 특정한 종류의 정의를 구하는 것이다.

"사실에 대한" 언어로 언어적 질문에 관해 쓰는 것은 오해의 여지가 있지만, 그것은 단순화를 위해서 편리하다. 그리고 우리는 그렇게 하기를 항상 피하지는 않을 것이다. 그러나 이러한 작업 때문에, 철학자란 경험적, 형이상학적 탐구에 종사하는 사람이라고 생각하도록 속아서는 안 된다는 것이 중요하다. 우리는 느슨하게 철학자란 사실이나 개념이나 사물을 분석하는 사람이라고 말할 수 있다. 그러나 우리는 이것도 단순히 철학자들이 그에 대응하는 용어의 정의에 관심을 가지고 있다고 말하는 것임을 분명히 해야 한다.

제3장 철학적 분석의 본질

철학의 작업이 정의를 제공하는 것이라고 주장한다고 해서, 철학자의 기능이 일상적 의미에서 사전을 편찬하는 것이라고 추론해서는 안 된다. 왜냐하면 철학이 제공해야 할 정의는 우리가 사전에서 찾으리라고 기대하는 것과는 다른 종류의 정의이기 때문이다. 사전은 주로 명시적(*explicit*) 정의라고 불리는 것을 제공하지만, 철학은 사용상의(*in use*) 정의를 제공한다. 간단한 설명으로 그 차이의 본성을 충분히 분명하게 할 수 있다.

우리는 하나의 기호(*symbol*)에 대해서 또 다른 기호나 그 기호와 동의어의 관계에 있는 기호적 표현을 제시함으로써, 그 기호를 명시적으로 정의한다고 말한다. 그리고 "동의어"라는 말은 여기서 다음과 같이 사용된다. 하나의 언어에 속한 2개의 기호가 의미 있는 문장에서 나타날 때, 단순히 서로 대체함으로써 이전의 것과 동치인(*equivalent*) 새로운 문장을 만들어낸다면, 그리고 오직 그럴 경우에만 두 기호는 동의어이다. 그리고 한 언어에 속한 두 문장이 동치라는 것은 어떤 주어진 문장의 집합과 그 두 문장 중 하나와의 연언이 함축하는 모든 문장이 그 주어진 문장의 집합과 두 문장 중 다른 하나와의 연언에 의해서 함축되는 경우, 그리고 오직 그럴 경우를 말한다. 또한 여기서 "함축함"(*entail*)이라는 단어의 사용은, 어떤 문장 t에 의해서 표현되는 명제가 다른 문장 s에 의해서 표현되는 명제로부터 연역될 때 s는 t를 함축한다고 말한다. 명제 p의 부정이 다른 명제 q의 긍정과 서로 모순될 때, 명제 p는 q로부터 연역되거나 따라나온다고 말한다.

이러한 기준을 제시함으로써 우리는 일상적으로 주어지는 정의의 대부분이 명시적 정의라는 것을 알 수 있게 된다. 특히 아리스토텔레스 논리학자들이 그토록 관심을 가졌던 종류와 종차에 의한(*per genus et differentiam*) 정의과정은 항상 앞에서 언급한 의미에서의 명시적 정의를 만들어낸다.[1] 안과의사(*oculist*)를 눈 의사(*eye-doctor*)로 정의할 때 우리는 영어의 2개의 기호, "안과의사"와 "눈 의사"가 동의어라고 주장하는 것이다. 그리고 일반적으로 이러한 양태의 정의와 관련하여 논리학자들이 논의하는 모든 문제는 주어진 언어에서 주어진 용어에 대한 동의어를 찾는 가능한 방식과 관련된다. 우리는 이러한 문제가 철학의 방법을 설명하고자 하는 현재 우리의 목적과 관계가 없기 때문에 이 문제를 더 이상 다루지 않을 것이다. 이미 말한 것처럼, 철학자들의 주된 관심사는 명시적 정의를 제공하는 데 있는 것이 아니라 사용상의 정의를 제공하는 데 있기 때문이다.[2]

---

1) 〔옮긴이 주〕 아리스토텔레스의 종류와 종차에 의한 정의란, 예를 들어 "개"를 "~한 동물"이라고 정의할 때, 개의 유개념인 동물을 사용하여 정의하는 것이다.

우리는 하나의 기호가 다른 기호와 동의어라고 말함으로써가 아니라, 그 기호가 의미 있게 등장하는 문장이 어떻게 피정의어(*definiendum*) 나 그것의 동의어가 전혀 포함되지 않은 동치인 문장으로 번역되는가를 보임으로써 그 기호를 사용상으로 정의할 수 있다. 이러한 과정에 대한 적절한 예는 러셀의 이른바 한정기술구 이론(*theory of definite description*) 에 의해서 제공된다. 그것은 일상적으로 의미하는 바로서는 전혀 이론이라고 할 수 없지만, "유일한 그러그러한 것"(*the so-and-so*) 과 같은 형식의 구문이 정의되어야 하는 방법을 알려준다.[3] 그것은 이러한 기호표현을 포함하는 모든 문장은 그러한 표현을 포함하지 않지만, 오직 단 하나의 대상이 그러한 속성을 가지고 있다고 주장하는 하위문장(*sub-sentence*) 을 포함하는 문장으로 번역될 수 있다고 주장한다. 그리하여 "둥근 정사각형(*The round square*) 은 존재하지 않는다"는 문장은 "어떤 것도 동시에 둥글고 정사각형이지 않다"는 문장과 동치이다. 그리고 "《웨버리》의 유일한 저자(*The author of Waverley*) 는 스코틀랜드인이다"는 문장은 "오직 한 사람이 《웨버리》를 썼는데, 그는 스코틀랜드인이다"는 문장과 동치이다.[4] 위의 첫 번째 예는 한정기술구가 부정

---

2) 이 주장에 제한이 필요하다는 점을 서론에서 밝히고 있다(p. 45 이하 참고).

3) *Principia Mathematica*, *Introduction*, *Ch.iii*와 *Introduction to Mathematical Philosophy*, Ch. xvi을 보라.
〔옮긴이 주〕 러셀의 한정기술구에 대한 설명이 보다 쉽게 제시된 논문은 R. Marsh (ed.), *Logic and Knowledge*에 실린 "On Denoting"이다.

4) 이것은 아주 정확하지는 않다. 서론의 pp. 44~46을 보라.
〔옮긴이 주〕 "둥근 사각형은 존재하지 않는다"는 문장은 기호식으로 표현하면, $\sim(\exists x)(Rx \ \& \ Sx)$ (여기서 R은 "둥글다"는 술어를, S는 "사각형이다"는 술어를 나타낸다) 이다. 그리고 "《웨버리》의 저자는 스코틀랜드인이다"는 문장은 $(\exists x)\{Wx \ \& \ (\forall y)(Wy \rightarrow x=y) \ \& \ Sx\}$ 이다(여기서 W는 "《웨버리》의 저자

적 존재문장의 주어로 나타날 때 제거될 수 있는 방식의 전형적 예가 된다. 두 번째 예는 다른 형태의 문장에 나타나는 한정기술구가 제거될 수 있는 방식의 전형적 예가 된다. 그러므로 이 둘은 한정기술구를 포함하는 문장으로 표현되는 것을 어떻게 그러한 기술구를 사용하지 않고 표현할 수 있는가를 보여준다. 그리고 이것은 우리에게 한정기술구에 대한 사용상의 정의를 제공하는 것이다.

모든 훌륭한 정의의 경우처럼, 기술구를 이렇게 정의함으로써 우리는 기술구를 포함하는 문장에 대한 이해를 증진시킨다는 이점을 갖는다. 이것은 그러한 정의를 만들어내는 사람이 다른 사람에게뿐만 아니라 자신에게 부여하는 이익이기도 하다. 문장에 나타나는 기호들을 정의할 수 있기 위해서는 그 문장을 먼저 이해했어야 한다고 반박할 수도 있다. 그러나 이러한 앞선 이해는 실제로 어떤 상황이 그 문장이 표현하는 명제를 검증하는가를 말할 수 있는 능력 이상일 필요는 없다. 한정기술구를 포함하는 문장에 대한 그러한 이해는 둥근 정사각형이나 현재의 프랑스 국왕과 같은 실재존재자(*subsistent entities*)가 있다고 믿는 사람들조차도 가질 수 있다. 그러나 그들이 그러한 존재자가 있다고 주장한다는 것은 이러한 문장에 대한 그들의 이해가 불완전한 것임을 보여주는 것이다. 왜냐하면 그들이 형이상학으로 빠져들어가는 것은 한정기술구가 지시적 기호라는 순진한 가정의 결과이기 때문이다. 그리고 러셀의 정의에 의해서 주어진 보다 명료한 이해의 관점에서 보면, 이 가정이 틀렸다는 것을 알 수 있다. 한정기술구에 대한 어떤 명시적 정의를 제공함으로써 이러한 결과에 도달할 수는

이다"는 술어를, S는 "스코틀랜드인이다"는 술어를 나타낸다).

없을 것이다. 필요한 것은 그러한 구문을 포함하는 문장을 그 문장이 지닌 논리적 복잡성을 드러낼 수 있도록 번역하는 것이다. 일반적으로 우리는 언어로 된 어떤 형태의 문장들을 불완전하게 이해함으로써 제기되는 혼란을 제거하는 것이 철학적 정의의 목적이라고 말할 수 있다. 그러한 필요는 어떤 기호에 대한 동의어를 제공한다고 해서 만족될 수 있는 것이 아니다. 왜냐하면 그 기호의 동의어가 없거나, 동의어가 있다고 할지라도 그 동의어는 혼란을 야기하는 기호와 똑같이 불명료할 수 있기 때문이다.

어떤 언어에 대한 완전한 철학적 설명은 우선 그 언어로 된 의미 있는 유형의 문장들을 열거하는 것이고, 다양한 유형의 문장들 사이에 주장되는 동치관계를 보여주는 것이다. 여기서 두 문장이 같은 유형에 속한다는 것은, 그 문장들 중 하나의 문장에 포함된 기호들 각각이 다른 문장의 같은 유형의 기호와 대응할 때를 말하는 것이라고 설명할 수 있다. 그리고 2개의 기호가 같은 유형에 속한다는 것은 의미 있는 문장을 무의미한 것으로 변화시키지 않고 한 기호를 다른 기호로 항상 대신할 수 있는 경우를 말한다. 그러한 사용상의 정의체계는 해당언어의 구조를 드러내준다. 그러므로 우리는 러셀의 "한정기술구 이론"과 같은 어떤 구체적 철학이론을 주어진 언어가 가지고 있는 구조 일부를 드러내 주는 것으로 간주할 수 있을 것이다. 러셀의 경우에, 언어는 일상적 영어이고, 또한 영어와 동일한 구조를 가지고 있는 프랑스어나 독일어와 같은 언어이다.[5] 이러한 맥락에서, 말할 때 사용되

---

5) 이 말이 모든 영어를 말하는 사람들이 실제로 단 하나의 정확한 기호체계를 사용하고 있다는 것을 함축하는 것으로 이해되어서는 안 된다. pp. 105~107을 보라.

는 언어(*spoken language*)와 씌어질 때 사용되는 언어(*written language*)를 구별할 필요는 없다. 철학적 정의의 타당성에 관한 한, 정의되는 기호가 시각적 표지에 의해서 구성되는 것인가, 소리에 의해서 구성되는 것인가는 문제되지 않는다.

영어와 같은 언어의 구조가 복잡하게 되는 이유는 그 언어에 애매한 기호들이 많기 때문이다. 하나의 기호(*symbol*)는 그것이 감각할 수 있는 형태에서 서로에 대해서뿐만 아니라 다른 기호의 요소가 되는 부호(*sign*)들과 동일한 부호로 구성될 때 애매하다고 말한다. 왜냐하면 2개의 부호를 동일한 기호의 요소로 만드는 것은 단순히 형태의 동일성일 뿐만 아니라 용법의 동일성이기도 하기 때문이다. 그리하여 만약 우리가 그 부호의 형태만을 고려한다면, 우리는 "그는 그 책의 유일한 저자이다"라는 문장에서의 "이다"(*is*)는 "고양이는 포유류이다"라는 문장에서의 "이다"(*is*)와 동일한 부호라고 가정해야 한다. 그러나 그 문장들을 번역할 때 우리는 첫 번째 문장은 "그가 그 책을 썼고, 그 외에 어느 누구도 그 책을 쓰지 않았다"와 동치이고, 두 번째 문장은 "포유류의 집합은 고양이의 집합을 포함한다"와 동치인 문장임을 알게 된다. 이러한 예를 통해서 각각의 "이다"(*is*)는 서로 혼동되어서는 안 되는 애매한 기호이며, 또한 "이다"(*is*)라는 형태의 부호로 구성되는 존재(*existence*)를 나타내는 기호와도, 집합의 포함관계와도, 동일성의 기호와도, 그리고 함축(*entailment*)의 기호와도 혼동되어서는 안 되는 애매한 기호라는 것을 알 수 있다.[6)]

---

6) 〔옮긴이 주〕 "symbol"은 "기호"로 번역하였고 "sign"은 "부호"로 번역했다. 여기서 에이어는 부호(*sign*)를 기호(*symbol*)를 구성하는 하위기호를 뜻하는 것으로 사용하는 것 같다. 즉, "symbol"이 문장기호라면 "sign"은 문장을 구성하

하나의 기호가 감각할 수 있는 형태에서, 그리고 그것의 의미에서 서로 동일한 부호로 이뤄졌다고 말하는 것과 부호가 감각내용이나 혹은 문자적 의미를 전달하기 위해서 사용되는 일련의 감각내용이라고 말하는 것은, 하나의 기호가 감각내용의 체계나 집합이라고 말하는 것과는 다르다. 왜냐하면 우리가 어떤 대상들, b, c, d, … 에 대해서 그들이 어떤 다른 대상 e의 요소들이라고 말할 때, 내 팔이 내 몸의 일부를 이룬다는 의미에서, 그리고 내 책장의 몇 권의 책이 나의 장서의 일부를 이룬다는 의미에서 그것들이 e의 부분을 이룬다고 말하는 것은 아니다. 우리는 기호 e가 나타내는 문장은 e 자신이나 e와 동의어 관계에 있는 다른 기호를 포함하지 않고 단지 b, c, d, … 만을 포함하는 문장으로 번역될 수 있다고 말하는 것이다. 그런 경우에 우리는 e는 b, c, d, … 로 이뤄진 논리적 구성물(*logical construction*)이라고 말한다. 논리적 구성물을 지시하는 기호의 도입은 우리에게 이러한 구성물의 요소들에 관한 복잡한 명제들을 상대적으로 간단한 형태로 진술할 수 있게 하는 고안물이라고 말함으로써 논리적 구성물의 본성을 일반적으로 설명할 수 있다.

그러나 논리적 구성물이 허구적 대상이라고 말해서는 안 된다. 왜냐하면 예를 들어서 영국 연방은 개개의 사람들에 의해서 이뤄진 논리적 구성물이고, 내가 앉아서 쓰는 책상은 감각내용으로 이뤄진 논리적 구성물이라는 것이 참인 반면에, 영국 연방이나 이 책상이 햄릿이나 신기루가 허구적인 것처럼 허구적이라고 하는 것은 참이 아니기 때문이다. 책상은 허구적 대상이라는 주장은 비록 거짓이기는 하지만

는 문장구성기호이다.

사실에 대한 주장인 반면, 실제로 책상이 감각내용으로 이뤄진 논리적 구성물이라는 주장은 결코 사실에 관한 주장일 수 없다. 논리적 구성물의 개념에 대한 우리의 설명이 명료하게 해야 했던 것처럼, 그 주장은 언어적 주장이고, 따라서 “책상”이라는 기호는 감각내용을 나타내는 어떤 기호들에 의해서 명시적으로가 아니라 사용상으로 정의될 수 있게 된다. 그리고 이것은 앞에서 살펴본 것처럼 “책상”이라는 기호를 포함하거나 영어와 같은 구조를 갖는 언어에서 그에 대응하는 기호를 포함하는 문장은 모두, 그 기호나 그 기호와 동의어 관계에 있는 어떤 기호도 포함하지 않고 감각내용을 나타내는 기호를 포함하는 문장으로 번역될 수 있다고 말하는 것이다. 즉, 책상에 대해서 어떤 것을 말하는 것은 항상 감각내용에 대해서 어떤 것을 말하는 것이라고 표현될 수 있다. 물론 이것이 책상에 대해서 어떤 것을 말하는 것이 관련된 감각내용에 대해서 동일한 것을 말하고 있다는 것을 의미하지는 않는다. 예컨대, “나는 책상 앞에 앉아 있다”는 문장은 원칙적으로 책상을 언급하지 않고 오직 감각내용만을 언급하는 문장으로 번역될 수 있다. 그러나 이것이 원래 문장에서 “책상”이라는 기호를 단순히 감각내용 기호로 대체할 수 있다는 것을 의미하지는 않는다. 만약 그렇다면, 새로 얻어진 문장은 처음 문장과 동치일 수 없으며 단순히 무의미한 기호 조각일 뿐일 것이다. 책상에 관한 문장과 동치이지만 대신 감각내용을 지칭하는 문장을 얻기 위해서는 원래 문장 전체가 바뀌어야 한다. 그리고 실제로 책상이 감각내용의 논리적 구성물이라고 말하는 것은 “책상”이라는 기호가 감각내용을 가리키는 기호로 명시적으로 정의될 수 있다고 말하는 것이 아니라, 단지 그 기호가 사용상으로 정의될 수 있다는 것을 말하는 것일 뿐이라는 사실은 바로 이 점을 설명하는 것이다. 왜냐하면 앞에서 살펴 본 것처럼, 사용상의 정의의 기능은 우리에게 어떤 기호에 대한 동의어를 제공하는 것이 아니라 우리에게 어떤 형태의 문장을 번역할 수 있게 하는 것이기 때문이다.

물질적 대상에 관한 문장을 감각내용에 관한 문장으로 번역하는 현실적 규칙을 제공하는 문제, 다시 말해서 물질적 대상을 감각내용으로 "환원"(*reduction*) 하는 문제는 지각에 관한 전통적 문제라는 철학의 핵심적 부분이다. 지각에 관해 저술하는 철학자들이 "물질적 대상의 본질"을 기술하기 시작하면서, 자신들은 사실에 관한 문제에 대해서 논의하고 있다고 믿는다. 그러나 이것은 이미 지적한 것처럼 잘못이다. "물질적 대상의 본질이 무엇인가?"라는 질문은 그러한 형태의 다른 질문처럼 정의를 묻는 언어적 질문이다. 그리고 그에 대한 대답으로 제공되는 명제들은 비록 그것들이 사실에 대한 명제인 것처럼 보이도록 표현될 수 있다고 할지라도 언어적 명제이다. 그 명제들은 기호들의 관계에 관한 명제이지, 그 기호가 지시하는 사물의 속성에 관한 명제가 아니다.

"지각의 문제"와 관련하여 이 점을 강조하는 것이 필요하다. 왜냐하면 우리의 일상언어가 필요한 기호를 갖고 있지 않아서 일상언어로 감각내용의 성질을 매우 정확하게 서술할 수 없으므로, 사실에 대한 용어(*factual terminology*) 로 그 문제를 해결하는 것이 편리하기 때문이다. 우리 각자가 감각내용으로 물질적 대상을 "구성한다"(*construct*) 고 말함으로써, 우리가 물질적 대상에 대해서 말하는 것은 감각내용에 대해서 말하는 방식이라는 사실을 표현한다. 그리고 우리는 이러한 "구성"의 원리가 무엇인가를 보임으로써 두 종류의 기호 사이의 관계를 드러내 보인다. 다시 말해서 우리는 어떤 물질적 대상의 본질이 무엇인가라는 질문에 대해, 일반적 용어로 우리의 감각내용들이 동일한 물질적 대상의 요소이기 위해서 2개의 감각내용 사이에 성립해야 하는 관계가 무엇인가를 지적함으로써 대답한다. 여기서 발생하는 것처럼 보이는 감각내용의 주관성과 물질적 대상의 객관성을 양립시키는 문제는 이 책의 다음 장에서 다루어질 것이다.[7)]

지금 우리가 "지각의 문제"에 대해 부여하는 해결책은 철학적 분석의 방법에 대한 보다 자세한 예증으로 사용될 것이다. 문제를 간단히 하기 위해서 다음의 정의를 도입하자. 2개의 감각내용이 질에서 차이가 없거나 오직 미세한 차이만 있을 때, 우리는 그 두 감각내용이 서로 직접적으로 유사하다고 말한다. 또 2개의 감각내용이 일련의 직접적 유사성으로 연결되지만, 그 자체로 직접적으로는 유사하지 않을 때, 그 두 감각내용은 간접적으로 유사하다고 말한다. 그러한 관계가 가능한 이유는 질에서의 미세한 차이의 상대적 곱(*relative product*)은 질에서 상당한 차이가 되기 때문이다.[8)] 그리고 2개의 시각적 혹은 촉각적 감각내용이 일련의 현실적 혹은 가능적 감각장(*sense-field*)의 연속적 요소에 속하고 그 둘 사이에 자신의 감각장에서 각자의 위치와 관련하여 차이가 없거나 오직 미세한 차이만 있을 때, 우리는 그 두 감각내용이 직접적으로 연속적이라고 말한다. 그리고 2개의 감각내용이 현실적이든 가능적이든 그러한 일련의 직접적 연속성에 의해서 서로 관련될 때, 그 두 내용은 간접적으로 연속적이라고 말한다. 여기서 하

---

7) 제 7장을 보라.

8) "두 관계 R과 S의 상대적 곱은 x가 y와 R이라는 관계를 갖고 y는 z와 S라는 관계를 갖는 그러한 매개적 용어 y가 있을 때 x와 z 사이에 있는 관계이다." 러셀과 화이트헤드의 *Principia Mathematica*, 서문, 제 1장을 보라.

나의 감각경험이나 감각경험의 한 부분인 감각장에 대해서 그것이 현실적(*actual*)인 것과 반대의 의미로 가능적(*possible*)이라고 말하는 것은 그것이 일어난 적이 있거나 정말로 일어날 것이라고 말하는 것이 아니라, 어떤 구체적 조건이 충족되면 그것이 발생할 것이라는 뜻임을 밝혀두어야 한다. 따라서 하나의 물질적 대상이 현실적이고 동시에 가능적 감각내용에 의해서 구성된다고 말할 때, 우리는 단지 감각내용을 지시하는 문장은 어떤 물질적 대상을 지시하는 문장의 번역문장인데, 그 문장은 정언적이며 동시에 가언적이라고 주장하고 있을 뿐이다. 그러므로 가능적 감각내용 혹은 감각경험이라는 개념은 가언적 진술이라는 익숙한 개념처럼 반대될 수 없는 것이다.

이러한 예비적 정의에 의존해서 우리는 2개의 어떤 시각적 혹은 촉각적 감각내용에 대하여 그 감각내용이 어떤 점에서 서로 직접적 혹은 간접적 유사성의 관계와 직접적 혹은 간접적 연속성의 관계로 서로 관련된다고 말할 수 있으면, 그리고 오직 그럴 경우에만 그 두 감각내용은 동일한 물질적 사물의 요소라고 주장할 수 있다. 이러한 관계는 각각 대칭적(*symmetrical*)이고 — 즉, B와 A라는 용어 사이에 성립하지 않는 관계는 A와 B 사이에도 성립할 수 없는 관계 — 또한 이행적(*transitive*) — 즉, A와 C 사이에 성립할 수 없다면 A와 B, 그리고 B와 C 사이에도 성립할 수 없는 관계 — 이기 때문에,[9] 이러한 관계에 의

9) 〔옮긴이 주〕 어떤 용어가 이행적이라는 위의 설명은 오해의 여지가 있다. 이행적 용어의 특징은 A와 B가 어떠한 관계를 갖고 B와 C도 그러한 관계를 가지면 A와 C도 반드시 그러한 관계를 갖는다는 것이다. 그러니까 본문의 설명은 "A와 C 사이에 성립할 수 없다면 A와 B 또는 B와 C 사이에 적어도 한 번은 성립할 수 없는 관계"라고 수정되어야 한다.

해서 구성되는 시각적 촉각적 감각내용의 집합은 공통적인 어떤 원소도 가질 수 없다. 그리고 이것은 어떤 시각적 혹은 촉각적 감각내용도 하나 이상의 물질적 대상의 요소일 수 없다는 것을 의미한다.

물질적 대상이라는 개념에 대한 분석의 다음 단계는 이렇게 분리된 시각적, 그리고 촉각적 감각내용의 집합들이 어떻게 서로 관련되는가를 보이는 것이다. 최소한의 촉각적 깊이를 갖는 촉각적 감각내용의 집합원소처럼, 최소한의 시각적 깊이만을 갖는 시각적 집합들이 동일한 감각경험의 일부를 구성할 때, 그 두 감각내용은 동일한 물질적 대상에 속한다고 말하는데, 그렇게 말함으로써 그 단계는 효과적으로 수행될 수 있다. 우리는 여기서 시각적 혹은 촉각적 깊이를 직시적으로(*ostensively*) 정의하는 방법 외에 달리 정의할 방법이 없다. 시각적 혹은 촉각적 감각내용의 깊이는 그것의 길이와 폭처럼 그 감각내용의 지각될 수 있는 속성이다.[10] 그러나 우리는 하나의 시각적 혹은 촉각적 감각내용이 관찰자의 몸에서 더 멀리 있을 때 다른 것보다 더 큰 깊이를 갖는다고 말함으로써, 그 깊이를 서술할 수 있다. 그러나 이것이 하나의 정의로 의도되지 않았음을 명백히 해야 한다. 왜냐하면 정의하는 문장이 그 자체로 물질적 대상인 인간의 신체를 포함한다면 그것은 명백하게 물질적 대상을 감각내용으로 "환원"하는 것을 손상하기 때문이다. 그러나 우리가 어떤 감각내용을 서술하고자 할 때, 그 속성이 무엇인가를 설명할 다른 언어적 수단을 갖지 못한다는 우리 언어의 빈곤성 때문에 우리는 물질적 대상을 언급하지 않을 수 없다.

구체적인 물질적 대상에 부가되는 맛이나 소리, 그리고 냄새와 같

---

10) H. H. Price, *Perception*, p. 18을 보라.

은 감각내용들은 촉각적 감각내용과 그 대상들과의 연합에 의해서 분류될 수 있다. 즉, 우리는 맛이라는 감각내용을 맛샘이나 혀에 의해서 경험되는 촉각이라는 동시적으로 발생하는 감각내용과 동일한 물리적 대상에 부가할 수 있다. 그리고 청각적 혹은 후각적 감각내용을 하나의 사물에 부가할 때, 우리는 그 감각내용이 한동안 지속되는 균일한 성질을 갖지만 점차 증가하는 강도를 갖는 가능한 일련의 소리나 냄새의 부분임을 주목한다. 다시 말해서 그러한 일련의 소리나 냄새는 일반적으로 그것이 나오는 곳으로 향해 움직이는 과정에서 경험된다고 일컫는 것이다. 그리고 우리는 그것을 그 과정에서 가장 큰 강도의 소리나 냄새와 동시에 경험되는 촉각적 감각내용처럼 그것을 동일한 대상에 부가한다.

물질적 대상의 개념을 분석하려고 할 때, 우리가 해야 할 다음 일은 물질적 사물의 "실재하는"(*real*) 성질을 가리키는 문장을 번역하는 규칙을 제공하는 것이다. 어떤 성질에 대해서 그것이 주어진 물질적 대상의 실재하는 성질이라고 말하는 것은 그 성질이 그러한 종류의 성질을 갖는 모든 요소들 중에서 그 대상을 가장 편리하게 판단하게 하는 요소를 특징짓는 것이라고 말하는 것이 그에 대한 우리의 대답이다. 그리하여 내가 하나의 동전을 보고 그것은 실제로 모양이 둥글다고 주장할 때, 내가 현실적으로 관찰하는 동전의 요소인 그 감각내용의 모양이 둥글다거나 더욱이 그 동전의 모든 시각적 혹은 촉각적 요소가 둥글다고 주장하는 것이 아니다. 내가 주장하는 것은 모양이 둥글다는 것이 그 모양을 판단하기에 가장 편리한 시점으로부터 경험된 동전의 요소에 대한 특징이라는 것이다. 마찬가지로 비록 내가 쓰는 종이의 색깔이 항상 하얗게 보이지는 않을 수 있다고 할지라도, 하얀 색이 색에 대한 가장 분명하게 분별할 수 있는 상태에서 경험되는 그 종이의 시각적 요소를 특징짓기 때문에 나는 그 종이의 실재 색이 하얗다고 주장한다. 마지막으로 우리는 물질적 대상의 성질이나 위치의 관계를 그러한 "특권적"(*privileged*) 요소들 사이에서 얻어지는 성질이나 위치의 관계라는 말로 정의한다.

물질적 대상을 가리키는 기호의 정의, 정확히 말해서 정의에 대한 이러한 설명은, 철학적 분석과정의 독창적 예로서 제시되었던 기술구에 대한 정의가 갖는 것과 같은 종류의 효과를 갖도록 의도되었다. 그것은 물질적 대상을 가리키는 문장들에 대한 우리의 이해를 증가시키는 데 공헌한다. 물론 이 경우에 우리는 그러한 문장을 미리 이해하고 있다는 의미가 있다. 영어를 사용하는 사람들이 "이것은 책상이다"라든지 "동전은 둥글다"와 같은 단순한 진술의 참과 거짓을 결정하는 상황을 인식하는 데 아무런 실천적 문제도 갖지 않는다. 그러나 그들은 물질적 대상이라는 개념에 대한 우리의 분석이 밝혀준 바와 같이 그런 진술이 감추는 논리적 복잡성을 인식하지 못할 수도 있다. 그 결과 그들은 물질적 실체의 존재나 보이지 않는 기체(基體, *substrata*)의 존재에 대한 믿음과 같은 그들의 모든 사변적 고찰에서 혼동의 원천이 되는 형이상학적 믿음을 받아들이게 된다. 그러한 혼동을 추방하는 철학적 정의의 유용성은 그것이 번역하는 문장의 분명한 사소함에 의해서 평가되어서는 안 된다.

때때로 그러한 철학적 정의의 목적은 어떤 기호나 기호의 조합의 의미를 밝히는 것이라고 말한다. 이렇게 말하는 것에 대한 반론은, 철학적 정의는 "의미"라는 점에서 매우 애매한 기호를 사용하기 때문에 그것은 철학자의 작업에 대한 명료한(*unequivocal*) 서술을 제공하지 못한다는 것이다. 이러한 이유 때문에 우리는 문장 사이의 동치관계를 "의미"를 사용하지 않고 정의했다. 그리고 실제로 우리의 정의에 따르면 동치인 모든 문장들이 동일한 의미를 갖는다고 일반적으로 말할 수 있는지 의심스럽다. 왜냐하면 "s와 t라는 문장이 같은 의미를 지닌다"는 형태의 복합기호가 때때로 "s와 t라는 문장은 동치이다"고 말함으로써 표현하고자 하는 것을 표현하기 위해서 사용된다고 할지라도, 나는 이것이 앞의 기호가 일반적으로 사용되거나 해석되어야 하는 방식은 아니라고 생각하기 때문이다. "의미"라는 기호가 가장 보편적으로 사용되는 방식으로 그 기호를 사용하려고 한다면, 한 문장의 발생이 어떤 사람의 사고와 행위에 미치는 영향을 다른 문장의 발생이 동일하게 미치지 않는 한, 우리는 두 문장이 그 사람에게 동일한 의미를 갖는다고 말하지 않아야 한다. 분명히 우리의 기준으로 어떤 사람에게 동일한 영향을 주지 않고도 2개의 문장이 동치일 수 있다. 예를 들면, "p는 자연법칙이다"는 "p는 항상 신뢰할 수 있는 일반가설이다"와 동치이다. "법칙"이라는 기호의 연상작용 때문에, 전자의 문장은 그와 동일한 의미를 갖는 후자의 문장과는 아주 다른 심리적 효과를 만들어내는 경향이 있다. 그것은 후자의 문장에 의해서는 야기되지 않으며 실제로는 어떤 합리적 근거도 없는 자연의 규칙성(*orderliness*)에 대한 믿음과 심지어 그 규칙성의 "배후에" 어떤 힘이 있다는 믿음을 불러일으킨다. 그리하여 이 문장들은 일반적으로 뜻하는 바의 "의미"라는 점에서 자신에게는 다른 의미를 갖는다고 생각하는 사람들이 많다. 그리고 마치 몇몇 철학자들이 물질적 대상은 감각내용으로 환원될 수 있다는 점을 인식하지 못하는데, 그 이유는 감각내용을 가리키는 문장이 그들에게 물질적 대상을 가리키는 문장이 주는 심리적 효과와는 다른 효과를 준다는 사실 때문인 것처럼, 나는 이 점이 자연법칙은 단순히 가설에 불과하다는 것을 받아들지 못하게 하는 광범위하게 퍼진 현상을 설명해 준다고 생각한다. 그러나 이미 보았던 것처럼, 이것은 어떤 2개의 문장이 동치라는 것을 부인할 만한 타당한 근거가 아니다.

따라서 철학은 기호의 의미에 관심을 갖는다고 말해서는 안 된다. 왜냐하면 "의미"의 애매성은 무분별한 비판가들에게 철학적 탐구에 적용될 수 없고 오직 심리적 효과, 즉 어떤 기호의 발생이 어떤 사람들에게 부여하는 심리적 효과에 관한 경험적 탐구에만 적용될 수 있는 기준에 의해서 철학적 탐구의 결과를 평가하게 만들 수 있기 때문이다. 그러한 경험적 탐구는 사실 사회학과 언어의 과학적 연구에서 중요한 요소이다. 그러나 그러한 탐구는 철학을 구성하는 논리적 탐구와는 분명히 구별된다.

몇몇 사람들이 말하는 것처럼, 철학은 우리에게 어떤 기호가 현실적으로 어떻게 사용되는가를 말하는 것이라고 말하는 것도 오해를 불러일으킨다. 왜냐하면 이것은 철학의 명제들이 어떤 무리의 사람들의 행위에 관한 사실에 대한 명제라고 주장하는 것이기 때문이다. 그러나 이것은 사실이 아니다. "《웨버리》의 유일한 저자는 스코틀랜드 사람이다"(*The author of Waverley was Scotch*) 는 문장은 "한 사람이, 그리고 오직 한 사람이 《웨버리》를 썼고, 그 사람은 스코틀랜드 사람이다"(*One person, and one person only, wrote Waverley, and that person was Scotch*)와 동치인 문장이라고 주장하는 철학자도, 영어를 사용하는 모든 혹은 대부분의 사람들이 이 두 문장을 상호교환하여 사용할 수 있다고 주장하지는 않는다. 그가 주장하는 것은 "올바른"(*correct*) 영어를 특징짓는 함축의 규칙에 의해서, “《웨버리》의 유일한 저자는 스코틀랜드 사람이다”와 다른 문장집합들이 연언적으로 결합된 것에 의해서 함축되는 모든 문장은 “어떤 사람이 《웨버리》를 썼고, 그리고 오직 한 사람이 《웨버리》를 썼으며, 그 사람은 스코틀랜드 사람이다”와 그 문장집합들이 연언적으로 결합된 것에 의해서도 함축된다는 것이다. 사람들이 자신들의 언어적 규약을 사용하여야 한다는 것은 경험적 사실이다. 그러나 그 언어를 특징짓는 함축의 규칙으로부터 동치관계를 연역하는 것은 순수하게 논리적 활동이다. 그리고 철학적 분석은 바로 이러한 논리적 활동이지, 어떤 집단의 사람들이 갖는 언어적 습관에 대한 경험적 연구가 아니다.[11]

그리하여 철학자들은 자신의 정의가 적용되기를 의도하는 언어를 구체화할 때, 그들은 단지 그들의 정의가 연역되는 규약을 기술하기만 한다. 그리고 그 정의의 타당성은 전적으로 이 규약들과의 양립가능성에 의존한다. 대부분의 경우에, 정의는 어떤 무리의 사람들에 의해서 현실적으로 관찰된 규약에 대응하는 규약으로부터 얻는다. 명료화의 수단으로서 이것이 그래야만 하는 것은 정의가 유용성을 갖기 위한 필요조건이다. 그러나 그러한 대응이 존재한다는 사실이 그 정의가 현실적으로 주장하는 것의 한 부분이라고 생각하는 것은 잘못이다.[12]

---

11) 철학자들이 항상 인공언어(*artificial language*)에 관심을 갖는다고 말하는 데는 근거가 있다. 왜냐하면 단어를 실제적으로 사용할 경우에 우리가 따라야 하는 규약(*convention*)들이 항상 체계적이거나 정확하지는 않기 때문이다.

12) 그리하여 내가 철학적 반대자를 논박하려고 할 때, 나는 그 사람들의 언어적 습관에 대해서 논증하지 않는다. 나는 그들의 정의가 어떤 모순을 범하고 있음을 보이려고 한다. 예를 들어, 그들이 “A는 자유로운 행위자이다”는 “A의 행위는 원인이 없다(*uncaused*)”와 동치라고 주장하고 있다고 가정하자. 그러면

언어형식의 명료함을 위해서 그 구조가 잘 알려진 인공적 기호체계를 사용할 수 있다면 언어분석과정이 편리해질 것이라는 점을 주목할 필요가 있다. 그러한 기호체계 중에서 가장 잘 알려진 예는 《수학의 원리》(*Principia Mathematica*)에서 러셀과 화이트헤드가 사용한 논리적 기호체계이다. 그러나 분석이 수행되는 언어가 분석되는 언어와 달라야만 하는 것은 아니다. 만약 그렇다면 러셀이 한때 주장한 것처럼 우리는 "모든 언어는 그 언어로는 그것에 대해서 아무것도 말할 수 없는 그 언어의 구조를 갖고 그 언어의 구조를 다루는 다른 언어가 있을 것이며, 그것은 또 그 자신 언급할 수 없는 새로운 구조를 갖기 때문에 이 언어의 계층에는 한계가 없다"[13] 고 생각해야 할 것이다. 이것은 아마도 한 언어의 구조를 그 언어로 지시하려는 것은 논리적 역설을 발생시키게 된다는 믿음에서 씌어진 것 같다.[14] 그러나 카르납

나는 그로 하여금 "A는 자유로운 행위자이다"는 "A는 자신의 행위에 대해서 도덕적으로 책임이 있다"는 문장에 의해서 함축되지만 "A의 행위는 원인이 없다"는 "A는 자신의 행위에 대해서 도덕적으로 책임이 없다"는 문장에 의해서 함축된다는 사실을 받아들이게 함으로써 그를 논박할 것이다.

13) 러셀이 비트겐슈타인의 *Tractatus Logico-Philosophicus*에 붙인 서문 p. 23.
〔옮긴이 주〕 러셀은 여기서 나중에 그가 제시한 유형이론(*theory of type*)의 기본적 아이디어를 말하고 있다. 그의 유형이론을 소박하게 소개하면, 그 이론은 타르스키(A. Tarski)의 거짓말쟁이 역설과 같은 의미론적 역설을 해결하기 위해서 제시된 것으로 "참이다"(*true*)라는 술어는 그 언어 자체에 대해서 적용해서는 안 되는 상위 언어의 술어로 간주해야 한다는 것이다.

14) 논리적 역설에 관하여는 러셀과 화이트헤드의 *Principia Mathematica Introduction*, Ch. ii와 F. Ramsey, Foundations of Mathematics, pp. 1~63, 그리고 Lewis와 Langford의 Symbolic Logic, Ch. xiii를 보라.
〔옮긴이 주〕 거짓말쟁이의 역설이 대표적 예이다. "이 문장은 거짓이다"는 문장은 논리적으로 역설을 낳은데, 그 이유를 러셀 등은 어떤 언어의 문장에 대해서 그 언어에 속하는 술어인 "참이다"(*is true*)나 "거짓이다"(*is false*)를 적용

은 그 이후에 실제로 그러한 분석을 수행함으로써 한 언어가 자기모순을 범하지 않고 자신의 언어의 분석에 사용될 수 있다는 것을 보여주었다.[15)]

하기 때문에 생겨난다는 것이다.

15) *Logische Syntax der Sprache*, Parts I과 II를 보라.

제4장 선험성

우리가 택한 철학적 견해는 당연히 경험론의 한 형태라고 기술될 수 있다고 생각한다. 왜냐하면 모든 사실에 관한 명제는 감각경험에 대해서 언급해야 한다는 근거 위에서 형이상학을 피하려는 것이 경험론의 한 특징이기 때문이다. 비록 철학함이라는 것을 분석이라는 활동으로 생각하는 것이 전통적 경험주의 이론에서는 찾아 볼 수 없다고 할지라도, 우리는 그들의 활동에 그것이 내재되어 있음을 보았다. 동시에 우리 자신을 경험론자라고 부를 때, 우리가 경험론과 일반적으로 관련되는 심리학적 주장들에 대한 믿음을 인정하는 것은 아니라는 점을 분명히 해야 한다. 왜냐하면 이러한 심리학적 주장들이 비록 타당하다 할지라도, 그 타당성은 철학적 논제의 타당성과는 별개이기 때문이다. 그 논제의 타당성은 경험론이 의존하는 순수하게 논리적 사고에 의해서가 아니라 관찰에 의해서만 얻어질 수 있다.

우리가 자신을 경험론자라고 인정했기 때문에, 우리는 이제 모든 형태의 경험론에 반대하여 일반적으로 제기되는 비판을 다루어야 한다. 그 비판이란 경험론의 원리로는 우리가 필연적 진리에 대한 지식을 설명할 수 없다는 것이다. 왜냐하면 흄이 확정적으로 보여준 것처럼, 일반명제는 그것의 타당성이 현실적 경험을 통한 검사에 의해 결정된다는 점에서 어떤 일반명제도 논리적으로 확실하지 않을 것이기 때문이다. 그 명제가 아무리 자주 실천적으로 검증된다고 할지라도, 미래의 경우에서는 그것이 반박될 수 있는 가능성이 남아있다. 하나의 법칙이 (n-1) 가지의 경우에 사실이 되었다는 것이 n이 아무리 큰 수라고 해도 그 명제가 n번째도 사실로 인정되리라는 것을 논리적으로 보장하지는 못한다. 이것은 〔경험적〕 사실에 대해서 언급하는 어떤 일반명제도 필연적으로, 그리고 보편적으로 참일 수 없음을 의미한다. 그것은 기껏해야 개연적 가설이다. 그리고 이것은 일반명제뿐만 아니라 사실적 내용을 갖는 모든 명제에 적용됨을 알게 될 것이다. 그들 중에 논리적으로 확실하게 참이 되는 것은 하나도 없다. 나중에 상세히 설명하게 될 이 결론은 일관성 있는 경험론자라면 모두 받아들여야 할 것이다. 그러한 경험론자는 종종 완전한 회의주의에 포함된다고 생각되기도 한다. 그러나 이것은 사실이 아니다. 왜냐하면 한 명제의 타당성이 결코 논리적으로 확증될 수 없다는 사실이 우리가 그것을 믿는 것이 불합리하다는 것을 함축하지는 않기 때문이다. 오히려 어떤 확증도 기대할 수 없는 곳에서 확증을 찾으려는 것이 불합리한 것이고, 얻어질 수 있는 것이라고는 개연성이 전부인 곳에서 확실성을 요구하는 것이 불합리한 것이다. 우리는 이미 흄의 저술을 인용하여 이 점에 대해서 언급한 바 있다. 그리고 우리가 경험적 명제를 어떻게 사용하는가를 설명하면서 개연성을 다루게 될 때 이 점을 보다 명확하게 할 것이다. 과학과 상식의 모든 "진실들"은 가설이라는 견해는 아무런 잘못도, 어떤 역설도 포함하지 않는다는 것을 알게 될 것이다. 따라서 경험론이 이러한 견해를 포함한다고 해서 그것이 경험론의 논제에 대한 어떤 반론도 구성하는 것은 아니다.

경험론이 문제에 부딪히는 것은 형식논리학과 수학의 진리와 관련해서이다. 왜냐하면 과학적 일반화는 이미 오류가능성이 있음을 인정한 반면, 수학과 논리학의 진리는 모든 사람에게 필연적이고 확실한 것처럼 보이기 때문이다. 그러나 경험론이 옳다면 사실적 내용을 갖는 명제는 어떤 것도 필연적일 수도 확실할 수도 없다. 따라서 경험론자는 논리학과 수학의 진리를 다음 두 가지 방법 중의 하나로 다루어야 한다. 즉, 그러한 진리들은 필연적 진리가 아니라는 것이 하나의 방법인데, 이 경우에는 그 진리들이 필연적이라는 일반적 확신을 설명할 수 있어야 한다. 또 하나의 방법은 그러한 진리들은 사실적 내용을 갖지 않는다고 주장하는 것인데, 이 경우에는 어떤 사실적 내용도 갖지 않은 명제가 어떻게 참이며 유용할 수 있는가라는 불가사의한 점을 설명해야 한다.

만약 이 두 가지의 방법 중에 어느 것도 만족스럽지 않다는 것이 입증되면 우리는 합리론에 굴복하지 않을 수 없을 것이다. 즉, 우리는 경험과 상관없이 알 수 있는 세계에 대한 어떤 진리가 있음을 인정해야만 할 것이다. 또 우리가 비록 모든 대상에 속한다고 생각되는 성질을 관찰할 수 없다고 할지라도, 모든 대상이 그러한 성질을 갖는다고 인정해야만 할 것이다. 우리의 사유는 우리가 결코 관찰한 적이 없는 대상의 성질을 우리에게 권위있게 드러내주는 능력을 가지고 있다는 점을 설명할 수 없는 신비로운 사실로 인정해야만 할 것이다. 그렇지 않다면 우리는 이미 언급한 인식론적 문제를 제외하고는 그러한 신비를 한 단계 더 뒤로 밀어낼 뿐인 칸트의 설명을 받아들여야만 한다.

합리론에 대한 그러한 굴복은 이 책의 주요한 논증을 뒤집어엎을 것임이 분명하다. 왜냐하면 경험과 무관하게 인식될 수 있는 세계에 관한 사실이 있다는 것을 인정하는 것은 한 문장이 경험적으로 검증될 수 없다면 그 문장은 아무것도 말하는 것이 아니라는 우리의 기본적 주장과 양립할 수 없을 것이기 때문이다. 형이상학에 대하여 우리가 비판하고자 하는 시도도 전적으로 파괴되고 말 것이다. 그러므로 우리가 논리학과 수학의 명제에 대한 위의 경험론의 설명 두 가지 중 하나가 옳다는 것을 보일 수 있어야 한다는 것은 매우 중요하다. 우리가 이 점에서 성공한다면 우리는 합리론의 토대를 파괴한 것이 될 것이다. 왜냐하면 합리론은 기본적으로 사유란 인식의 독립적 근원이며 경험보다 한층 신뢰할 만한 인식의 근원이라고 주장하기 때문이다. 사실 어떤 합리론자들은 사유가 인식의 유일한 근원이라고 말하기조차 한다. 이러한 견해에 대한 근거는 단순히 우리에게 알려지는 세계에 대한 유일하게 필연적 진리는 경험을 통해서가 아니라 사유를 통해서 알려진다는 것이다. 그러므로 문제의 진리가 필연적 진리가 아님을 보이거나 "세계에 관한 진리"가 아니라는 것을 보일 수 있다면 합리론이 의지하는 근거를 제거하는 것이 될 것이다. 우리는 사실을 지시하는 "이성의 진리"라는 것은 없다는 경험론의 주장의 타당성을 보일 것이다.

논리학과 수학의 진리가 필연적이거나 확실하지 않다고 주장하는 입장은 밀(J. S. Mill)에 의해서 취해진다. 그는 이러한 명제들이 극도로 많은 사례에 의해서 귀납적으로 일반화된 것이라고 주장한다. 그의 견해에 따르면, 지지하는 사례의 수가 매우 크다는 사실은 우리가 이러한 일반화를 필연적이며 보편적으로 참이라고 믿게 하는 이유를 설명해 준다. 그러한 명제를 지지하는 증거가 너무 강하기 때문에, 우리는 반대사례가 발생할 수 있다고 생각할 수 없는 것처럼 보인다는 것이다. 그럼에도 그러한 일반화는 원칙적으로 반박될 수 있다. 그러한 명제들은 매우 높은 개연성을 갖지만 귀납적 일반화이기 때문에 확실한 것은 아니다. 그러한 명제와 자연과학의 가설의 차이는 질적 차이가 아니라 정도의 차이이다. 경험은 우리에게 수학이나 논리학의 "진리"가 보편적으로 참이라고 생각하게 하는 좋은 이유를 제공한다. 그러나 우리가 어떤 보증을 갖는 것은 아니다. 왜냐하면 이러한 "진리"는 과거에 개별적으로 잘 적용된 경험적 가설일 뿐이기 때문이다. 모든 경험적 가설처럼 그러한 명제들도 이론적으로 오류가능하다.

나는 논리학과 수학의 명제와 관련된 경험론의 문제를 이렇게 해결하는 것은 받아들일 만하다고 생각하지 않는다. 그것에 대해서 논의할 때, 우리의 모든 지식이 경험으로부터 시작되지만 그렇다고 경험으로부터 생겨나는 것은 아니라는 칸트의 유명한 경구에 간직되어 있는 구별에 주목할 필요가 있다.[1] 논리학의 진리가 경험과 상관없이 인식된다고 말할 때, 물론 우리가 그러한 진리를 태어나면서부터 안다는 의미에서 생득적(*innate*)이라고 말하는 것은 아니다. 화학과 역사를 배워야 하는 것과 같은 방식으로 수학과 논리학도 학습해야 한다는 것은 자명하다. 어떤 논리적 진리나 수학적 진리를 맨 처음 발견한 사람 중에는 귀납적 절차에 의해서 그 진리에 이르렀던 사람도 있을

---

1) I. Kant, *Critique of Pure Reason*, 2nd ed., Introduction, section i.

것이라는 점을 부인하지 않는다. 예를 들면, 삼단논법의 추론의 타당성이 수많은 구체적 사례에서 관찰되기 전이 아니라, 구체적 사례에서 관찰된 후에야 삼단논법의 원리가 형성되었으리라는 것은 매우 그럴 듯하다. 그러나 논리학적 진리나 수학적 진리가 경험과 상관없이 인식된다고 말할 때 우리가 주장하는 것은, 이러한 진리가 처음 발견되던 방식에 관한 역사적 질문도 아니고 우리 각자가 그것을 배우게 되는 방법에 관한 심리학적 질문도 아니며, 그것은 단지 인식론적 질문인 것이다. 우리는 논리학과 수학의 명제가 경험적 가설과 동일한 지위를 가지며 그것들의 타당성도 같은 방법으로 결정된다는 밀의 주장을 거부한다. 우리는 그러한 명제들의 타당성은 경험적 검증에 의존하지 않는다는 의미에서 그 명제들은 경험으로부터 독립적이라고 주장한다. 우리는 그러한 명제들을 귀납적 과정을 통해서 알게 될 수도 있다. 그러나 우리가 일단 그것을 이해하면 그것들이 필연적으로 참이며 그 명제들은 모든 가능한 사례에서 옳다는 것을 알게 된다. 그리고 이러한 사실은 그것들을 경험적 일반화와 구별하게 한다. 왜냐하면 우리는 타당성이 경험에 의존하는 명제는 필연적으로, 그리고 보편적으로 참임을 보일 수 없다는 것을 알고 있기 때문이다.

밀의 견해를 비판하면서 우리는 다소 독단적일 수밖에 없게 된다. 우리는 이 문제를 명료하게 진술하는 것 이상 할 수 없고, 밀의 주장이 관련된 논리적 사실과 모순된다고 믿을 수밖에 없다. 다음 고찰은 논리학과 수학의 진리를 다루도록 경험론자에게 주어진 두 가지 방법 중에서 밀이 택한 방법이 옳지 않은 것이라는 것을 보여주는 데 도움을 줄 것이다.

형식논리학과 순수수학의 진리는 필연적으로 참이라는 우리의 주장을 구체화하는 가장 좋은 길은 그것들이 반박될 수 있는 것처럼 보이는 경우를 검토하는 것이다. 예를 들면, 내가 다섯 쌍의 물건이라고 여겼던 것을 헤아려 볼 때, 그것이 오직 아홉까지만 헤아려진다는 것을 깨닫는 경우도 쉽게 발생할 수 있다. 내가 다른 사람들을 오해시키려고 한다면, 이 경우에는 둘 곱하기 다섯이 열이 아니라고 말할 수도 있다. 그러나 그 경우에 나는 "2×5=10"이라는 기호를 일반적으로 사용하는 방법으로 사용하고 있지 않은 것이다. 나는 그것을 순수하게 수학적 명제의 한 표현으로 간주하는 것이 아니라 경험적 일반화로 간주하여 그 결과 나에게 다섯 쌍의 물건인 것처럼 보이는 것을 헤아릴 때마다 그것이 숫자 열이라는 것을 알게 되었다는 것이다. 이러한 일반화는 물론 틀릴 수 있다. 그러나 어떤 경우에 그것이 틀렸음이 밝혀졌을 때, "2×5=10"이라는 수학적 명제가 반박되었다고 말하지 않을 것이다. 내가 처음에 다섯 쌍의 물건을 가지고 있다고 잘못 생각했다고 말하거나, 내가 헤아리는 동안 그 중의 하나가 사라졌다고 말하거나, 혹은 그 중의 둘이 합쳐졌다고 말하거나, 단순히 내가 잘못 헤아렸다고 말할 것이다. 우리는 공인된 사실과 가장 잘 부합되는 경험적 가설을 하나의 설명으로 택한다. 어떤 경우에서도 받아들일 수 없는 설명은 둘 곱하기 다섯의 값이 항상 열인 것은 아니라고 말하는 것이다.

또 다른 예를 들어 보자. 유클리드의 삼각형인 것처럼 보이는 것의 내각을 측정한 결과 그 총합이 180도가 아니라고 한다면, 그 사례가 유클리드 삼각형의 내각의 합이 180도라는 수학적 명제를 부당하게 만든 것이라고 말하지 않는다. 우리는 측정을 잘못했거나, 보다 그럴듯하게는 우리가 측정하는 삼각형이 유클리드의 삼각형이 아니라고 말할 것이다. 이것이 수학적 진리가 반박될 수 있는 것처럼 보이는 모든 경우에서 우리가 해야 하는 것이다. 우리는 항상 그런 사례에 대하여 또 다른 설명을 택함으로써 그것의 타당성을 보존한다.

동일한 것이 형식논리학의 원리에도 적용된다. 우리는 하나의 명제는 참이거나 거짓이라는, 달리 말하면 한 명제와 그 명제의 모순명제 중에서 어느 것도 참이 아닐 수는 없다는 것을 말하는 이른바 배중률과 관련된 예를 들 수 있다. "x는 y하기를 그쳤다"는 형식의 명제는 어떤 경우에 배중률에 대한 예외가 된다고 말하는 사람이 있을 수 있다. 예를 들면, 만약 나의 친구가 나에게 전혀 편지를 쓴 적이 없다면 그가 나에게 편지쓰기를 그쳤다는 것은 참도 거짓도 아니라고 말하는 것이 당연한 것 같다. 그러나 우리는 실제로 그러한 예를 배중률을 부당하게 만드는 사례로 받아들이기를 거부한다. "나의 친구가 나에게 편지쓰기를 그쳤다"라는 명제는 단순명제가 아니라, "나의 친구가 과거에 나에게 편지를 썼다"라는 명제와 "나의 친구는 이제 나에게 편지를 쓰지 않는다"라는 명제의 연언임을 지적하고, 나아가서 "나의 친구가 나에게 편지쓰기를 그친 적이 없다" (*My friend has not stopped writing to me*) 는 명제는 "나의 친구는 나에게 편지쓰기를 그쳤다" (*My friend has stopped writing to me*) 는 명제에 대하여 외관상으로 모순명제 (*contradictory*) 인 것처럼 보이나 사실은 그렇지 않으며 단지 반대명제 (*contrary*) 일 뿐임을 지적할 것이다.[2] 왜냐하면 처음 문장은 "나의 친구는 나에게 과거에 편지를 썼고 여전히 나에게 편지를 쓰고 있다"는 것을

---

2) 〔옮긴이 주〕 두 명제가 모순이라 함은 두 명제의 진리값이 완전히 반대여서 동시에 참일 수도 동시에 거짓일 수도 없는 관계라는 뜻이다. 두 명제가 반대라 함은 두 명제가 동시에 참일 수는 없지만 동시에 반대일 수는 있는 관계라는 뜻이다.

의미하기 때문이다. 그러므로 우리가 "나의 친구가 나에게 편지쓰기를 그쳤다"와 같은 명제가 때때로 참도 거짓도 아니라고 말할 때, 우리는 정확하게 말하는 것이 아니다. 왜냐하면 그 명제와 그것의 모순명제가 어느 것도 참이 아니라고 말하는 것처럼 보이기 때문이다. 우리가 의미하는 것, 혹은 우리가 어떻든 의미해야 하는 것은 그 명제와 그것에 대한 모순명제처럼 보이는 명제는 그 어느 것도 참이 아니라는 것이다. 그리고 그 외견상 모순명제처럼 보인 명제는 실제로 반대명제일 뿐이다. 이렇게 우리는 한 문장의 부정이 항상 원래 표현된 명제의 모순명제를 만들어내는 것은 아니라는 것을 보임으로써 배중률을 보존한다.

더 이상의 예를 들 필요는 없다. 우리가 어떤 예를 들든지 논리적 원리와 수학적 원리가 반박되는 것처럼 보이는 상황들은 항상 그 원리가 손상되지 않고 보존되도록 설명될 수 있다는 것을 알게 될 것이다. 또한 이것은 밀이 수학적 진리가 전복되는 상황이 일어날 수 있다고 생각한 점에서 잘못임을 보여주는 것이다. 논리학과 수학의 원리들은 단순히 우리가 그렇지 않을 수 있음을 허용할 수 없기 때문에 보편적으로 참이다. 그리고 이것은 우리가 자기모순을 범하지 않고는 또 언어의 사용을 지배하는 규칙들을 위반하지 않고는, 또한 우리의 진술을 자가당착적으로 만들지 않고는 그 원리를 포기할 수 없기 때문이다. 다시 말해서 논리학과 수학의 진리들은 분석명제이고 동어반복이다. 우리가 이렇게 말하는 것은 매우 논의의 여지가 많은 주장을 하는 셈이고, 이제 우리는 그것의 의미를 명료하게 해야 할 것이다.

분석명제 혹은 칸트가 부르는 것처럼 분석판단의 가장 익숙한 정의는 칸트에 의해서 주어졌다. 그는 분석판단이란 그 판단의 술어 B가 그 판단의 주어 A의 개념에 분명하게 포함된 것으로써 주어 A에 속하는 판단이라고 말한다.[3] 그는 분석판단을 종합판단과 비교하는데, 종합판단은 그 술어 B가 그 주어 A와 상호관련되어 있기는 하지만 A의 밖에 놓여 있는 판단이다. 그는 분석판단이란 "주어의 개념에 술어를 통해서 어떤 것도 덧붙이지 않고, 단지 주어개념 안에서 생각될 수 있는 그 구성개념들로 그 주어의 개념을 비록 혼돈스러울지라도 분해할 뿐이다"고 설명한다. 칸트는 분석판단의 예로 "모든 물체는 연장을 갖는다"(*All bodies are extended*) 는 것을 제시하는데, 그것은 그 판단의 술어가 모순율에 따라 "물체"라는 개념으로부터 추출될 수 있기 때문이라는 것이다. 그는 또 종합판단의 예로 "모든 물체는 무겁다"(*All bodies are heavy*) 를 제시한다. 그는 또한 "7+5=12"를 종합판단으로 간주하는데, 그것은 7과 5의 합을 단순히 생각하는 데 12라는 개념이 결코 이미 사유되지 않기 때문이라고 설명한다. 그는 또 이렇게 설명하는 것을 그 판단은 모순율에만 의존하는 것이 아니라고 말하는 것과 같은 것으로 여기는 것처럼 보인다. 그는 종합판단과 달리, 분석판단을 통해서는 우리의 지식이 확장되지 않는다고 주장한다. 왜냐하면 분석판단에서는 "내가 이미 가지고 있는 개념이 나에게 제시되고 지각될 수 있게 만들어지는 것뿐이기 때문이다."

이상이 분석명제와 종합명제의 구별에 대한 칸트의 설명을 잘 요약한 것이라고 생각한다. 그러나 나는 그것이 두 명제에 대한 구별을 명료하게 하는 데 성공했다고 생각하지는 않는다. 왜냐하면 "개념"이라는 애매한 용어의 사용으로부터 발생하는 문제점과 모든 독일어나 영

---

3) I. Kant, *Critique of Pure Reason*, 2nd ed., Introduction, section iv~v.

어의 문장이나 판단이 주어와 술어를 갖는다는 보증되지 않은 가정으로부터 발생하는 문제점이 제거된다고 할지라도, 여전히 결정적 약점이 남아있기 때문이다. 칸트는 분석명제와 종합명제를 구분할 직접적인 하나의 기준을 제시하고 있지 않다. 그는 결코 동일하지 않은 2개의 기준을 제시하는 셈이다. 이미 살펴본 것처럼, 그는 "7+5"의 주관적 의미(*intension*)는 "12"의 주관적 의미를 포함하지 않기 때문에, "7+5=12"라는 명제는 종합명제라고 주장한다. 반면에 "모든 물체는 연장을 갖는다"는 명제는 오직 모순율에만 의존하기 때문에 그 명제는 분석명제라고 주장한다. 즉, 그는 첫 번째 예에서는 심리학적 기준을 사용하고, 두 번째에서는 논리적 기준을 사용하면서 그 둘의 동일성을 당연한 것으로 여긴다. 그러나 실제로 전자의 기준으로 종합적 명제가 후자의 기준에 따르면 분석적 명제가 될 수도 있다. 왜냐하면 이미 지적한 것처럼 2개의 기호가 누구에게도 동일한 내포적 의미를 갖지 않으면서 동의어 관계가 될 수 있기 때문이다. 따라서 12를 반드시 생각하지 않고 5와 7의 합을 생각할 수 있다는 사실로부터 "7+5=12"라는 명제가 자기모순 없이 부정될 수 있다는 것이 결코 따라나오지 않는다. 그의 논증의 나머지로부터, 칸트는 이러한 논리적 명제에 대해서 입증하려고 한 것이지 심리학적 명제를 입증하려고 한 것은 분명히 아니었다. 그가 심리학적 기준을 사용했기 때문에 그러한 명제를 입증하지 않으면서 그것을 입증했다고 생각하게 된다.

어떤 명제에 대해서 그것의 타당성이 전적으로 그 명제가 포함하는 기호의 정의에 의존할 때 그것은 분석명제이고 그것의 타당성이 경험적 사실에 의해서 결정될 때 종합명제라고 말한다면, 분석명제와 종합명제의 차이에 대한 칸트의 원래 설명을 훼손하는 혼동을 피하면서 그가 한 구별의 논리적 의미를 보존할 수 있으리라 생각한다. 그리하여 "노예제도를 형성한 개미들이 있다"는 명제는 종합명제이다. 왜냐하면 우리는 그 명제를 구성하는 기호의 정의를 고찰함으로써만으로는 그 명제의 참과 거짓을 말할 수 없기 때문이다. 우리는 개미의 행동에 대한 실제적 관찰에 의존해야만 한다. 한편으로는 "기생적 개미가 있거나 그런 개미는 없다"는 명제는 분석명제이다. 왜냐하면 기생적 개미가 있거나 없다는 것을 알기 위해서 관찰에 의존할 필요가 없기 때문이다. 우리가 "~이거나 혹은 …"(*either*~*or* …) 과 "~아니다"(*not*) 라는 단어의 기능을 안다면 "p가 참이거나 p가 참이 아니다"라는 형태의 명제는 경험과 상관없이 타당하다는 것을 알게 될 것이다. 따라서 그러한 명제는 모두 분석적이다.

"기생적 개미가 있거나 그런 개미는 없다"는 명제는 개미의 행태나 사실에 관한 어떤 정보도 제공하지 않는다는 사실에 주목해야 한다. 그리고 이것은 모든 분석명제에 적용된다. 그러한 명제는 사실에 관한 어떤 정보도 제공하지 않는다. 다시 말해서 그러한 명제들은 전적으로 사실에 관한 내용을 결여하고 있다. 이러한 이유 때문에 어떤 경험도 그러한 명제를 반증할 수 없는 것이다.

우리가 분석명제는 사실에 관한 내용을 결여하고 있고, 따라서 아무것도 말하지 않는다고 할 때, 우리는 그러한 명제가 형이상학적 진술이 무의미한 것처럼 무의미하다고 주장하는 것은 아니다.[4] 왜냐하

4) 〔옮긴이 주〕 이는 비트겐슈타인이 《논리철학 논고》에서 "뜻이 없는"(*senseless*)과 "무의미한"(*non-sense*) 을 구별한 것과 비슷한 지적이다. 즉, 논리적 진리인 동어반복이나 모순명제는 하나의 언어체계에서 필요한 것으로 무의미한 것은 아니지만, 세계에 대한 그림은 아니고 따라서 뜻을 상실한 문장이라고 말하고

면 그러한 명제가 우리에게 경험적 상황에 대하여 어떤 정보도 제공하지 않지만 그것들은 우리가 어떤 기호들을 사용하는 방법을 설명해 줌으로써 우리를 깨우쳐 주고 있기 때문이다. 그리하여 내가 "어떤 것도 자신의 동일한 부분에 동시에 다르게 채색될 수 없다"고 말한다면, 나는 어떤 현실적 사물의 성질에 대해서 말하는 것이 아니다. 그렇다고 내가 무의미한 것을 말하는 것도 아니다. 나는 주위의 색깔 범위와 질적으로 다른 색깔 범위를 주어진 사물의 다른 부분이라고 부른다는 우리의 기준을 알려주는 분석명제를 표현하는 것이다. 달리 말해서 나는 단순히 어떤 언어의 용법이 갖는 의미에 주의를 기울이는 것이다. 마찬가지로 모든 브르타뉴 사람은 프랑스 사람이라면, 그리고 모든 프랑스 사람이 유럽 사람이라면 모든 브르타뉴 사람은 유럽 사람이라고 말할 때 나는 어떤 사실을 서술하는 것이 아니다. 나는 모든 브르타뉴 사람은 프랑스 사람이고 모든 프랑스 사람은 유럽 사람이라는 진술에 모든 브르타뉴 사람은 유럽 사람이라는 진술이 내재적으로 포함되어 있다는 것을 보이는 것이다. 그것에 의해서 나는 "~이면"(*if*)과 "모든"(*all*)과 같은 단어의 용법을 지배하는 규약을 지적하는 것이다.

그렇다면 분석명제가 우리에게 어떤 의미에서 새로운 지식을 제공한다는 것을 알게 된다. 분석명제는 그것이 아니라면 우리가 의식하지 못할 수도 있는 언어의 용법에 주의를 기울이게 하고, 우리의 주장과 믿음에 포함된 예기치 않은 의미를 드러내준다. 그러나 우리는 다른 의미에서는 그 명제들이 우리의 지식에 어떤 것도 덧붙이지 않음도 또한 알 수 있다. 왜냐하면 그러한 명제는 우리에게 단지 우리가 이미 알

있다. 《논리철학 논고》 4.461~4.462 참고.

고 있다고 말할 수 있는 것만을 말하기 때문이다. 그리하여 내가 메이퀸의 존재가 나무숭배의 유물임을 알고 메이퀸이 영국에 여전히 존재함을 안다면 나는 "p가 q를 함축하고 p가 참이면 q가 참이다"는 동어반복을 사용하여 여전히 영국에 나무숭배의 잔재가 존재함을 보일 수 있다. 그러나 영국에 메이퀸이 여전히 있고 메이퀸은 나무숭배의 잔재라고 말할 때, 나는 이미 영국에 나무숭배의 잔재가 있다고 주장하는 것이다. 실제로 그러한 동어반복을 사용함으로써 이러한 감춰진 주장을 명백하게 할 수 있다. 그러나 메이퀸의 선출이 법으로 금지된 적이 있었다는 증거가 나에게 새로운 지식을 주는 것과 같이, 그 동어반복은 나에게 새로운 지식을 주지는 못한다. 우리가 사실에 관하여 갖는 모든 정보를 나열해야 한다면 우리는 어떤 분석명제도 쓰지 않을 것이다. 그러나 백과사전을 편찬할 때, 우리는 분석명제를 이용하고, 그렇지 않았다면 간과해버렸을 명제를 포함하게 된다. 분석명제의 정식화는 정보의 리스트를 완전하게 만들 수 있게 할 뿐만 아니라, 그 리스트를 구성하는 종합명제들이 무모순적 체계를 형성한다는 것을 확신할 수 있게 해준다. 어떤 명제의 결합방식이 모순을 초래하는가를 보여줌으로써 양립할 수 없는 명제를 포함하지 않도록 하며, 그 결과 그 리스트가 자기모순적이지 않도록 해준다. 그러나 실제로 자기모순에 빠지지 않고 "모든"과 "혹은", 그리고 "아니다"와 같은 단어를 사용하는 한, 이러한 논리적 요소들의 용법을 지배하는 규칙을 설명하는 분석명제를 정식화함으로써 드러나는 것은 우리가 이미 아는 것이라고 말할 수 있다. 그러므로 분석명제는 우리의 지식을 증가시켜 주지 않는다고 말하는 것은 정당화될 수 있다.

형식논리학의 진리가 갖는 분석적 특징은 전통논리학에서는 불충분하게 정식화되어서 분명하게 드러나지 않는다. '명제' 대신 항상 '판단'이라는 단어를 사용하고, 관련이 없는 심리학적 질문을 함으로써 전통논리학은 특별히 밀접하게 사유의 과정에 관심을 갖는 것 같은 인상을 준다. 논리학이 현실적으로 관심을 갖는 것은 집합의 형식적 관계인데, 그것은 모든 추론의 원칙들이 불(G. Boole)의 집합연산에 포함되고 또한 불의 집합연산은 러셀과 화이트헤드의 명제연산에 포함된다는 사실로 알 수 있다.[5] 《수학의 원리》에서 설명되는 체계에 따르면, 형식논리학은 인간정신의 속성에 관심을 갖지 않으며 더욱이 물질적 대상의 속성에도 관심을 갖지 않고, 다만 논리적 요소에 의해서 명제들을 분석명제로 결합하는 가능성과 이러한 분석명제들의 형식적 관계에 관심을 가지며, 그 관계에 의해서 하나의 명제가 다른 명제로부터 연역될 수 있는가와 같은, 그러한 관계를 연구하는 것에 관심을 갖는다. 그러한 과정은 형식논리학의 명제를 5개의 기본명제로 근거지우고, 이어서 하나의 기본명제로 환원되는 연역적 체계로 제시하는 것이다. 이렇게 해서 아리스토텔레스의 논리학에서 주장되었던 논리적 진리와 추론의 원리 사이의 차이는 적절하게 사라진다. 모든 추론의 원리는 논리적 참으로 제시되고 모든 논리적 참은 추론의 원리로 사용될 수 있다. 3개의 아리스토텔레스의 "사유법칙"— 동일률, 배중률, 그리고 무모순율 — 은 그 체계 내에 편입된다. 그러나 그러한 법칙이 다른 분석명제보다 더 중요한 것으로 간주되지는 않는다. 또한 그것들은 그 체계의 전제들로 간주되지도 않는다. 그리고 러셀과 화

5) Karl Menger, "Die Neue Logik," *Krise und Neuaufbau in den Exakten Wissenschaften*, pp. 94~96을 볼 것. 그리고 Lewis and Langford, *Symbolic Logic*, Chapter v.를 볼 것.

이트헤드의 체계는 그 자체로 많은 가능한 논리학 중 단지 하나일 뿐이고, 그 가능한 논리학 각각은 임의로 선택된 아리스토텔레스의 "사유법칙"처럼 논리학자에게 흥미로운 동어반복으로 구성된다.[6]

러셀이 그 점을 실제로 인식했다고 해도, 그는 모든 논리적 명제가 그 자체로 타당하다는 것을 충분하게 설명하지 않았다. 그러한 논리적 명제의 타당성은 그것이 그 체계에 편입되어 있다는 사실에 의존하지 않고, 그 타당성은 자명한 것으로 간주되는 어떤 명제들로부터 연역된다. 논리학의 체계를 건축하는 것은 분석명제를 발견하고 확증하는 수단으로써 유용하지만, 그것은 원칙적으로 이러한 목적을 위해서조차도 본질적인 것은 아니다. 왜냐하면 모든 분석명제가 그 형식 자체만으로 분석적인 것으로 보이게 할 수 있는 기호체계(*symbolism*)를 생각할 수 있기 때문이다.

어떤 분석명제의 타당성은 그 명제가 다른 분석명제로부터 연역될 수 있는가에 결코 의존하지 않는다는 사실 때문에, 러셀이 생각했던 것처럼, 우리는 수학의 명제가 형식논리학의 명제로 환원될 수 있는가라는 질문을 정당하게도 무시할 수 있다.[7] 왜냐하면 기수(*cardinal number*)를 하나의 주어진 집합과 유사한 집합의 집합으로 정의하는 것이 순환적이고 수학적 개념을 순수하게 논리적 개념으로 환원하는 것이 가능하지 않다고 할지라도, 수학의 명제들이 분석명제라는 것은 여전히 참으로 남아있을 것이기 때문이다. 수학의 명제들은 특별한

---

6) 이 점에 대해서 자세한 설명은 Lewis & Langford, *Symbolic Logic*, Chapter vii을 보라.

7) *Introduction to Mathematical Philosophy*, Chapter ii를 볼 것.

용어를 포함하는 분석명제의 특별한 집합을 구성한다. 그러나 그것들은 바로 그 이유 때문에 분석적이다. 왜냐하면 분석명제의 기준은 그것의 타당성이 단순히 그 명제에 포함되는 용어의 정의로부터 추론되어야 하기 때문이고, 순수수학의 명제들은 이 조건을 충족시키기 때문이다.

우리가 종합적이라고 가장 생각하기 쉬운 수학의 명제는 기하학의 명제들이다. 왜냐하면 칸트가 생각했던 것처럼 기하학은 물리적 공간의 성질에 대한 연구이고, 따라서 그것의 명제는 사실에 관한 내용을 갖는다고 생각하는 것이 당연해 보이기 때문이다. 그리고 우리가 이것을 믿으면서 기하학의 진리는 필연적이며 확실하다는 것을 인정한다면, 이러한 종합명제의 선험적 인식에 대한 유일하게 가능한 설명으로 공간은 우리의 외적 감성의 직관형식, 즉 감성의 내용에 대하여 우리가 부여하는 형식인 직관형식이라는 칸트의 가설을 받아들일 수도 있다. 유클리드의 기하학이 알려진 유일한 기하학이던 칸트의 시대에는 순수기하학이 물리적 공간에 관한 학문이라는 견해가 충분히 그럴듯하였겠지만, 계속된 비유클리드 기하학의 발견은 그것이 잘못임을 밝혀주었다. 우리는 이제 기하학의 공리는 단순히 정의이고 기하학의 정리는 단순히 이러한 정의의 논리적 귀결일 뿐임을 알고 있다.[8] 기하학은 그 자체로 물리적 공간에 관한 것이 아니다. 기하학은 그 자체로 어떤 것에 "관한" 것이 아니다. 그러나 우리는 기하학을 물리적 공간에 대해 추론하기 위해서 사용할 수 있다. 즉, 일단 우리가 물리적 해석에 그 공리들을 부여하면, 우리는 그 공리를 만족시키는

8) H. Poincaré, *La Science et l'Hypothése*, Part II, Chapter iii 참조.

대상들에 그 정리를 적용할 수 있게 된다. 기하학이 현실의 물리적 세계에 적용될 수 있는가 아닌가는 기하학 자체의 범위를 넘어서는 경험적 질문이다. 그러므로 우리에게 알려진 다양한 기하학들 중에 어떤 것이 거짓이고 어떤 것이 참인가를 묻는 것은 의미가 없다. 그 기하학들이 모순적이지 않는 한, 그것은 모두 참이다. 우리가 물을 수 있는 것은 그것 중에서 주어진 경우에 어떤 것이 가장 유용한가이며, 그것 중에서 어떤 것이 현실적 경험상황에 가장 쉽고 효과적으로 적용될 수 있는가이다. 그러나 어떤 기하학의 적용이 가능하다고 진술하는 명제는 그 기하학의 명제가 아니다. 그 기하학 자체에 대해서 우리는 그 기하학의 정의가 적용될 수 있는 것은 그 정리들도 만족시킬 것이라는 점만을 말할 수 있을 뿐이다. 그러므로 그것은 순수하게 논리적 체계이고, 그것의 명제들은 순수하게 분석적 명제들이다.

기하학적 연구에서 다이아그램이 이용되는 것은 기하학적 추론이 순수하게 추상적이며 논리적이 아니라 도형의 속성에 관한 우리의 직관에 의존하는 것이라고 반대할 수도 있다. 그러나 사실 다이아그램의 이용은 완전하게 엄격한 기하학에서는 본질적인 것이 아니다. 다이아그램은 우리의 추론에 대한 보조장치로 도입된 것이다. 다이아그램은 우리에게 그 기하학의 구체적 적용을 제공하며, 우리가 그 기하학의 공리들이 어떤 귀결을 수반하는지에 대한 보다 일반적인 진리를 지각하는 데 도움을 준다. 그러나 우리 대부분 그 결과를 인식하는 데 사례의 도움을 필요로 한다는 사실이 그 결과와 그 공리 사이의 관계가 순수하게 논리적 관계가 아니라는 것을 보여주는 것은 아니다. 그것은 단지 우리의 지능이 직관의 도움 없이 매우 추상적인 추론과정을 수행하는 일에 적합하지 않다는 것을 보여주는 것일 뿐이다. 다시 말해서 그것은 기하학적 명제의 본성과 어떤 관련도 없고, 단지 우리 자신에 대한 경험적 사실일 뿐이다. 더욱이 직관에 의존하는 것은 일반적으로 심리학적 가치를 갖지만 기하학자들에게는 위험의 원천이 된다. 기하학자는 자신의 공리로부터 추론되지는 않지만, 자신이 예로 삼은 구체적 도형에 관한 우연적으로 참인 가정을 하고 싶은 유혹을 받는다. 유클리드 자신이 이에 대한 잘못을 범했고 결과적으로 도형의 제시는 그의 증명 중의 일부에서는 본질적임이 밝혀졌다.[9] 이것은 그의 체계가 물론 그렇게 만들어질 수도 있지만, 그가 제시한 것처럼 완전하게 엄격하지 않다는 것을 보여주는 것이다. 그것은 또 도형의 제시가 참으로 엄격한 기하학적 증명에서 본질적이라는 것을 보여주는 것도 아니다. 그렇다고 가정하는 것은, 하나의 구체적 기하학체계에서만 유일하며, 또한 부수적 단점을 모든 기하학이 갖는 필연적 특성으로 간주하는 것이다.

그러므로 우리는 순수기하학의 명제가 분석적이라고 결론내린다. 그리고 이것은 우리에게 기하학이 우리의 외적 감성의 직관형식을 다루는 것이라는 칸트의 가설을 부정하게 한다. 왜냐하면 이러한 가설의 근거는 그 가설만이 기하학의 명제가 어떻게 선험적으로 참이며 동시에 종합적인가를 설명하기 때문이라는 것이다. 마찬가지로 대수학의 명제들은 종합적이 아니라 분석적이라는 우리의 견해는 우리에게 대수학은 시간이라는 우리의 순수 직관형식에 관한 것이라는 칸트의 가설을 거부하게 한다.[10] 그리하여 우리는 칸트의 선험적 감성론이

9) M. Black, *The Nature of Mathematics*, p. 154 참조.

10) 이 가설은 《순수이성비판》에서는 언급되지 않았지만, 칸트가 초기에 주장했던

일반적으로 포함한다고 말하는 인식론적 어려움을 초래하지 않으면서 그의 선험적 감성론을 거부할 수 있게 된다. 왜냐하면 칸트의 이론으로만 어떤 "사실들"을 설명할 수 있다는 것이 그의 이론을 지지하기 위해서 제시될 수 있는 유일한 논증이기 때문이다. 그리고 이제 우리는 그것이 설명하고자 했던 "사실들"은 결코 사실이 아니라는 것을 알게 되었다. 왜냐하면 우리는 필연명제의 선험적 인식을 가질 수 있다는 것은 참인 반면, 칸트는 그렇게 생각했지만 이러한 필연명제 중에 어떤 것은 종합적이라는 것은 사실이 아니기 때문이다. 필연명제는 예외 없이 분석명제이고, 달리 말하면 동어반복이다.

어떻게 이러한 분석명제가 필연적이며 확실한가는 이미 설명했다. 그 명제들이 경험으로 반박될 수 없는 이유는 그것들이 경험세계에 대한 아무런 주장도 하고 있지 않기 때문이라는 것도 보았다. 그것들은 단순히 특정한 방식으로 단어를 사용하는 우리의 결정을 기록하는 것이다. 우리는 부인에 의해서 이미 전제된 규약을 침해하지 않고는, 따라서 자기모순에 빠지지 않고는 그것들을 부인할 수 없다. 이것이 그 명제들의 필연성의 유일한 근거이다. 비트겐슈타인이 지적한 것처럼, 세계가 논리학의 법칙을 따르지 않을 수 없다는 우리 주장의 정당성은 단순히 우리가 비논리적 세계에 대해서 그것이 어떤 모습일지에 대해서 말할 수 없다는 데에 있다.[11] 그리고 분석명제의 타당성이 외부세

것이다.

11) 비트겐슈타인 *Tractatus Logico-Philosphicus*, 3.031.
〔옮긴이 주〕 비트겐슈타인의 《논리철학 논고》 3.031은 다음과 같다.
"사람들은 일찍이 논리법칙에 반하는 것만 제외한다면 신은 모든 것을 창조할 수 있노라고 말했다. 요컨대, 우리는 '비논리적' 세계에 관해서는 그 세계가

계의 본성과 무관한 것처럼 그것은 우리 정신의 본성과도 무관하다. 우리가 현실에서 사용하는 것과 다른 언어적 규약을 사용할 수도 있다는 것은 충분히 상상가능하다. 그러나 이러한 규약이 무엇이든지, 그 규약을 기록하는 동어반복들은 항상 필연적일 것이다. 왜냐하면 그것들에 대한 부정은 자기논박적 자가당착이 될 것이기 때문이다.

논리학과 수학의 필연적 확실성에 신비스러운 것은 아무것도 없다는 것을 알게 되었다. 마치 모든 안과의사는 눈 의사라는 우리의 지식이 "눈 의사"라는 기호와 "안과의사"가 동의어라는 사실에 의존하듯이, 어떤 관찰도 "7+5=12"라는 명제를 반박할 수 없다는 우리의 지식은 단순히 "7+5"라는 기호표현이 "12"와 동의어라는 사실에 의존한다. 그리고 동일한 설명이 다른 모든 선험적 진리에 적용된다.

일견했을 때 신비로운 점은 수학과 논리학에서 발명과 발견의 가능성이 있어서 이러한 동어반복이 때때로 매우 놀랍게 여겨진다는 점이다. 푸앵카레는 다음과 같이 말한다. "수학이 제시하는 모든 주장이 형식논리학에 의해서 서로 추론될 수 있다면 수학은 엄청난 동어반복 이상 어떤 것도 아니다. 논리적 추론은 우리에게 본질적으로 새로운 것을 가르쳐 주지 않는다. 만약 모든 것이 동일률로부터 추론되어야 한다면 모든 것은 그것으로 환원될 수 있어야 할 것이다. 그러나 우리는 정말로 그렇게 많은 책을 채우는 정리들이 'A=A'를 에둘러서 표현하는 것 이상의 어떤 목적에도 사용될 수 없다는 것을 인정할 수 있을까?"[12] 푸앵카레는 이것을 믿을 수 없는 것이라고 생각한다. 그의 이

어떻게 보일지 말할 수 없을 것이다."

12) 푸앵카레, *La Science et L'Hypothese*, Part I, Chapter i.

론은 수학에서의 발명과 발견의 의미가 수학적 귀납법에 의해서, 즉 수 1에 대해서 참이고, 수 n에 대해서 참일 때 수 (n+1)에 대해서도 참인 것은 모든 수에 대해서 참이라는 원리인 수학적 귀납법에 의해서, 수학에 속한다는 것이다. 그리고 그는 이것은 종합적이며 선험적인 원리라고 주장한다. 그것은 사실 선험적이지만 종합적이지는 않다. 그것은 자연수를 수학적 귀납법이 적용될 수 없는 무한기수(*infinite cardinal numbers*)와 같은 수와 구별하는 데 도움이 되는 자연수에 대한 정의적 원리이다.[13] 더욱이 우리는 대수에서뿐만 아니라 수학적 귀납법이 이용되지 않는 기하학과 논리학에서도 발견이 있을 수 있다는 것을 기억해야 한다. 그러므로 푸앵카레가 수학적 귀납법에 대해서 옳은 주장을 했다고 할지라도, 그는 어떻게 단순한 동어반복의 집합이 그렇게 흥미롭고 놀라울 수 있는가라는 역설에 대해 만족스럽게 설명하지 못하고 있다.

이에 대해서는 간단하게 올바른 설명을 할 수 있다. 논리학과 수학이 우리를 놀라게 하는 힘은, 그것들의 유용성처럼 우리 이성의 한계 때문이다. 자신의 지능이 무한하게 강력한 존재는 논리학과 수학에 어떤 흥미도 갖지 않을 것이다.[14] 왜냐하면 그는 모든 것을 보자마자 그의 정의가 함축하는 것을 알 것이고, 따라서 그가 이전에 완전하게 인식하지 않은 논리적 추론으로부터 아무것도 배울 수 없기 때문이다. 그러나 우리의 지능은 그렇지 못하다. 우리가 일견하자마자 알 수 있

13) 러셀, *Introduction to Mathematical Philosophy*, Chapter iii, p. 27 참조.

14) 한스 한(Hans Hahn)의 "Logik, Mathematik und Naturerkennen," *Einheitwissenschaft*, Heft II, p. 18, "Ein allwissendes Wesen braucht keine Logik und keine Mathematik," 참조.

는 것은 우리의 정의의 귀결 중에서 아주 작은 부분일 뿐이다. "91×79=7, 189"와 같은 간단한 동어반복조차도 우리의 즉각적 이해의 범위를 넘는다. "7, 189"가 "91×79"와 동의어라는 것을 확신하기 위해서 우리는 단순히 동어반복적 변형과정, 즉 그 의미를 변화시키지 않고 표현의 형태를 바꾸는 과정인 연산에 의존해야 한다. 마치 논리학의 법칙이 논리적 기호나 일상언어로 표현된 문장을 동어반복적으로 변형시키는 규칙처럼, 구구셈표는 대수에서 이러한 과정을 수행하기 위한 규칙이다. 연산과정이 다소 기계적으로 수행되기 때문에 실수를 하고 불식간에 모순을 범하기가 쉽다. 그리고 이것은 이러한 설명이 아니라면 역설적인 것처럼 보일 논리적 "거짓"과 수학적 "거짓"이 존재하는 이유를 설명해 준다. 분명히 논리적 추론에서 실수할 위험은 연산과정의 길이와 복잡성에 비례한다. 마찬가지로 분석명제가 복잡하면 할수록 그만큼 우리의 흥미를 끌고 놀라게 할 가능성이 많다.

논리적 추론에서 실수할 위험은 매우 복잡한 동어반복을 편리하게 단순한 형태로 표현하게 하는 기호적 고안을 도입함으로써 최소화할 수 있다는 것을 쉽게 알 수 있다. 그리고 이것은 논리적 탐구에서 발명의 연습을 위한 기회를 제공한다. 왜냐하면 잘 선택된 정의는 그것이 아니었더라면 놓쳐버렸을 분석적 진리에 주의를 기울이게 해주기 때문이다. 그런 점에서 유용하고 효과적인 정의를 만드는 것은 창조적 활동으로 간주될 수도 있다.

수학과 논리학의 진리는 모두 분석적이라는 견해와 관련하여 설명할 수 없는 어떤 역설도 없다는 것을 보였기 때문에, 우리는 그것을 안전하게 그 명제의 선험적 필연성에 대한 유일하게 만족스런 설명으로 삼을 수 있다. 그리고 그렇게 할 때 우리는 어떤 실체에 관한 선험적 지식도 있을 수 없다는 경험론의 주장을 옹호하는 것이다. 왜냐하면 우리는 순수이성의 진리, 즉 우리가 모든 경험과 상관없이 타당하다고 아는 명제는 사실적 내용을 결여한다는 점에서만 그렇기 때문이다. 하나의 명제가 선험적으로 참이라고 말하는 것은 그것이 동어반복이라고 말하는 것이다. 그리고 비록 동어반복은 지식을 위한 경험적 탐구에서 우리를 인도하는 데 도움이 된다고 할지라도, 그것은 그 자체로는 사실에 관한 어떤 정보도 포함하고 있지 않다.

제 5 장 진리와 개연성

선험명제의 타당성이 어떻게 결정되는가를 보았으므로, 우리는 이제 경험명제의 타당성을 결정하기 위해 사용될 기준을 제시할 것이다. 이런 식으로 우리는 진리론을 완성하게 될 것이다. 왜냐하면 "진리론"(*theory of truth*)의 목적은 단순히 여러 종류의 명제들의 타당성이 결정되는 기준을 서술하는 것이라는 것을 쉽게 알 수 있기 때문이다. 또한 모든 명제는 경험적이거나 선험적이기 때문에, 그리고 우리는 이미 선험명제는 다루었기 때문에 이제 진리론을 완성하기 위해서 필요한 것은 경험명제의 타당성을 결정하는 방법을 제시하는 것이다. 이제 우리는 이것을 계속할 것이다.

그러나 먼저 우리는 아마도 "진리론"의 목적이 단지 명제가 어떻게 타당하게 되는가를 보이는 것일 뿐이라는 가정을 정당화해야 할 것이다. 왜냐하면 일반적으로 "진리"에 관심을 갖는 철학자의 일은 "진리란 무엇인가?"라는 질문에 대답하는 것이고, 당연하게 "진리론"을 구성한다고 말하는 것은 유일하게 이 질문에 대하여 대답하는 것이라고 생각되기 때문이다. 그러나 이 유명한 질문이 실제로 함축하는 것을 생각해 보면 그것은 어떤 진짜 문제를 제기하는 질문이 아니며, 따라서 어떤 이론도 그 질문을 다루도록 요청될 수 없다는 것을 알게 된다.

우리는 이미 "x의 본성이 무엇인가"와 같은 형식의 질문들은 모두 어떤 기호의 사용상의 정의를 묻는 것이고, 기호 x의 사용상의 정의를 묻는 것은 x가 나타나는 문장이 어떻게 x나 x의 동의어를 포함하지 않는 동치인 문장으로 번역될 수 있는가를 묻는 것임을 지적했다. 이것을 "진리"의 경우에 적용하면, "진리란 무엇인가"라고 묻는 것은 "(명제) p는 참이다"는 문장에 대한 그러한 번역을 요구하는 것이라는 것을 알게 된다.

우리는 참 혹은 거짓이라고 말할 수 있는 것이 명제뿐만 아니라 진술, 주장, 판단, 그리고 가정과 의견 및 믿음도 있다는 사실을 무시하고 있다고 비판될 수도 있다. 그러나 이에 대한 대답은 하나의 믿음, 진술, 판단이 참이라고 말하는 것은 믿어지고, 진술되며, 판단되는 명제에 참을 부여하는 생략된 화법이라고 말하는 것이다. 그리하여 내가 자본주의는 전쟁으로 통한다는 맑스주의자들의 믿음이 참이라고 말한다면, 내가 말하는 것은 맑스주의자들에 의해서 믿어진 명제, 자본주의는 전쟁으로 통한다는 명제가 참이라는 것이다. "의견"이나 "가정" 혹은 위의 목록의 어떤 다른 단어든지 "믿음"이라는 단어를 대신할 수 있다면 이 설명은 타당하다. 더욱이 우리는 이러한 주장에 의해서 명제는 실재하는 존재자라는 형이상학적 주장을 하고 있지 않다는 것을 분명히 해야 한다.[1] 집합을 논리적 구성물의 한 종(種)으로 간주하기 때문에, 명제를 그것을 이해하는 모든 사람에게 내포적 의미가 동일한 문장의 집합이라고 정의할 수 있다. 그래서 "I am ill"이나 "Ich bin krank." "Je suis malade"와 같은 문장들은 "나는 아프다"라는 명제의 원소들이다. 앞에서 논리적 구성물에 대해서 말했던 것은 우리가 하나의 명제를 문장들의 모임이라고 주장하지 않고, 오히려 마치 문장들에 대해서 말하는 것이 이러한 용법에서 특정한 기호들에 대해서 말하는 방식인 것처럼, 하나의 명제에 대해서 말하는 것은 어떤 문장들에 대해서 말하는 방식이라고 주장하고 있다는 것을 분명하게 해준다.

진리에 대한 분석으로 돌아가자. "p는 참이다"와 같은 형태의 모든 문장들에서 "참이다"는 구절은 논리적으로 잉여적이라는 것을 알 수 있다. 예를 들면, "앤 여왕은 죽었다"는 명제가 참이라고 말하는 것은, 앤 여왕이 죽었다고 말하는 것일 뿐이다. 마찬가지로 "옥스퍼드는 영국의 수도다"는 명제는 거짓이라고 말할 때, 우리는 옥스퍼드가 영국의 수도가 아니라는 것을 말하고 있을 뿐이다. 즉, 하나의 명제가 참이라고 말하는 것은 단순히 그 명제를 주장하는 것이고, 그 명제가 거짓이라고 말하는 것은 단순히 그것의 모순명제를 주장하는 것이다. 이것은 "참이다"와 "거짓이다"는 용어가 아무것도 가리키지 (*connote*) 않고 그 문장에서 단순히 주장과 부인의 기호로 작용함을 보여주는 것이다. 그럴 경우에 "진리"라는 개념을 분석하도록 요청하는 것은 아무런 의미도 없다.

이 점은 거의 언급의 여지가 없을 만큼 분명한 것 같다. 그럼에도 철

---

1) 이 주장에 대한 비판을 위해서는 라일(G. Ryle)의 "Are there propositions?" *Aristotelian Society Proceedings*, 1929~1930을 볼 것.

학자들이 "진리의 문제"에 몰두하는 것은 그들이 이 점을 간과했다는 것을 보여주는 것이다. 그들의 변명은 진리에 대한 언급은 그 문장의 문법적 형태가 "참이다"는 단어가 진짜 성질이나 관계를 가리킨다고 주장하는 문장에서 나타난다는 것이다. 이러한 문장에 대한 피상적 고찰은 우리로 하여금 "진리란 무엇인가"라는 질문에 "p는 참이다"는 문장의 분석에 대한 요구 이상의 무엇이 있다고 생각하게 한다. 그러나 문제의 문장들을 분석해 보면 그 문장들은 "p는 참이다"나 "p는 거짓이다"는 형태의 하위문장들(*sub-sentences*)을 포함하고 있고, 이 하위문장들을 명백하게 하여 그 문장을 번역하면 그 문장은 진리에 대한 어떤 언급도 포함하지 않음을 항상 알게 된다. 2개의 전형적 예를 들어 보자. "명제는 믿음으로써 참이 되지 않는다"는 문장은 "p와 x의 어떤 값에 대해서도, 'p가 참이다'는 'x가 p를 믿는다'에 의해서 함축되지 않는다"와 동치이다. 그리고 "진리는 때때로 허구보다 더욱 낯설다"(*Truth is sometimes stranger than fiction*)는 명제는 "p가 참이고 q는 거짓이며, p가 q보다 더욱 이상한 그러한 p와 q에 해당하는 것이 있다"와 동치이다. 우리가 다루고자 하는 다른 예도 같은 결과를 낳을 것이다. 모든 경우에서 문장의 분석을 통해서 우리는 "진리란 무엇인가"라는 질문이 "'p는 참이다'는 문장분석은 무엇인가"라는 질문으로 환원된다는 가정을 확증해 줌을 알게 될 것이다. 그리고 p가 참이라고 말하는 것은 단순히 p를 주장하는 하나의 방법일 뿐임을 보였기 때문에, 이 질문이 아무런 진짜 문제도 야기하지 않는다는 것은 명백하다.[2)]

---

2) F. P. Ramsey, "Facts and Propositions," *The Foundations of Mathematics*, pp. 142~143 참조.

〔옮긴이 주〕 위에서 설명하는 진리론을 "진리잉여설"(*redundancy theory of*

그러므로 일반적으로 생각되었던 것 같은 진리에 관한 진짜 문제는 없다고 결론내린다. 진리를 "실재하는 성질" 혹은 "실재하는 관계"로 규정하는 전통적 생각은 대부분의 철학적 오류처럼, 문장을 정확하게 분석하지 못해서 발생한 것이다. 위에서 우리가 방금 분석했던 2개의 문장과 같이 "참"이라는 단어가 실재하는 어떤 것을 지시하는 것처럼 보이는 문장이 있다. 그리고 이것은 사변철학자들에게 이러한 "무엇"이 무엇인가에 대해서 탐구하게 한다. 그러나 그들의 〔이러한〕 질문 자체가 부당하기 때문에 당연히 그들은 만족스런 대답을 얻지 못한다. 왜냐하면 우리의 분석은 그러한 질문이 요청하는 것과 달리, "진리"라는 단어는 어떤 것도 지시하지 않음을 보여주기 때문이다.

그러므로 모든 진리론이 "진리"라는 단어가 순진하게 가리킨다고 여겨지는 "실재하는 성질"이나 "실재하는 관계"에 관한 이론이라면 그것은 모두 무의미한 것일 뿐이다. 그러나 사실 그 이론들은 대개의 경우 전적으로 다른 종류의 것이다. 그 이론의 주장자들이 논의하고 있다고 생각하는 질문이 무엇이든지 간에, 그들이 실제로 논의하는 것은 대개의 경우 "무엇이 하나의 명제를 참으로 만드는가?"라는 질문이다. 그리고 이것은 "어떤 명제 p에 대하여 p인(p가 참인) 조건은 무엇이며 not-p인(p가 거짓인) 조건은 무엇인가?"라는 질문을 엉성하게 표현하는 것이다. 달리 말해서 그것은 어떻게 명제들이 타당하게 되는가를 묻는 방식이다. 그리고 이것은 우리가 진리개념분석에 관한 일탈이 어

---

truth)이라고 한다. 대표적인 사람은 램지이고, 이 잉여설이 발전하여 콰인의 "진리 탈인용부호이론", 그리고 그로버의 "진리 대문장이론", 그리고 소옴즈나 호르위치의 최소주의 진리론 등의 수축적 진리론(*deflationary theory*)이 등장하게 된다.

떻게 일어나는가를 논의할 때 고려하는 문제이기도 하다.

우리가 "어떻게 명제들이 타당하게 되는가?"를 보이고자 한다고 말할 때, 우리는 물론 모든 명제가 같은 방식으로 타당하게 된다고 주장하는 것은 아니다. 반대로 우리는 선험명제 혹은 분석명제의 타당성을 결정하는 기준은 경험명제 혹은 종합명제의 타당성을 결정하기에 충분하지 않다는 사실을 강조할 것이다. 왜냐하면 경험명제의 타당성은 순수하게 형식적이지 않은 특성을 갖기 때문이다. 기하학의 명제나 기하학의 명제체계가 거짓이라고 말하는 것은 그것이 자기 모순적이라고 말하는 것이다. 그러나 하나의 경험명제나 경험명제들로 이뤄진 체계는 모순으로부터 자유로울 수 있으며 동시에 거짓일 수 있다. 그것은 형식적으로 결함이 있기 때문이 아니라, 어떤 실질적 기준을 만족시키지 못하기 때문에 거짓이라고 말한다. 그리고 이 기준이 무엇인가를 밝히는 것이 우리의 과제인 것이다.

지금까지 우리는 경험명제가 비록 선험명제와 타당성을 증명하는 방법에서 다르지만, 다른 경험명제들과는 이 점에서 다르지 않다고 가정했다. 모든 선험명제가 같은 방식으로 타당함을 알게 되었기 때문에, 우리는 이것이 경험명제에도 적용된다는 것을 당연시했다. 그러나 대부분의 다른 점에서는 우리에게 동의하는 많은 철학자들이 이 점에 대해서 도전을 했다.[3] 그들은 경험명제들 중에는 즉각적 경험을 직접 기록한 명제가 있고, 그러한 명제는 바로 그 사실로부터 타당성을 증명할 수 있는 특별한 종류의 명제라고 말한다. 그들은 이러한 "직

3) 예컨대, M. Schlick, "Über das Fundament der Erkenntnis," *Erkenntnis*, Band IV, Heft ii와 "Facts and Propositions," *Analysis*, Vol. II, No. 5; 그리고 B. von Juhos, "Empiricism and Physicalism," *Analysis*, Vol. II, No. 6.

시적 명제"(*ostensive proposition*)라고 부를 수 있는데, 그들은 이러한 명제를 단순히 가설일 뿐만 아니라 절대적으로 확실하다고 주장한다. 왜냐하면 그러한 명제들은 순수하게 증명적(*demonstrative*)이라고 생각되고, 따라서 그 이후의 어떤 경험에 의해서도 반박될 수 없기 때문이다. 이러한 견해에서 그러한 명제들은 유일하게 확실한 경험명제이다. 나머지 경험명제는 그 타당성을 직시적 명제와의 관계로부터 추론하는 가설이다. 왜냐하면 그러한 명제의 개연성은 그로부터 연역될 수 있는 그 직시적 명제의 빈도와 다양성에 의해서 결정되기 때문이다.

순수하게 직시적이 아닌 종합명제는 어느 것도 논리적으로 의심될 수 없는 것이 아니라는 것은 더 이상의 논란 없이 당연하게 받아들일 수 있다. 우리는 어떤 종합명제가 순수하게 직시적일 수 있다는 것을 받아들일 수 없다.[4] 왜냐하면 직시적 명제의 개념은 용어상 모순을 내포하는 것처럼 보이기 때문이다. 그것은 순수하게 증명적 기호들로 구성되고 동시에 지각될 수 있는 문장이 있을 수 있다는 것을 함축한다. 이것은 논리적으로 가능하지 않다. 증명적 기호들로 구성된 문장은 진짜 명제를 표현하지 않는다. 그것은 단순한 발성에 지나지 않으며 그것이 지시한다고 생각되는 것의 특성을 결코 묘사하지 않는다.[5]

사실 우리는 언어로 어떤 대상을 기술하지 않고는 그것을 지시할 수 없다. 어떤 문장이 하나의 명제를 표현한다면 그것은 어떤 상황을 단

---

4) Rudolf Carnap, "Über Protokolsätze," *Erkenntnis*, Band III, Otto Neurath, "Protokolsätze," *Erkenntnis*, Band III, "Radikaler Physikalismus und Wirkliche Welt," *Erkenntnis*, Band IV, Heft V, Carl Hempel, "On the Logical Positivists' Theory of Truth," *Analysis*, Vol. II, No. 4를 볼 것.

5) 이 문제는 서론의 pp. 27~28에서 다시 다루고 있다.

순히 이름할 수는 없고, 그것에 대하여 무엇인가를 말해야 한다. 그리고 하나의 상황을 기술할 때, 우리는 단순히 하나의 감각내용을 "등록하는"(*registering*) 것이 아니라 어떤 방식으로든 분류한다. 그리고 이것은 즉각적으로(*immediately*) 주어지는 것을 넘어선다는 것을 의미한다. 그러나 어떤 명제가 직시적이라는 것은 그 명제가 즉각적으로 경험된 것을 넘어 어떤 것도 지시하지 않고 즉각적 경험만을 기록한다는 것이다. 이것이 가능하지 않기 때문에, 결론적으로 어떤 진짜 종합명제도 직시적일 수 없으며, 따라서 어떤 종합명제도 절대적으로 확실하지 않다.

따라서 우리는 어떤 직시적 명제도 표현될 수 없을 뿐만 아니라, 어떤 직시적 명제가 표현되어야 한다고 생각할 수도 없다고 주장한다. 어떤 직시적 명제도 표현될 수 없다는 것은 그 존재를 믿는 사람들조차도 받아들일 수 있다. 그들은 현실활동에서 결코 즉각적으로 제시되는 감각내용의 성질을 기술하는 데 그치지 않고, 항상 그 감각내용이 마치 물질적 대상인 것처럼 다룬다는 것을 인정할 수도 있다. 그리고 우리가 물질적 대상에 대해 일상적 판단을 하는 명제는 명백하게 직시적이지 않다. 왜냐하면 그러한 명제들은 일련의 무한한 현실적, 그리고 가능적 감각내용을 지시하기 때문이다. 그러나 지각적 판단을 표현하지 않고 단순히 감각내용의 성질을 기술하는 명제를 구성하는 것은 원칙적으로 가능하다. 이러한 인공적 명제는 정말로 직시적이라고 주장된다. 우리가 말했던 것으로부터 이 주장이 정당화될 수 없다는 것을 분명히 해야 한다. 이 점에 대해서 어떤 의심이 남아있다면 예를 이용해서 그 의심을 제거할 수 있다.

내가 "이것은 하얗다"라는 명제를 주장한다고 생각해 보자. 그리고 내가 사용한 단어들은 일반적으로 그렇듯이 어떤 물질적 대상을 지시하는 것이 아니라 감각내용을 지시하는 것이라고 가정해 보자. 그러면 이 감각내용에 대해서 내가 말하는 것은 그것이 나에게 "하양"을 구성하는 감각내용의 집합의 한 원소라는 것이다. 혹은 달리 말해서 그것은 어떤 감각내용과, 즉 내가 하양이라고 불러야 하고 또 실제로 불렀던 감각내용과 색깔에서 비슷하다는 것이다. 그리고 나는 또한 그것이 다른 사람에게 "하양"을 구성해 주는 감각내용과 어떤 방식으로 대응한다고 말하고 있다고 생각한다. 그래서 내가 비정상적 색깔감각을 가지고 있음을 알게 되면 문제의 감각내용은 하양이 아니라는 것을 인정하게 될 것이다. 우리가 다른 사람에 대한 언급을 배제한다고 할지라도, 나의 감각내용의 분류가 잘못되었다고 생각하게 해줄 수 있는 상황을 얼마든지 생각할 수 있다. 예를 들면, 내가 어떤 성질의 감각내용을 감각할 때마다 내가 두드러지게 분명한 신체적 운동을 한다는 것을 알았을 수 있다. 내가 그러한 성질을 가졌다고 주장한 감각내용이 주어졌는데, 때때로 내가 그 감각내용과 연관시켰던 신체적 반응을 하지 않을 수도 있다. 그럴 경우에 나는 아마도 그 성질의 감각내용이 항상 그러한 신체적 반응을 불러일으킨다는 가설을 포기해야 할 것이다. 그러나 논리적으로 그 가설을 반드시 포기해야 하는 것은 아니다. 만약 그것이 더 편리하다고 생각되면, 내가 그 반응을 보지는 못했지만 내가 정말로 그 반응을 했다고 가정함으로써 또는 내가 그 감각내용이 갖는다고 주장했던 성질을 그 감각내용이 갖지 않는다고 가정함으로써 나는 그 가설을 지킬 수 있다. 이러한 주장은 가능한 것이고, 거기에 어떤 논리적 모순도 포함되어 있지 않다는 사실은 주어진 감각내용의 성질을 묘사하는 명제들이 다른 경험명제가 정당하게 의심될 수 있는 것처럼 의심될 수 있음을 입증한다.[6] 그리고 직시적 명제는 정당하게 의심될 수 없기 때문에 이로부터 그러한 명제는 직시적 명제가 아니라는 것을 알 수 있다. 그러나 주어진 감각내용의 현실적 성질을 묘사하는 명제들이 직시적 명제의 예로서 그 존재를 믿는 사람들이 과감하게 제시한 유일한 예이다. 그러므로 이러한 명제들이 직시적이 아니라면 직시적 명제는 없다는 것이 확실하다.

내가 직시적 명제의 가능성을 부인할 때, 물론 우리의 감각경험의 각각에 정말로 "주어진" 요소가 있다는 것을 부인하는 것은 아니다. 또한 우리의 감각이 그 자체로 의심될 수 있다고 주장하는 것도 아니다. 실제로 그러한 주장은 무의미할 것이다. 감각은 의심되거나 의심될 수 없는 그런 종류의 것이 아니다. 감각은 단순히 발생한다. 의심할 수 있는 것은 주어진 감각내용의 성질을 기술하는 명제이고, 어떤 감각내용이 발생했다고 주장하는 명제이며, 우리의 감각을 지시하는 명제들이다. 이러한 종류의 명제와 감각 자체를 동일시하는 것은 분명히 엄청난 논리적 실수일 것이다. 그러나 나는 직시적 명제가 있다고 주장하는 것은 암묵적으로 그러한 동일시의 결과라고 생각한다. 그것을 달리 설명하기는 어렵다.[7]

---

6) 물론 "직시적 명제"의 존재를 믿는 사람들이 "이것은 하얗다"와 같은 명제가 그것의 형태만으로 타당하게 된다고 주장하지는 않는다. 그들이 주장하는 것은 내가 현실적으로 하얀 감각내용을 경험하고 있을 때 "이것은 하얗다"는 명제는 객관적으로 확실한 것으로 간주할 수 있다는 것이다. 그러나 그들이 내가 하얀 어떤 것을 보고 있을 때 나는 하얀 어떤 것을 보고 있다는 사소한 동어반복을 주장할 뿐임을 의미하는 것이 정말로 사실일 수 있는가? 다음의 각주를 보라.

7) 그 이후에 직시적 명제를 주장하는 것은 "p가 p를 함축하는 것은 확실하다"는 명제와 — 즉, 예를 들면 "내가 고통중에 있다면 나는 고통중에 있다는 것은 확

그러나 우리는 이러한 잘못된 철학적 주장의 기원에 대해 생각하면서 시간을 낭비하지 않을 것이다. 그러한 질문은 역사가들에게 남겨질 수도 있다. 우리의 임무는 그 주장이 잘못임을 보이는 것인데, 우리는 지금까지 그 일을 했다고 정당하게 주장할 수 있다. 이제 절대적으로 확실한 경험명제는 없다는 것을 분명히 해야 한다. 확실한 것은 오직 동어반복일 뿐이다. 경험명제는 모두 현실적 감각경험으로 확증되거나 반박될 수 있는 가설이다. 이러한 가설을 검증할 관찰을 기록하는 명제들은 그 자체로 또 다른 감각경험의 검사를 받아야 하는 가설이다. 그리하여 최종적 명제란 없다. 우리가 가설을 검증하기 시작할 때, 그 순간에 우리를 만족시키는 관찰을 할 수 있다. 그러나 바로 다음 순간 우리는 그 관찰이 정말로 있었는가를 의심할 수 있고, 그 명제를 다시 확증하기 위해서 새로운 검증과정을 요구할 수도 있다. 그리고 논리적으로 이러한 절차가 무한하게 계속되지 않아야 할 이유도 없다. 이러한 과정에서 각각의 검증활동은 우리에게 새로운 가설을 제공하고, 차례로 그 가설은 더 많은 일련의 검증활동의 원인이 된다. 실천적으로 우리는 어떤 형태의 관찰은 신뢰할 만하다고 생각하고, 그러한 관찰을 발생시킨 가설들은 검증의 과정을 시작할 필요 없이 인정한다. 그러나 우리가 이렇게 하는 것은 논리적 필연성에 의해서가 아니라, 순수하게 실용적 동기 때문인데, 그것의 본성은 곧 설명될 것이다.

실하다"와 같은 동어반복명제—"p는 p가 확실함을 함축한다"는 명제—"내가 고통중에 있다면 내가 고통중에 있다는 것은 확실하다"와 같은 일반적으로 거짓 명제와의 혼동 때문일 수 있다는 생각을 갖게 되었다. 나의 논문 "The Criterion of Truth," *Analysis*, Vol. III nos. 1과 2를 보라.

가설이 경험적으로 검증된다고 말할 때, 하나의 관찰이 확증하거나 반박하는 것은 하나의 가설이 아니라 항상 가설의 체계라는 것을 기억하는 것이 중요하다. 어떤 과학적 "법칙"의 타당성을 조사하기 위해서 하나의 실험을 고안했다고 가정하자. 그 법칙은 어떤 조건에서 어떤 형태의 관찰이 나타날 것임을 진술하고 있다. 그러한 특별한 경우에 우리의 법칙이 예측하는 것과 동일한 관찰을 하게 될 수도 있다. 그때 사실이 되는 것은 법칙 자체만이 아니라 요청되는 조건들의 존재를 주장하는 가설들이기도 하다. 왜냐하면 우리의 관찰이 그 법칙과 관련된다고 주장하는 것은 오직 이러한 조건들이 있다고 가정함으로써 가능하기 때문이다. 그렇지 않다면 우리가 기대했던 관찰을 하지 못할 수도 있다. 그 경우에 우리는 실험에 의해서 그 법칙은 부당하다고 결론내릴 수도 있다. 그러나 이러한 결론을 반드시 받아들여야만 하는 것은 아니다. 우리가 우리의 법칙을 보존하기 원한다면, 다른 관련된 가설들 중의 하나나 혹은 그 이상을 포기함으로써 그렇게 할 수 있다. 우리는 실제로 그 조건들이란 그런 것처럼 보이는 것이 아니고, 어떻게 우리가 그것들에 대해서 잘못을 범할 수 있게 되는가를 설명하는 하나의 이론을 구성한다고 말할 수도 있다. 또는 우리는 관계없는 것이라고 무시했던 어떤 요소들이 실제로는 관련이 있다고 말할 수 있고, 또한 보충적 가설과 함께 이 견해를 지지할 수도 있다.[8] 그 실험

8) 〔옮긴이 주〕 경험적 확증은 다음과 같이 설명될 수 있다. 즉, 어떤 법칙 L의 타당성을 검사하기 위해서 실험을 고안하는데, 우리는 일반적으로 L이 옳다면 어떤 결과 O가 관찰될 것이라고 기대한다. 그런데 여기서 에이어가 강조하는 것은 O가 확증하거나 반증하는 것은 L이라는 하나의 경험법칙이나 가설이 아니라 가설체계라는 것이다. 즉, L의 타당성을 조사하기 위해서 실험을 고안할 때 이미 어떤 조건 C에서 O가 관찰된다고 생각해야 한다는 것이다. 즉, O에

은 정말로 불리한 것이 아니며 우리의 부정적 관찰이 환각적이라고 가정할 수조차 있다. 그 경우에 우리는 환각의 발생을 위해서 필연적이라고 생각되는 조건을 기록하는 가설들을 이 관찰이 발생하게 되었다고 생각되는 조건을 기술하는 가설과 일치시켜야 한다. 그렇지 않다면 우리는 양립할 수 없는 가설들을 주장하는 셈이다. 그리고 이것은 우리가 해서는 안 되는 것 중의 하나이다. 그러나 자기모순이 없는 우리의 가설체계를 지키기 위해서 적절한 단계를 취하는 한, 우리는 관찰에 대해 어떠한 설명을 택해도 좋을 것이다. 실제로 설명에 대한 우리의 선택은 이제 기술하게 될 어떤 고려에 의해서 이뤄진다. 그리고 이러한 고려는 가설을 보존하거나 거부하는 문제에서 우리의 자유를 제한하는 효과를 갖는다. 그러나 우리의 자유가 논리적으로 제한되는 것은 아니다. 일관성 있는 어떤 절차든지 논리학의 요구를 만족시킬 것이다.

그렇다면 "경험적 사실들"은 우리에게 하나의 가설을 포기하도록 강요하지 않는 것처럼 보인다. 사람들이 필요한 미봉적(*ad hoc*) 가정을 할 준비를 한다면 명백하게 적대적인 증거에 부딪혀서도 자신의 확신을 항상 유지할 수 있다. 그러나 가졌던 가설이 반박되는 것처럼 보이는 특별한 사례가 항상 설명되어 제거될 수 있다고 할지라도, 그 가설이 궁극적으로 포기될 수 있는 가능성은 남아있어야 한다. 그렇지 않다면 그것은 참다운 가설이 아니다.[9] 왜냐하면 어떤 경험에 부딪혀서

의해서 확증되거나 반증되는 것은 (L & C)이다. 그런 점에서 우리는 O가 관찰되지 않을 때, L을 거부하는 선택을 할 수도 있고, C를 거부하는 선택을 할 수도 있다는 것이다.

9) 〔옮긴이 주〕 이 점에서 에이어는 포퍼의 반증주의와 유사한 주장을 하고 있다

그 타당성을 주장하게 되는 명제는 가설이 아니라 정의이기 때문이다. 다시 말하면 그것은 종합명제가 아니라 분석명제이다.

내가 생각하기에는 우리의 가장 신성한 "자연의 법칙들" 중에 단순히 위장된 정의일 뿐인 것이 있다는 점은 논의의 여지가 없지만, 우리가 여기서 다룰 문제는 아니다.[10] 여기서는 그러한 정의를 진짜 가설로 오해하는 위험, 즉 같은 형태의 단어가 어느 때는, 그리고 어느 사람들에게는 종합명제를 표현하고 또 다른 때는, 그리고 다른 사람들에게는 동어반복을 표현한다는 사실에 의해서 증가되는 위험을 지적하는 것으로 충분하다. 왜냐하면 사물에 대한 우리의 정의는 불변적인 것이 아니기 때문이다. 어떤 경험이 우리에게 A와 같은 종류의 모든 것이 B라는 성질을 갖는다는 강력한 믿음을 갖게 한다면, 우리는 이러한 성질을 갖는 것이 그 종류의 정의적 속성이라고 간주하는 경향이 있다. 궁극적으로 어떤 것이 B가 아니라면 그것을 A라고 부르기를 거절할 수 있다. 그 경우에 원래 종합적 일반화를 표현하는 "모든 A는 B다"라는 문장은 명백한 동어반복을 표현하는 것이 될 것이다.

이러한 가능성에 주의를 기울여야 하는 좋은 이유는 철학자들이 일반명제를 다룰 때 잘못을 범하게 하는 혼돈을 일으키는 주된 책임이 그 점을 무시하는 것이기 때문이다. "모든 사람은 죽는다"(*All men are mortal*)는 평범한 예를 생각해보자. 흄이 주장했던 것처럼, 이것은 의심할 수 없는 가설이 아니고 그것은 필연적 관계의 한 예라고 말한다.

고 할 수 있다.

10) 이러한 견해에 대한 보다 상세한 설명을 위해서는 H. Poincaré, *La Science et l'Hypothése*를 볼 것.

그리고 여기서 필연적으로 관계되는 것이 무엇인가라고 묻는다면, 그것은 "인간"(*man*)이라는 개념과 "죽는다"(*being mortal*)는 개념이라는 것이 가능한 것처럼 보이는 유일한 대답이다. 그러나 두 개념이 필연적으로 관계한다는 주장에 우리가 부가하는 유일한 의미는 한 개념의 의미가 다른 개념의 의미에 포함된다는 것이다. 그래서 "모든 인간은 죽는다"는 명제가 필연적 관계의 한 예라고 말하는 것은 "죽는다"는 개념이 "사람"의 개념에 포함된다고 말하는 것이며, 이것은 "모든 사람은 죽는다"는 명제가 동어반복이라고 말하는 것과 같다. 이제 철학자들은 어떤 것이 죽지 않는다면 그것을 사람이라고 부르기를 거부하는 방법으로 "사람"이라는 단어를 사용할 수 있다. 그리고 그 경우에 그 철학자에게는 "모든 사람은 죽는다"는 문장은 동어반복을 표현하는 것이 된다. 그러나 이 사실은 그 문장으로 우리가 일상적으로 표현하는 명제가 동어반복임을 의미하지는 않는다. 우리 철학자에게도 그것은 진짜 경험적 가설로 남아있다. 단지 그는 그것을 "모든 사람은 죽는다"는 형태로 표현할 수 없는 것이다. 대신 그는 인간의 그 밖의 정의적 속성들을 지닌 것은 모두 또한 "죽는다"는 속성이나 그에 해당하는 어떤 것도 갖는다고 말해야 한다. 그리하여 우리는 정의를 적절하게 조정함으로써 동어반복을 만들어낼 수 있다. 그러나 단어의 의미를 가지고 재주를 부리는 것만으로는 경험적 문제를 해결할 수 없다.

물론 어떤 철학자가 "모든 사람은 죽는다"는 명제는 필연적 관계의 예라고 말할 때, 그는 그 명제가 동어반복이라고 말하려고 의도하는 것은 아니다. 그의 말이 일상적 의미를 갖고 있고 또한 의미 있는 명제를 표현하려고 한다면, 그가 말할 수 있는 것은 이것뿐이라는 점을 보이는 것이 우리에게 남겨진 것이다. 그러나 이러한 일반명제가 종합적이며 동시에 필연적이라고 주장할 수 있는 것은 오직 그 명제를 적절한 규약이 주어지면 동일한 형태의 단어들이 표현할 수 있는 동어반복과 묵시적으로 동일하다고 생각하기 때문임을 그 철학자도 안다고 생각한다. 그리고 마찬가지 사실이 다른 법칙적 일반명제에도 적용된다. 우리는 법칙적 일반명제를 표현하는 문장을 정의의 표현으로 바꿀 수 있다. 그러면 이 문장들도 필연명제를 표현할 것이다. 그러나 이러한 명제들은 원래의 일반화와는 다른 명제가 될 것이다. 흄이 보여준 것처럼, 그것들은 결코 필연적일 수 없다. 우리가 그것을 아무리 확고하게 믿는다고 할지라도, 미래의 경험이 우리로 하여금 그것을 포기하게 할 수 있다는 것은 언제나 가능하다.

이것은 주어진 상황과 관련되는 가설 중에서 어느 것은 포기하고 어느 것은 보존할 것인가를 결정하게 하는 것이 무엇인가라는 질문을 다시 한 번 생각하게 한다. 때때로 경제성의 원리(*principle of economy*), 다른 말로 하면 우리가 이전에 받아들인 가설체계에 가능한 한 최소한의 변경만을 원하는 원리가 유일하게 우리를 인도한다고 주장되기도 한다. 그러나 우리가 의심할 수 없이 이러한 바람을 갖고 어느 정도 그것에 의해서 영향을 받지만, 그것이 우리의 결정과정에서 유일하거나 심지어 지배적 요소는 아니다. 우리의 관심이 단순히 현존하는 가설체계를 불변적인 것으로 지키려는 것이라면, 우리는 불리한 관찰을 무시하기만 하면 된다. 어떻게든 — 심지어는 우리는 방금 환상을 가졌다는 가설을 도입함으로써라도 — 우리는 그것을 설명해야 한다고 느낄 필요가 없다. 우리는 단순히 그것을 무시해야 한다. 그러나 우리는 실제로는 불편한 관찰을 무시하지 않는다. 그런 관찰이 발생하면 우리는 가설체계를 지키고 싶은 생각에도 불구하고, 그 체계에 약간의 변화를 가한다. 왜 그런가? 만약 우리가 이 질문에 대답할 수 있고, 우리의 가설체계를 변화시키는 것이 필요하다는 것을 알아야 하는 이유를 보여줄 수 있다면, 그러한 변화가 현실적으로 일어날 수 있게 하는 원리가 무엇인가를 결정하는 데 보다 유리한 입장에 서게 될 것이다.

이 문제를 해결하기 위해서 우리는 "가설을 형성하는 목적이 무엇이고, 왜 우리는 이러한 체계를 수립하는가?"라는 질문을 스스로에게 던져야 한다. 그 체계는 우리에게 감각경험의 흐름을 예상할 수 있도록 고안되었다는 사실이 그 질문에 대한 대답이다. 가설체계의 기능은 우리에게 미리 어떤 분야에서 우리의 경험은 무엇일 것인가를 경고하고 우리에게 정확한 예측을 할 수 있게 한다. 그러므로 가설은 미래경험에 대한 우리의 기대를 지배하는 규칙으로 설명될 수 있다. 우리는 그러한 규칙을 왜 필요로 하는가를 말할 필요가 없다. 생존욕망을 포함해서 우리의 가장 단순한 욕망의 충족은 성공적으로 예측할 수 있는 우리의 능력에 달려 있다는 것은 당연하기 때문이다.

이러한 규칙의 형성과 관련된 과정이 갖는 본질적 특성은 과거의 경험을 미래의 인도자로 사용하는 것이다. 우리는 이른바 귀납의 문제를 논할 때 이미 이에 대해 주목한 바 있고, 이 문제의 이론적 정당화를 요청하는 것은 의미가 없다는 것을 보았다. 철학자는 과학적 과정의 사실들을 기록하는 것으로 만족해야 한다. 그것이 무모순적이라는 것을 보이는 것 이상의 정당화를 추구한다면, 그는 자신이 가짜의 문제에 몰두하고 있음을 알게 될 것이다. 이것이 우리가 앞에서 계속해서 강조한 것이고, 또 다시 이것에 대해서 논증할 필요는 없을 것이다.

우리는 하나의 사실로서, 미래경험에 대한 예측은 어떤 방식으로든 우리가 과거에 경험했던 것에 의해서 결정된다는 것을 깨닫는다. 그리고 이 사실은 본질적으로 예측적인 과학이 왜 어느 정도 우리 경험에 대한 기술인가를 설명하기도 한다.[11] 그러나 우리가 유익한 일반화의 토대가 될 수 없는 경험의 특성들을 무시하는 경향이 있다는 것은 주목할 만하다. 게다가 우리는 약간의 재량권을 가지고 우리가 기술하고자 하는 것을 기술한다. 푸앵카레가 지적했듯이, "우리는 경험을 일반화하는 데 제한하지 않으며, 경험을 수정한다. 그리고 이러한 수정을 삼가하고 정말로 사실 그대로의(*bare*) 경험에 만족하는 물리학자는 가장 기묘한 법칙을 발표하지 않을 수 없다."[12]

예측하는 데서 우리가 노예처럼 과거의 경험을 따르지는 않는다고 할지라도 우리는 광범위하게 과거의 경험에 의해서 인도된다. 그리고 이것이 우리가 불리한 실험의 결론도 단순히 무시하지 못하는 이유를 설명해 준다. 우리는 한번 무너진 적이 있는 가설체계는 다시 무너지기 쉽다고 가정한다. 물론 우리는 그 가설체계가 무너진 적이 없다고 가정할 수 있지만, 이 가정은 그 체계가 실제로 실패한 적이 있고 따라서 다시 실패하지 않으려면 어떤 수정이 가해져야 한다는 인식만큼 가치 있는 것은 아니라고 믿는다. 우리는 그 체계를 수정함으로써 그 체계가 경험을 예측하기 위한 보다 효과적인 도구가 될 것이라고 생각하기 때문에, 그 체계를 수정한다. 대체로 말해서 이러한 믿음은 미래 감각경험의 과정이 과거의 것과 일치할 것이라는 지배적 원리로부터 얻는다.

---

11) "과거경험의 서술"조차도 "미래경험의 예상을 위한 규칙"으로써 기능하기 때문에 그것도 어떤 의미에서는 예측적이다는 것을 알게 될 것이다. 보다 상세한 것은 이 장의 끝부분을 보라.

12) 푸앵카레, 앞의 책, Part IV, Ch. ix, p. 170.

우리는 무엇보다 우리의 체계가 예측을 위한 효과적 규칙체계이기를 바라기 때문에, 우리에게 불리한 관찰을 주목하고, 또한 새로운 자료를 포괄할 수 있도록 우리의 체계를 조정하려고 한다. 우리는 보수주의적 정신에 오염되어 큰 수정보다는 작은 수정을 하려는 것이 사실이다. 우리의 체계가 근본적으로 결함이 있다는 것을 인정하는 것은 불쾌하고 어려운 것이다. 또한 우리는 자신을 곤경에서 구하려는 욕망으로부터 다른 것이 동일하다면 우리는 복잡한 가설보다는 단순한 것을 선호한다는 것도 사실이다. 그러나 경험이 우리에게 근본적 변화가 필요하다고 생각하게 하면, 최근의 물리학사가 보여주듯이, 그러한 수정이 우리의 체계를 복잡하게 만든다고 할지라도 변화를 수용하도록 해야 한다. 어떤 관찰이 우리의 가장 확신에 찬 기대와 다를 경우에, 가장 쉬운 과정은 그 관찰을 무시하거나 어떻게든 설명해야 한다. 이렇게 하지 않고 우리의 체계를 현재 상태대로 남겨둘 경우, 우리는 더 많은 실망을 겪게 될 것이라고 생각하기 때문이다. 만약 우리가 기대하지 않은 관찰이 발생했다는 사실을 그 가설과 양립할 수 있는 것으로 만든다면, 그 관찰은 우리의 체계가 예측의 도구로서 갖는 효과를 증대시킬 것이라고 생각한다. 이렇게 생각하는 점에서 우리가 옳은가 아닌가라는 문제는 논증에 의해서 해결될 수는 없다. 우리는 단지 우리의 새로운 체계가 실천적인 면에서 성공적인가 아닌가를 기다려 볼 수 있을 뿐이다. 성공적이 아니라면 우리는 다시 한 번 그것을 수정한다.

이제 우리는 "경험적 명제의 타당성을 검사하는 기준이 무엇인가"라는 우리의 원래의 질문에 대답하기 위해 필요한 정보들을 얻었다. 그 대답은 경험적 가설이 수행하리라고 계획되었던 기능을 현실적으로 수행하는가를 살펴봄으로써 그 가설의 타당성을 검사하는 것이다. 그리고 경험적 가설의 기능은 우리에게 경험을 예측할 수 있게 하는 것이라는 것을 보았다. 따라서 하나의 주어진 명제가 관련된 관찰에 의해서 우리의 예측을 확증한다면, 그 명제의 참은 확증된다. 우리는 미래의 관찰이 그 명제를 반박하는 것이 여전히 가능하기 때문에 그 명제가 절대적으로 타당하다고 입증되었다고 말할 수는 없다. 그러나 그것의 개연성(*probability*)이 증가되었다고 말할 수는 있다. 관찰이 우리의 기대에 반한다면, 그 명제의 지위는 위협받는다. 우리는 다른 가설을 채택하거나 포기함으로써 그 명제를 보존할 수 있다. 아니면 우리는 그것이 반증되었다고 생각할 수도 있다. 그러나 그것이 불리한 관찰결과 부인된다고 할지라도, 우리는 그것이 절대적으로 부당하다고 말할 수는 없다. 왜냐하면 미래의 관찰이 우리에게 다시 그 명제를 복원하게 할 수도 있기 때문이다. 우리는 단지 그것의 개연성이 감소되었다고 말할 수 있을 뿐이다.

이제 이러한 문맥에서 "개연성"이라는 용어가 의미하는 것을 명료화하는 일이 필요하다. 명제의 개연성에 대해서 언급할 때, 때때로 생각할 수 있는 것처럼, 우리는 명제의 본질적 성질이나 그 명제와 다른 명제 사이의 논리적 관계에 대해서 말하는 것이 아니다. 대체로 말해서 하나의 관찰이 어떤 명제의 개연성을 증가시킨다고 말함으로써 의미하는 것은 그 관찰이 그 명제에 대한 우리의 확신을 증가시킨다는 것인데, 그것은 실천적으로 감각경험의 예측으로써 얼마나 기꺼이 그 명제에 의존하고 또 불리한 경험에 부딪혔을 때 얼마나 기꺼이 다른 가설보다 그것을 유지하려고 하는가에 의해서 측정된다. 마찬가지로 하나의 관찰에 대해서 그것이 어떤 명제의 개연성을 감소시킨다고 말하는 것은 그 관찰이 미래의 안내자로서 우리에게 도움을 준다고 받아들여진 가설체계에 그 명제를 포함시키고자 하는 우리의 바람을 감소시킨다고 말하는 것이다.[13]

지금 제시된 개연성 개념에 대한 이러한 설명은 다소 과도하게 단순화된 것이다. 왜냐하면 그것은 우리가 모든 가설을 균일한 정도로 무모순적 방식으로 다루고 있다고 가정하는데, 불행하게도 이것은 사실이 아니기 때문이다. 실제의 경우에서, 우리는 일반적으로 가장 신뢰할 만하다고 인식된 방식으로 믿음과 관찰을 항상 관련시키지는 않는다. 우리가 믿음을 갖는 데 일정한 기준의 증거가 반드시 관찰되어야 한다는 것을 인정한다고 할지라도, 우리가 항상 그러한 사실을 관찰하는 것은 아니다. 다시 말해서 우리는 항상 합리적인 것은 아니다. 왜냐하면 합리적이라는 것은 단순히 자신의 모든 믿음을 형성할 때, 무모순적인 공인된 과정을 사용함을 뜻하기 때문이다. 하나의 믿음이 합리적인가 아닌가를 결정하게 하는 그 과정이 나중에는 우리의 확신을 상실하게 할 수도 있다는 사실이 그것을 지금 채택하는 것이 합리적이라는 사실을 손상하는 것은 결코 아니다. 왜냐하면 합리적 믿음이란 지금 우리가 신뢰할 만하다고 여기는 방법에 의해서 도달한 믿음이라고 정의되기 때문이다. 신뢰할 만하다고 보증할 가설을 만드는 방법이 없는 것처럼, 합리성의 절대적 기준이란 없다. 동시대의 과학 방법이 실천적인 면에서 성공적이기 때문에 우리는 그 방법을 신뢰한다. 미래에 다른 방법을 채택한다면, 지금 합리적 믿음들은 새로운 방

13) 이러한 정의는 물론 그 "개연성"이라는 용어의 수학적 사용에 적용하기 위해 의도된 것은 아니다.

법의 기준으로 보면 비합리적일 수도 있다. 그러나 이것이 가능하다고 해도, 그 사실은 현재의 믿음들이 합리적이라는 사실과 아무런 관련도 없다.

합리성에 대한 이러한 정의는 우리에게 우리가 지금 관심을 갖는 용법에서 "개연성"이라는 단어가 의미하는 것에 대한 설명을 수정할 수 있게 해준다. 하나의 관찰이 어떤 가설의 개연성을 증가시킨다고 말하는 것은 그 가설에 따라 기꺼이 행위하려는 정도에 의해서 측정되는 것처럼, 우리가 현실적으로 그 가설을 받아들이는 확신의 정도를 증가시키는 것이라고 말하는 것과 반드시 동치인 것은 아니다. 왜냐하면 우리는 비합리적으로 행위할 수도 있기 때문이다. 그것은 그 관찰이 그 가설을 받아들이는 것이 합리적이라는 확신의 정도를 증가시킨다고 말하는 것과 동치이다. 여기서 우리는 믿음의 합리성이란 어떤 절대적 기준에 의해서가 아니라 우리의 부분적인 현실적 실천에 의해서 정의된다는 것을 반복해서 말할 수 있다.

개연성에 대한 우리의 원래의 정의에 대한 명백한 반대는, 그 정의는 우리가 때로는 한 명제의 개연성에 대하여 실수할 수 있다는 사실, 즉 우리는 그 명제가 실제로 그런 것보다 더 혹은 덜 개연적이라고 믿을 수 있다는 사실과 양립하지 않는다는 것이다. 우리의 수정된 정의가 이러한 반대를 피할 수 있다는 것은 분명하다. 왜냐하면 그에 따르면 한 명제의 개연성은 우리의 관찰의 본성과 합리성의 개념에 의해서 결정되기 때문이다. 그 결과 어떤 사람이 가설을 평가하는 인정된 과학적 방법과 일관된 방식으로 믿음을 관찰과 관련시킬 때, 그가 믿는 명제들의 개연성에 대해서 실수한다고 말하는 것은 개연성의 정의와 양립할 수 있다.

개연성에 대한 이러한 설명으로 우리는 경험명제의 타당성에 대한 논의를 완성할 수 있다. 궁극적으로 강조해야 할 점은 우리의 주장이, 그것이 단칭이든 혹은 특칭이든, 전칭이든, 모든 명제에 예외 없이 적용된다는 것이다. 모든 종합명제는 미래의 경험에 대하여 예측하는 규칙이고, 내용 면에서 그것이 다른 상황과 관계한다는 사실에 의해서 다른 종합명제와 구별된다. 그 결과, 과거에 대해서 언급하는 명제들은 현재에 대해서 언급하는 명제와, 그리고 미래에 대해서 언급하는 명제와 동일한 가설적 특성을 갖는다는 사실이 결코 이 세 가지 형태의 명제가 구별되지 않는다는 것을 함축하지는 않는다. 왜냐하면 그것들은 다른 경험들에 의해서 검증되고, 다른 경험을 예측하는 데 도움을 주기 때문이다.

자연과학의 법칙이 가설이라는 의미와 같은 의미에서 과거에 대한 명제도 가설이라는 것을 부인하는 철학자는 바로 이 점을 인식하지 못했기 때문일 수도 있다. 왜냐하면 그들은 어떤 의미있는 논증에 의해서 그들의 견해를 뒷받침할 수 없었거나 과거에 관한 명제가 가설이 아니라면, 그것이 우리가 기술했던 종류 중에서 어떤 명제인지를 말할 수 없었기 때문이다. 나의 입장에서 과거에 대한 명제가 그것을 검증한다고 일반적으로 말하는 "역사적" 경험을 예측하기 위한 규칙이라는 견해에 극도로 역설적인 점이 포함되어 있다고 생각할 수 없고,[14] 또한 나는 과거에 대한 우리의 지식이 어떻게 다른 방법으로 분석될 수 있는지 알 수 없다. 더욱이 역사에 관한 우리의 실용적 접근에 반대하는 사람들은 사실 그들의 반대의견을 묵시적으로든 명시적으로든,

---

14) 이 주장의 의미는 오해의 소지가 있을 수 있다. 서론 p. 39를 보라.

과거는 어떻든 대응되도록 "객관적으로 거기" 있다는 가정, 즉 그것은 그 용어의 형이상학적 의미에서 "실재적"이라는 가정에 근거하는 것이 아닌지 의심스럽다. 관념론과 실재론이라는 형이상학적 논의에 대해 우리가 주장했던 것으로부터 그러한 가정은 참다운 가설이 아니라는 것이 명백하다.[15)]

15) 우리가 의미하는 역사에 대한 실용적 접근에 대한 사례는 C. L. Lewis에 의해서 *Mind and the World Order*, pp. 150~153에 잘 나타나 있다.

제 6 장 윤리학과 신학에 대한 비판

모든 종합명제는 경험적 가설이라는 우리의 견해를 정당화했다고 주장할 수 있기 위해서 대답해야 할 하나의 반론이 남아있다. 이 반론은 우리의 사변적 지식에는 경험적 사실의 문제와 관련된 것과 가치의 문제와 관련된 것이라는 두 가지 종류가 있다는 일반적 생각에 근거한다. "가치에 관한 진술"은 진짜 종합명제이지만, 아무리 그럴듯하게 말해도 우리의 감각과정을 예측하기 위해서 사용되는 가설을 표현한다고 말할 수는 없을 것이다. 따라서 사변적 지식의 한 분야로서 윤리학과 미학의 존재는 우리의 급진적인 경험론적 논제에 대한 피할 수 없는 반론이라고 말할 수 있다는 것이다.

이러한 반론에 부딪혀서 우리가 해야 할 일은 그 자체로도 만족스럽고, 우리의 일반적 경험적 원칙과도 일관된 "가치판단"에 관한 설명을 제공하는 것이다. 우리는 가치에 관한 진술이 의미가 있는 한, 그 진술들은 일상적인 "과학적" 진술들이며, 그것들이 과학적이 아닌 한,

문자 그대로의 의미에서 의미를 갖지 않고 단순히 참일 수도 거짓일 수도 없는 감정의 표현임을 보일 것이다. 이러한 견해를 주장하는 데에서 우리는 당분간 윤리학의 진술로 제한할 것이다. 우리가 윤리학의 진술에 대해서 말하는 것은 미학적 진술의 경우에도 또한 준용하여 적용할 수 있음을 알게 될 것이다.[1)]

윤리학자들의 저술에서 상세하게 설명되는 것처럼, 윤리학의 일반적 체계는 결코 전체적으로 동종의 체계가 아니다. 그것은 약간의 형이상학과 윤리와 무관한(*non-ethical*) 개념에 대한 분석을 포함하는 경향이 있을 뿐만 아니라, 그 체계의 현실적인 윤리적 내용은 그 자체로 아주 다른 종류의 내용을 갖는다. 우리는 그것들을 중요한 네 가지 종류로 나눌 수 있다. 첫째로 윤리적 용어의 정의를 표현하는 명제 혹은 어떤 정의의 적합성(*legitimacy*)과 가능성에 관한 판단이 있다. 둘째로 도덕적 경험의 현상과 그 원인을 서술하는 명제가 있다. 셋째로 도덕적 덕을 행하도록 하는 권고가 있다. 그리고 마지막으로 현실적인 도덕적 판단이 있다. 이러한 네 가지 종류 사이의 차이가 분명함에도 윤리학자들은 불행하게도 그러한 구별을 무시한 것도 사실이다. 그 결과 우리는 그들의 저술에서 그들이 무엇을 발견하고 무엇을 증명하려고 하는지를 말하는 것이 매우 어려운 경우가 자주 있다.

사실 그 네 가지 종류 중에서 오직 첫 번째 것만, 즉 윤리적 용어의 정의와 관련된 명제를 포함하는 것만이 윤리학을 구성한다고 말할 수 있다는 것은 쉽게 알 수 있다. 도덕적 경험의 현상과 그 원인을 서술하는 명제는 심리학이나 사회학이라는 학문에 속해야 한다. 도덕적 덕

1) 다음 논증은 서론 pp. 41~44와 함께 읽혀져야 한다.

을 행하도록 하는 권고는 명제가 아니며, 단지 듣는 사람에게 어떤 행위를 하도록 의도하는 절규이거나 명령이다. 따라서 그것들은 철학이나 과학의 분야에 속하지 않는다. 윤리적 판단의 표현에 관해서 우리는 아직 어떻게 분류해야 하는지를 결정하지 않았다. 그러나 그것들이 확실히 정의가 아니고 정의에 관한 주석도 아니며 인용도 아닌 한, 우리는 그것들이 윤리학에 속하지 않는다고 단정적으로 말할 수 있다. 그러므로 윤리학에 관한 엄격하게 철학적인 논구는 어떤 윤리적 판결도 하지 않는다. 그러나 윤리적 용어를 분석함으로써 그 논구는 모든 윤리적 판결이 속해야 하는 범주가 무엇인지를 보여 주어야 한다. 그리고 이것이 우리가 이제 하려는 바이다.

윤리학자들이 종종 논의하는 문제는, 모든 윤리적 용어를 한두 개의 기본적 용어로 환원하게 하는 정의가 있을 수 있는가의 문제이다. 그러나 이 문제가 윤리학의 문제에 속한다는 것은 부인할 수 없지만, 우리의 현재의 탐구와는 관련이 없다. 우리는 지금 윤리적 용어의 영역 내에서 어떤 용어가 기본적인 것으로 간주되어야 하는가의 문제에 관심을 갖지 않는다. 예컨대, "선하다"(*good*)가 "옳다"(*right*)라는 용어로 정의될 수 있는가, 혹은 "옳다"가 "선하다"는 용어로 정의될 수 있는가와 같은 문제에 관심을 갖고 있지 않다. 우리가 관심을 갖는 것은 윤리적 용어 전체를 윤리와 무관한 용어로 환원하는 것이 가능한가의 문제이다. 우리는 윤리적 가치에 관한 진술이 경험적 사실에 관한 진술로 번역될 수 있는가를 탐구하는 것이다.

일반적으로 주관주의자라고 불리는 윤리철학자들, 그리고 공리주의자로 알려진 철학자들은 그렇게 번역될 수 있다고 주장한다. 왜냐하면 공리주의자는 행위의 옳음과 결과의 선함을 그 행위가 가져다주는 쾌락이나 행복 혹은 만족이라는 말로 정의하기 때문이다. 그리고 주관주의자들은 행위의 옳음과 선함을 어떤 개인과 집단에 속한 사람들이 그 행위에 대해 갖는 승인(*approval*)의 감정이라는 용어로 정의하기 때문이다. 이러한 형태의 정의는 각각 도덕적 판단을 심리학적 혹은 사회학적 판단의 하위종류의 판단으로 만든다. 이러한 이유 때문에 그 주장은 매우 매력적이다. 왜냐하면 그 주장 중의 어느 하나가 옳다면 윤리적 주장은 일반적으로 서로 대비되는 사실에 대한 주장과 발생론적으로 다르지 않을 것이기 때문이고, 우리가 경험적 가설에 대해서 우리가 했던 설명은 윤리적 주장에 대해서도 적용될 것이기 때문이다.

그럼에도 불구하고 우리는 윤리적 용어에 대한 주관주의나 공리주의적 분석을 받아들이지 않을 것이다. 우리는 하나의 행위를 옳다거나 어떤 것이 선하다고 하는 것은 그것이 일반적으로 승인되는 것이라는 주관주의적 견해를 거부한다. 왜냐하면 일반적으로 승인되는 행위 중에 옳지 않은 행위가 있고, 일반적으로 승인되는 것 중에 선하지 않은 것이 있다고 하는 것이 자기모순적 주장이 아니기 때문이다. 그리고 우리는 또 다른 주관주의적 견해, 즉 어떤 행위가 옳다거나 어떤 것이 선하다고 주장하는 사람은 자기 스스로 그 행위를 승인하고 있다고 말하는 것이라는 견해를 거부하는데, 왜냐하면 악한 것이나 그릇된 것을 때때로 자신이 승인한다고 고백하는 사람들이 자기모순을 범하는 것은 아니기 때문이다. 그리고 비슷한 논변은 공리주의에도 치명적이다. 하나의 행위를 옳다고 하는 것이 그 상황에서 가능한 모든 행위 중에서 최대의 행복, 고통에 대한 쾌락의 최대 산출, 혹은 불만족스런 욕망에 대한 만족스런 욕망의 최대 산출을 야기하거나 야기할 것 같은 행위라고 말하는 것에 우리는 동의할 수 없다. 왜냐하면 현실적이든 가능적이든 최대의 행복을 가져오고 행복이나 고통에 대한 쾌락의 최대 산출 혹은 불만족에 대한 만족의 최대실현을 가져오는 행위를 수행하는 것이 때로는 옳지 않다고 말하는 것이 자기모순적이지 않다는 것을 알고 있기 때문이다. 그리고 유쾌한 것 중에는 선하지 않은 것이 있으며, 악한 것 중에 욕구되는 것이 있다고 말하는 것이 자기모순적이지 않기 때문에, "x는 선하다"는 문장이 "x는 유쾌한 것이다"나 "x는 욕구된다"와 동치일 수 없다. 동일한 반론이 내가 아는 모든 변형된 다른 공리주의에 적용될 수 있다. 그러므로 윤리적 판단의 타당성은 사람들의 감정의 본질에 의해서 평가될 수 없는 것처럼, 그것은 어떤 행위가 행복을 가져오는 경향에 의해서도 결정될 수 없고, "절대적"이거나 "내재적"인 것으로 간주되어야지 경험적으로 계산될 수 있는 것으로 간주될 수 없다고 결론내려져야 한다고 생각한다.

우리가 이렇게 말할 때, 물론 우리는 모든 윤리적 용어들이 윤리와 무관한 용어로 정의될 수 있는 언어를 고안할 수 있다는 것을 부인하거나 또한 그러한 언어를 고안해 내고, 그러한 언어를 우리의 언어로 채택하는 것이 바람직하다는 것을 부인하는 것은 아니다. 우리는 윤리적 진술을 윤리와 무관한 진술로 환원하려고 하는 제안이 현실적으로 사용되는 언어의 규약과 일관된다는 것을 부인하는 것이다. 즉, 우리는 가지고 있는 윤리적 개념을 새로운 것으로 대체하자는 제안을 통해서가 아니라, 우리가 가지고 있는 윤리적 개념들을 분석함으로써 공리주의와 주관주의를 거부하는 것이다. 우리의 주장은 단순히 우리의 언어에서 규범적인 윤리적 용어를 포함하는 문장이 어떤 심리적 명제 혹은 어떤 종류의 경험적 명제를 표현하는 문장과도 동치일 수 없다는 것이다.

여기서 우리가 주장하는 것은 단지 규범적인(*normative*) 윤리적 용어만이 사실에 대한 용어로 정의할 수 없다는 것이지 기술적인(*descriptive*) 윤리적 용어도 그렇다는 것은 아니라는 점을 분명히 할 필요가 있다. 이 두 가지 형태의 용어는 일반적으로 동일하게 감각할 수 있는 형태의 기호로 구성되기 때문에 그 용어들에 관하여 혼동할 위험이 있다. 그리하여 "x는 옳지 않다"는 형태의 복합기호는 어떤 형태의 행위에 관한 도덕적 판단을 표현하는 문장을 구성할 수도 있고, 또한 어떤 형태의 행위가 구체적인 어떤 사회의 도덕감(*moral sense*)과 일치하지 않는다는 사실을 진술하는 문장을 구성할 수 있다. 후자의 경우에서 "옳지 않다"는 용어는 서술적 용어이고 그 문장은 일상적인 사회학적 명제를 표현하고 있다. 그러나 우리는 전자의 경우에서 "옳지 않다"는 용어는 규범적 용어이고, 그 문장은 경험적 명제를 표현하는 문장이 아니라고 주장한다. 우리가 현재 관심을 갖는 것은 규범적인 윤리적 용어일 뿐이다. 따라서 윤리적 용어가 조건 없이 이 논증과정에서 사용될 때는 언제나 규범적 형태의 용어로 해석되어야 한다.

규범적 윤리개념이 경험적 개념으로 환원될 수 없다는 것을 받아들임에서, 우리는 윤리학의 절대주의적 견해, 즉 가치에 관한 진술은 일상적 경험명제처럼 관찰에 의해서 지배되지 않고 단지 신비스러운 "지적 직관"에 의해서만 지배된다는 입장에 서는 것처럼 보인다. 이 견해를 옹호하는 사람들이 거의 인식하지 못하는 이 이론의 특징은, 이 이론이 가치에 관한 진술을 검증될 수 없는 것으로 만든다는 것이다. 왜냐하면 악명 높게도 어떤 사람에게 직관적으로 확실하게 보이는 것이 다른 사람에게는 의심스러운 것으로, 심지어는 거짓으로도 보일 수도 있기 때문이다. 따라서 대립되는 직관들 사이를 해소할 어떤 기준을 제공할 수 없다면, 어떤 명제의 타당성 기준으로 단순히 직관에 호소하는 것은 무가치한 것이다. 그러나 도덕판단의 경우에는 그러한 기준이 주어질 수 없다. 어떤 도덕철학자는 자신의 도덕적 판단이 옳다는 것을 "안다"고 말함으로써 그 문제를 해결한다고 주장한다. 그러나 그러한 주장은 순수하게 심리학적 문제에 속하는 것이지, 어떤 도덕판단의 타당성을 조금도 입증해 주지 않는다. 왜냐하면 그에 반대하는 도덕철학자들도 마찬가지로 자신의 윤리적 견해가 옳다는 것을 당연히 잘 "알기" 때문이다. 그리고 주관적 확실성에 관하여는 그들 중에 어떤 것을 옳은 것으로 선택하게 해주는 것은 아무것도 없다. 일상적 경험명제와 관련하여 그러한 의견의 차이가 발생할 때, 관련된 경험적 검사에 의존하거나 현실적으로 검사를 수행함으로써 해결하려고 시도할 수 있다. 그러나 윤리적 진술에 대해서는 "절대주의"나 "직관주의" 이론과 관련된 어떤 경험적 검사도 있을 수 없다. 그러므로 이러한 이론에서 윤리적 진술은 검증될 수 없다고 말하는 것이 정당하다. 물론 그것들은 또한 진짜 종합명제라고 주장된다.

하나의 종합명제는 경험적으로 검증가능할 때만 의미가 있다는 원리를 사용했다는 점을 고려할 때, "절대주의" 윤리학의 수용은 우리의 주된 논변의 전체를 손상시키는 것임이 분명하다. 그리고 우리는 윤리학에서 "절대주의"에 대한 유일한 대안이라고 일반적으로 생각되는 "자연주의적" 이론을 이미 거부했기 때문에 우리는 난관에 부딪힌 것처럼 보인다.[2] 우리는 제 3의 이론에 의해서 윤리적 진술이 정확하게

2) 〔옮긴이 주〕 여기서 자연주의적 이론이란 사실명제로부터 가치명제가 추론된

다루어질 수 있고, 그 이론은 전체적으로 우리의 급진적 경험론과 양립할 수 있음을 보여줌으로써 그 난관을 극복할 것이다.

우리는 윤리적 개념이 등장하는 판단의 타당성을 검증할 수 있는 기준이 없는 한, 기본적인 윤리적 개념은 분석될 수 없다는 것을 인정함으로써 시작한다. 지금까지 우리는 절대주의자와 같은 주장을 하는 셈이다. 그러나 절대주의와 달리, 우리는 윤리적 개념에 관한 이러한 사실을 설명할 수 있다. 우리는 그 개념이 분석될 수 없는 까닭은 그것이 단순히 가짜 개념(*pseudo-concepts*)이기 때문이라고 말한다. 한 명제에 윤리적 용어가 포함되어 있다는 것은 그 명제의 사실에 대한 내용에 아무것도 덧붙여주지 않는다. 그리하여 내가 어떤 사람에게 "너는 그 돈을 훔쳤다는 점에서 잘못된 행동을 했다"고 말한다면, 그것은 내가 단순히 "너는 그 돈을 훔쳤다"고 말함으로써 표현하는 것 이상의 아무것도 더 진술하고 있지 않다. 이 행위가 나쁘다고 덧붙임으로써 나는 그 사실에 관하여 아무런 상세한 진술도 하는 것이 아니다. 나는 단순히 그것에 대한 나의 도덕적 불찬성을 드러내고 있을 뿐이다. 그것은 마치 "너는 그 돈을 훔쳤다"고 특별히 두려운 어조로 말하거나 어떤 특별한 느낌표를 덧붙여서 그 문장을 쓰는 것과 같다. 그러한 어조나 느낌표는 그 문장의 문자적 의미에 아무것도 덧붙이지 않는다. 그것은 단순히 그 문장을 표현하는 사람이 어떤 감정을 가지고 있다는 사실을 보여주는 데 사용될 뿐이다.

이제 내가 지금까지 말한 것을 일반화해서 설명하면, "돈을 훔치는

다고 주장하는 입장을 말한다. 이를 옹호하는 대표적 철학자로는 밀(J. S. Mill)과 오늘날 기술주의자(*descriptivist*)들이 있다.

것은 옳지 않다"고 말할 때 나는 어떤 사실적 의미도 갖지 않는 문장을 말하는 것이고 참이거나 거짓인 어떤 명제도 표현하고 있지 않다. 그것은 마치 "돈을 훔치다니!"라고 쓰는 것과 같고, 거기에서 느낌표의 형태와 강조는 적절한 규약에 의해서 특별한 종류의 도덕적 불찬성의 감정이 표현되고 있음을 보여주는 것이다. 여기에 참이거나 거짓이라고 말할 수 있는 것은 분명히 아무것도 없다. 다른 사람은 도둑질이 옳지 않다는 점에 대해서 그는 도둑질에 관해 나와 다른 감정을 갖는다는 의미에서 나와 의견을 달리 할 수 있고, 나의 도덕적 감정에 관하여 논쟁할 수도 있다. 그러나 엄격히 말해서 그의 견해와 나의 견해가 서로 모순되는 것은 아니다. 왜냐하면 어떤 형태의 행위가 옳거나 그르다고 말하는 데서 나는 어떤 사실적 진술이나 나의 마음 상태에 관한 진술을 하는 것이 아니기 때문이다. 단지 나는 어떤 도덕적 감정을 표현하고 있을 뿐이다. 외견상으로 나의 견해와 모순되는 견해를 가진 사람도 단순히 자신의 도덕적 감정을 표현하고 있을 뿐이다. 따라서 당연히 우리 중에서 누가 옳은가라고 묻는 것은 아무런 의미도 없다. 왜냐하면 우리 중 누구도 진짜 명제를 주장하고 있지 않기 때문이다.

우리가 "그릇되다"(*wrong*) 라는 용어에 대해서 지금까지 말했던 것은 다른 모든 규범적인 윤리적 용어에도 적용된다. 그러한 윤리적 용어는 때때로 일상적인 경험적 사실에 관한 윤리적 감정을 단순히 표현하는 외에 그 사실을 보고하는 문장에서 나타나기도 한다. 그리고 그 용어는 사실에 관한 아무런 진술도 하지 않고 어떤 형태의 행위나 상황에 관한 윤리적 감정을 표현하는 문장에서 나타나기도 한다. 그러나 윤리적 판단을 한다고 일반적으로 말하는 모든 경우에서 관련된 윤리적 용어의 기능은 순수하게 "정서적"(*emotive*) 이다. 그것은 어떤 대상에 대한 감정을 표현하기 위해서 사용되는 것이지, 그 대상에 대한 어떤 주장을 하기 위해서 사용되지 않는다.[3)]

윤리적 용어가 단지 감정을 표현하기 위해서만 사용되는 것은 아니라는 점을 언급할 필요가 있다. 그 용어는 또한 감정을 불러일으키고 행위를 자극하기에도 적절하다. 실제로 그 용어 중의 일부는 그 용어를 포함하는 문장에 명령의 효과를 주기 위한 방법으로 사용된다. 그리하여 "진실을 말하는 것이 너의 의무다"라는 문장은 진실성에 대한 어떤 윤리적 감정의 표현으로써, "진실을 말하라"는 명령의 표현으로 간주될 수 있다. "너는 진실을 말해야 한다"는 문장도 "진실을 말하라"는 명령을 포함하지만, 여기서 그 명령의 어조는 덜 강하다. "진실을 말하는 것이 좋다"는 문장에서 명령은 제안 이상이 아니다. 그리하여 윤리적 용법으로 "좋다"(*good*) 라는 단어의 "의미"는 "의무"(*duty*) 라는 단어나 "해야 한다"(*ought*) 라는 단어의 의미와 다르다. 사실 윤리적 용어가 일반적으로 표현한다고 간주되는 다양한 감정들과 그 용어가 적절하게 촉발시키는 다양한 반응에 의해서 여러 가지 윤리적 용어의 의미를 정의할 수 있다.

이제 우리는 윤리적 판단의 타당성을 결정하기 위한 기준을 왜 찾을 수 없는가를 알 수 있다. 그것은 윤리적 판단이 신비스럽게 감각경험과 무관한 "절대적" 타당성을 갖기 때문이 아니라, 윤리적 판단은 아무런 객관적 타당성도 가질 수 없기 때문이다. 하나의 문장이 어떤 진술도 하지 않는다면 분명히 그 문장이 말하는 것이 참인가 거짓인가라고

---

3) 〔옮긴이 주〕 이러한 이유 때문에, 에이어의 윤리학적 입장을 정서주의(*emotivism*) 라고 부른다.

묻는 것은 아무런 의미도 없을 것이다. 그리고 단순히 도덕적 판단을 표현하는 문장은 아무것도 말하지 않는다는 것을 이미 보았다. 그것은 순수하게 감정의 표현이고, 그 자체로 참과 거짓의 범주에 속하지 않는다. 그 문장들은 고통의 절규나 명령의 말이 진짜 명제를 표현하고 있지 않아서 검증될 수 없는 것처럼 검증될 수 없다.

우리의 윤리학 이론이 과도하게 주관주의적이라고 말하는 것이 옳다고 할지라도, 매우 중요한 점에서 정통적 주관주의와 구별된다. 우리와 달리 정통적 주관주의자들은 도덕철학자의 문장들이 진짜 명제를 표현하고 있다는 것을 부인하지 않는다. 그들은 그러한 문장들이 독특한 비경험적 성질을 갖는 명제를 표현한다는 것을 부인하는 것이다. 주관주의자의 견해는 그러한 문장들은 말하는 사람들의 감정에 관한 명제를 표현한다는 것이다. 만약 그렇다면 윤리적 판단은 분명히 참이거나 거짓일 수 있다. 말하는 사람이 그와 관련된 감정을 갖는다면 그 문장은 참이고, 그러한 감정을 갖지 않는다면 거짓일 것이다. 그리고 이것은 원칙적으로 검증가능한 문제이다. 더욱이 그 문장들은 분명히 반박될 수 있다. 즉, 내가 "관용은 덕이다"고 말하고 어떤 사람이 "너는 그것을 시인하지 않는다"고 말한다면, 일상적인 주관주의적 견해에서 보면 그는 나를 반박하는 것이다. 우리의 견해에 따르면, 그 사람은 나를 반박하는 것이 아닌데, 그것은 내가 "관용은 덕"이라고 말할 때, 내 자신의 감정이나 그 밖의 어떤 것에 관한 아무런 진술도 하지 않고 있기 때문이다. 나는 단순히 나의 감정을 나타내는 것이고, 그 감정의 표현이 내가 그러한 감정을 갖는다고 말하는 것과 같은 것은 아니다.

우리가 어떤 감정을 갖는다고 주장하는 것은 종종 그 감정의 표현을 수반하고 실제로 그러한 주장은 그 감정표현의 한 요소가 되기 때문에, 감정의 표현과 주장을 구별하는 것은 복잡하다. 그리하여 나는 지루하다고 말하면서 동시에 권태감을 표현할 수 있다. 그 경우에 "나는 지루하다"는 나의 언명은 내가 권태감을 표현하고 있다고 말하는 것을 참이게 하는 상황 중의 하나이다. 그러나 나는 현실적으로 지루하다고 말하지 않고도 권태감을 표현할 수 있다. 나는 권태감과는 전혀 상관없는 어떤 것에 관한 진술을 하면서, 혹은 절규함으로써나 심지어 아무런 말도 하지 않으면서도, 어조나 몸짓을 통해서 권태감을 표현할 수도 있다. 따라서 우리가 어떤 감정을 갖는다는 주장이 항상 그 감정의 표현을 포함한다고 할지라도, 그 감정의 표현이 반드시 우리가 그 감정을 갖는다는 주장을 포함하지는 않는다. 그리고 이것은 우리의 주장과 일반적 주관주의의 차이를 고려할 때 이해해야 할 중요한 점이다. 왜냐하면 주관주의자들은 윤리적 진술이 현실적으로 어떤 감정을 가지고 있음을 주장하는 것이라고 하는 반면에, 우리는 윤리적 진술은 반드시 어떤 주장을 포함하는 것이 아닌 감정의 표현이고 자극이라고 주장하기 때문이다.

주관주의에 관한 일반적이고 주된 반론은 윤리적 판단의 타당성이 당사자의 감정의 본성에 의해서 결정되지 않는다는 것인데, 이것은 이미 살펴보았다. 그리고 우리의 주장은 이러한 반론을 피할 수 있다. 왜냐하면 우리의 주장은 어떤 감정이 존재함이 윤리적 판단의 필요충분조건임을 함축하지 않기 때문이다. 오히려 그것은 윤리적 판단이 어떤 타당성도 갖지 않는다는 것을 함축한다.

그러나 우리의 이론이 피하지 못하는 주관주의 이론에 관한 유명한 반론이 있다. 만약 윤리적 진술이 말하는 사람의 감정에 관한 진술일 뿐이라면, 가치의 문제에 관한 논의가 불가능하다는 사실이 무어에 의해서 지적되었다.[4] 전형적 예를 들어 보자. 만약 어떤 사람이 검약은 덕이라고 말하고 다른 사람은 그것은 악이라고 했다면, 주관주의 이론에 따르면 그들은 서로 논쟁할 수 없을 것이다. 한 사람은 검약에 찬성하고 다른 사람은 그렇지 않는다고 말하는 것이다. 그리고 그 두 진술 모두 다 참이 아니어야 할 이유가 없다. 그래서 무어는 우리가 가치의 문제에 관해서 논쟁하는 것이 명백하다고 주장하면서, 따라서 그가 논하는 특정한 형태의 주관주의는 잘못이라고 결론내린다.

가치문제에 관해 논쟁하는 것이 불가능하다는 결론은 우리의 이론으로부터 또한 당연하게 추론될 것이다. 왜냐하면 우리는 "근검은 덕이다"와 "근검은 악이다"와 같은 문장은 명제를 표현하지 않는다고 주장하기 때문에, 분명히 우리는 그 문장들이 양립할 수 없는 명제를 표현한다고 주장할 수 없기 때문이다. 그러므로 무어의 논증이 정말로 일상적 주관주의 이론을 논박한다면, 그 논증은 또한 우리의 이론을 논박한다는 것을 인정해야만 한다. 그러나 사실 우리는 그 논증이 일반적 주관주의를 논박한다는 점을 부인한다. 왜냐하면 우리는 아무도 가치문제에 관하여 참다운 논쟁을 할 수 없다고 주장하기 때문이다.

언뜻 보기에 이것은 매우 역설적인 주장인 것처럼 보일 수도 있다. 왜냐하면 우리는 틀림없이 일반적으로 가치문제에 관한 논의라고 여겨지는 논쟁에 참여하기 때문이다. 그러나 이 모든 경우에서 문제를 면밀하게 생각한다면, 우리는 이 논쟁이 정말로 가치문제에 관한 것이 아니라 사실문제에 관한 논쟁임을 알게 된다. 누군가가 어떤 행동

4) 무어의 *Philosophical Studies*, "The Nature of Moral Philosophy" 참조.

혹은 어떤 유형의 행동의 도덕적 가치에 대해서 우리와 다른 견해를 갖는다면, 우리는 당연히 그를 설득하여 우리에게 동의하도록 하기 위해서 논증에 의존한다. 그러나 우리는 논증에 의해서 그 사람이 그 본성을 정확하게 이해한 상황에 대하여 "잘못된" 윤리적 감정을 가지고 있다고 주장하려고 하지 않는다. 우리는 단지 그가 관련된 사실에 대하여 오해하고 있다는 것을 보이고자 하는 것이다. 우리는 그가 행위자의 동기를 오해했거나 그 행위의 결과를 오판했거나, 혹은 행위자의 지식의 관점에서 그 행위의 가능한 결과를 오판했거나 그 행위자가 처한 특별한 상황을 고려하지 않았다고 주장한다. 그리고 우리는 어떤 유형의 행동들이 산출하는 경향이 있는 결과나 그 행동을 함으로써 일반적으로 드러나는 성질들에 관한 보다 일반적인 논증을 사용한다. 우리의 반대자들이 경험적 사실에 관해 우리와 동일한 도덕적 태도를 갖기 위해서, 우리는 그들로 하여금 경험적 사실의 본성에 관해 우리와 동의하도록 하기만 하면 된다는 희망을 가지고 그렇게 한다. 그리고 우리와 논쟁하는 사람들도 일반적으로 우리와 동일한 도덕교육을 받았고 동일한 사회질서 내에서 살기 때문에, 보통 우리의 기대는 정당화된다. 그러나 우리의 반대자들이 우리와는 다른 도덕적 "조건화"의 과정을 겪었다면, 그래서 그들이 모든 사실을 인정하는 경우에도 문제가 되는 행동의 도덕적 가치에 관해 우리에게 동의하지 않는다면, 우리는 논증에 의해서 그들을 설득시키려는 시도를 포기해야 한다. 그들은 왜곡되고 개발되지 않은 도덕감을 가지고 있기 때문에 그들과 논쟁하는 것은 불가능하다고 말할 수 있다. 이것은 그들이 우리와 다른 가치체계를 가지고 있음을 의미한다. 우리는 우리의 가치체계가 우월하고, 그러므로 그들의 체계를 저급하다고 표현하고 싶어

한다. 그러나 우리는 우리의 체계가 우월함을 보일 어떤 논증도 제시할 수 없다. 왜냐하면 우리의 체계가 우월하다는 판단은 그 자체로 가치판단이며, 따라서 논증의 영역을 넘어서 있기 때문이다. 그것은 우리가 순수한 가치문제를 다룰 때 사실의 문제와 달리, 결국 우리는 단순한 인신공격에 의존한다는 점에서 우리는 논증을 이용할 수 없기 때문이다.

요컨대, 우리는 도덕적 문제에 관한 논증이 가능한 것은 오직 어떤 가치체계가 가정되었을 경우뿐임을 알 수 있다. 우리의 반대자들이 t라는 유형의 행동들에 대해 우리와 같이 도덕적 불찬성을 표현한다면, 우리는 반대자에게 어떤 구체적 행동 A가 t에 속한다는 것을 보이는 논증을 제시함으로써 그 행동 A에 대해서도 비난할 수 있다. 왜냐하면 A가 그 유형의 행동에 속하는지 그렇지 않은지의 문제는 분명한 사실의 문제이기 때문이다. 일단 어떤 사람이 어떤 도덕적 원칙을 갖는다면 우리는 그 사람이 어떤 사실들에 대해서 어떤 방식으로 일관성 있게 도덕적으로 반응해야 한다고 주장한다. 우리가 주장하지 않고 또 주장할 수 없는 것은 그러한 도덕적 원칙들의 타당성에 관한 것이다. 우리는 단순히 우리 자신의 감정에 따라 그 원칙들을 칭찬하거나 비난할 뿐이다.

도덕적 논쟁에 관한 이러한 설명의 정확성을 의심하는 사람이 있다면, 그에게 논리의 문제나 경험적 사실의 문제에 관한 논증으로 환원될 수 없는 가치문제에 관한 가상적 논증이라도 구성하게 해보라. 나는 그가 단 하나의 예도 만들어낼 수 없으리라고 확신한다. 그리고 그것이 사실이라면 그것은 순수하게 윤리적 논증이 불가능하다는 것인데, 이것은 무어가 생각했던 것처럼 우리의 이론에 대한 반론의 근거가 아니라, 오히려 우리 이론의 입장을 거들어주는 것이라는 것을 인정해야 한다.

우리의 이론을 위협하는 것처럼 보이는 유일한 비판에 대하여 우리의 이론을 옹호했기 때문에 우리는 이제 모든 윤리적 탐구의 본질을 정의하기 위해서 그것을 이용할 수 있다. 윤리학은 단순히 윤리적 개념은 가짜 개념이고 따라서 분석될 수 없다고 말하는 것임을 알 수 있다. 다른 윤리적 용어가 사용되어 표현하는 다른 감정들과 그 용어가 습관적으로 유발하는 다른 반응들을 서술하는 일은 심리학자의 일이다. 윤리학이 어떤 "참된" 도덕체계를 정교하게 다듬는 것임을 의미한다면, 윤리학과 같은 학문은 있을 수 없다. 왜냐하면 윤리적 판단은 단순히 감정의 표현이기 때문에 어떤 윤리체계의 타당성에 대해서 결정할 방법은 있을 수 없고, 따라서 어떤 체계가 옳은가라고 묻는 것은 의미가 없기 때문이다. 이와 관련하여 우리가 정당하게 탐구할 수 있는 것은 "어떤 사람들 혹은 어떤 집단의 사람들의 도덕적 습관이 무엇이며, 무엇이 그들에게 정확하게 그러한 습관과 감정을 갖게 했는가?"라는 것이다. 그리고 이 탐구는 전적으로 이미 존재하는 사회과학의 영역에 속한다.

그러면 지식의 한 분야로서 윤리학은 심리학과 사회학의 한 분야에 불과한 것처럼 보인다. 그리고 우리가 결의론(*casuistry*)[5]의 존재를

---

5) 〔옮긴이 주〕 결의론이라고 번역한 "casuistry"는 '경우'(*case*)를 뜻하는 라틴어 'casus'에서 나온 말로 보통 아리스토텔레스나 아퀴나스의 영향을 받은 실천철학의 전통과 밀접하게 관련된 윤리적 추론의 한 방식으로 이해된다. 파스칼(B. Pascal)은 결의론을 실천적 행위에 대한 설명을 구체적 사례나 상황에 대한 분석에 근거하려는 시도라는 의미로 사용했다. 특히 결의론은 최근 응용윤리에서 중요하게 재평가되는데, 그 이유는 구체적이고 개별적인 경우마다 미묘한 차이를 갖고 그에 따른 해석이 요구된다는 점에서 오늘날 응용윤리의 실

간과하고 있다고 생각하는 사람이 있다면 우리는 결의론이란 하나의 과학이 아니고 주어진 도덕체계의 구조에 대한 순수하게 분석적 탐구일 뿐이라고 주장할 수 있다. 달리 말해서 그것은 형식논리학에서 하나의 연습과 같다.

우리가 윤리학을 구성하는 심리적 탐구를 추구하게 될 때, 우리는 즉각 칸트와 쾌락주의자의 도덕론을 설명할 수 있게 된다. 왜냐하면 도덕적 행위의 주된 이유 중의 하나는 의식적이든 무의식적이든 신의 노여움에 대한 두려움과 사회의 증오에 대한 두려움임을 알기 때문이다. 실제로 도덕적 교훈이 어떤 사람들에게 "정언적" 명령으로 나타나는 이유는 바로 이 때문이다. 또한 한 사회의 도덕률은 그 사회의 행복 조건에 대한 그 사회의 믿음에 의해서 부분적으로 결정된다는 것을 알게 된다. 다시 말해서 어떤 사회는 도덕적 승인을 이용해서 전체로서 그 사회의 행복을 증진시키는지 혹은 축소시키는지에 따라 어떤 유형의 행위를 격려하거나 저지한다. 이것이 바로 이타주의가 대부분의 도덕률에서 추천되고 이기주의가 비난되는 이유이다. 마치 칸트의 도덕론이 앞에서 설명한 것처럼, 도덕적 교훈이 어떤 사람들에게는 냉정한 명령의 힘을 갖는다는 사실에 근거하는 것처럼, 쾌락주의적 혹은 행복론적 도덕론은 도덕성과 행복 사이의 이러한 관계에 대한 관찰로부터 나온다. 이러한 이론은 각각 상대방 이론의 밑바탕에 놓여 있는 사실을 무시하기 때문에 이 둘 모두 일면적이라고 비판될 수 있다. 그러나 이것은 그 둘 중의 어느 하나에 대한 반론이 아니다. 그들의 본

천적 문제해결에서 중요하게 평가되기 때문이다. 에이어는 여기서 넓은 의미의 윤리적 추론 혹은 윤리적 담론의 논리라는 의미로 사용하는 듯하다.

질적 결함은 그들이 윤리적 감정의 원인이나 속성을 지시하는 명제를 마치 윤리적 개념의 정의인 것처럼 다룬다는 점에 있다. 그리하여 그들은 윤리적 개념이 가짜 개념이어서 정의될 수 없다는 사실을 인식하지 못하는 것이다.

이미 말했던 것처럼, 윤리학의 본성에 대해서 우리가 내린 결론은 미학에도 적용된다. 미학의 용어들은 정확하게 윤리학의 용어와 동일하게 사용된다. 윤리학의 용어들처럼 "아름답다", "추하다"와 같은 미학의 용어들도 사실에 관한 진술을 하기 위해서가 아니라, 단순히 어떤 감정을 표현하고 어떤 반응을 불러일으키기 위해서 사용된다. 따라서 윤리학에서처럼 미학적 판단에 객관적 타당성을 부여하려는 것은 무의미하고, 미학에서 가치의 문제에 대해서 논쟁할 수 없으며 단지 사실의 문제에 대해서만 논할 수 있을 뿐이다. 미학에 대한 과학적 접근은 우리에게 일반적으로 미적 감정의 원인이 무엇인가, 왜 서로 다른 사회는 자신들의 예술작품을 만들어내고 그 작품에 경의를 표하는가, 그리고 왜 한 사회 내에서도 취향이 서로 그렇게 다른가 등을 보여줄 것이다. 그리고 이것은 일반적으로 심리학적이거나 사회학적인 문제이다. 당연히 그 문제들은 우리가 이해하는 미학적 비평과는 아무런 관계도 없다. 그러나 그 이유는 미학적 비평의 목적이 지식을 제공하는 것이라기보다는 감정을 전달하는 데 있기 때문이다. 비평가들은 감상되는 작품의 어떤 특성에 주목함으로써, 그리고 그 특성에 대한 자신의 감정을 표현함으로써 전체로서 그 작품에 대한 자신의 태도를 우리와 공유하려고 노력한다. 비평가들이 만들어내는 유일하게 적절한 명제들은 그 작품의 본성을 기술하는 명제들이다. 그리고 이 명제들은 당연히 사실에 대한 기록이다. 그러므로 우리는 윤리학이 자신만의 독특한 유형의 지식을 구성한다는 견해를 정당화할 수 없다고 주장하는 것처럼, 미학도 자신만의 독특한 유형의 지식을 형성할 수 있다는 견해를 정당화할 수 없다고 결론내린다.

이제 우리가 미적 경험과 윤리적 경험에 대한 연구로부터 정당하게 얻을 수 있는 유일한 정보는 우리 자신의 심적, 물리적 구성에 관한 정보일 뿐이라는 점이 분명해진다. 우리는 이러한 경험들을 심리학적 일반화와 사회학적 일반화를 위한 자료를 제공하는 것으로써 주목한다. 그리고 그러한 경험들이 우리의 지식을 증가시키는 데 기여하는 유일한 방법은 바로 그것이다. 따라서 윤리학적 개념이나 미학적 개념을 사실의 세계와 구별되는 가치세계의 존재에 관한 형이상학적 이론의 토대로 삼으려는 시도는 모두 이러한 개념들에 대한 잘못된 분석을 포함하는 것이다. 우리의 분석은 도덕적 경험의 현상이 합리론자들이나 형이상학자들의 어떤 교설을 지지하기 위해서 사용될 수 없다는 것을 보여준다. 특히 칸트가 기대했던 것처럼, 도덕적 경험이 초월적 신의 존재를 입증하기 위해서 사용될 수 없다.

신에 관한 이러한 언급은 우리에게 종교적 지식의 가능성에 관한 문제를 제기한다. 우리는 이러한 가능성이 형이상학에 대한 우리의 입장을 통해서 이미 제거되었다는 것을 보일 것이다. 그러나 이것은 상당히 흥미로운 점이기 때문에 이 점을 좀 길게 논의해도 좋을 것이다.

이제 철학자들은 일반적으로 정령숭배적이 아닌 종교의 신을 정의할 수 있는 그러한 속성을 지닌 존재가 있다는 것을 논증적으로 증명할 수 없다는 사실을 인정한다. 이것을 확인하기 위해서라면, 우리는 스스로에게 어떤 전제로부터 그러한 신의 존재가 연역될 수 있는가를 묻기만 하면 된다. 신이 존재한다는 결론이 논증적으로 확실한 것이

되기 위해서는 이 전제들도 확실해야 한다. 왜냐하면 연역논증의 결론은 그 전제들에 이미 포함되므로, 전제의 참이 불확실할 수도 있다면 결론도 필연적으로 그 불확실성을 공유할 것이기 때문이다. 그러나 우리는 경험적 명제는 개연적인 것 이상일 수 없다는 것을 안다. 논리적으로 확실한 것은 선험적 명제밖에 없다. 그러나 우리는 신의 존재를 어떤 선험적 명제로부터도 연역할 수 없다. 왜냐하면 선험적 명제가 확실한 이유는 그 명제가 동어반복이기 때문이다. 그리고 동어반복의 집합으로부터는 다른 동어반복의 명제 외에 어떤 것도 타당하게 연역될 수 없기 때문이다. 그러므로 신의 존재를 증명할 수 없는 것이다.

기독교의 신과 같은 존재가 존재할 수 있는 개연성조차 증명할 수 없다는 점이 그렇게 일반적으로 인정되고 있지 않다. 그러나 이것도 쉽게 보일 수 있다. 왜냐하면 그러한 신이 개연적으로 존재한다면, 신이 존재한다는 명제는 경험적 가설일 것이기 때문이다. 그리고 이 경우 그 명제와 다른 경험적 가설로부터 그 다른 가설만 가지고는 연역해 낼 수 없는 어떤 경험적 명제를 연역해 내는 것이 가능할 것이다. 그러나 사실 이것은 가능하지 않다. 실제로 자연에서 발견되는 어떤 종류의 규칙성이 신의 존재에 대한 충분한 증거라고 때때로 주장되기도 한다. 그러나 "신이 존재한다"는 문장이 일련의 사건과정에서 어떤 종류의 현상이 규칙적으로 발생한다는 것 이상을 뜻하지 않는다면, 신의 존재를 주장하는 것은 단순히 자연에 필요한 규칙성이 있다는 것을 주장하는 것과 동일할 것이다. 그런데 종교인이라면 누구도 자신이 신의 존재를 주장하면서 주장하고자 하는 것이 바로 이것일 뿐이라고 말하지는 않을 것이다. 종교인들이 신에 대해서 말할 때, 그들은 어떤 경험적 현현(顯現)을 통해서 알려질 수 있지만 확실히 그러한 현현만을 가지고는 정의될 수 없는 초월적 신에 관해서 말하는 것이다. 그러나 이 경우에 "신"이라는 단어는 형이상학적 용어이다. 그리고 "신"이 형이상학적 용어라면, 신이 존재한다는 것은 개연적일 수조차 없다. 왜냐하면 "신은 존재한다"고 말하는 것은 참일 수도 거짓일 수도 없는 형이상학적 진술을 하는 것이기 때문이다. 마찬가지 기준에 의해서 초월적 신의 속성을 기술하려는 문장은 어느 것도 문자적 의미를 가질 수 없다.

종교적 주장에 대한 이러한 견해를 무신론자들이나 불가지론자들이 주장하는 견해와 혼동하지 않는 것이 중요하다.[6] 왜냐하면 신의 존재를 믿거나 믿지 않을 적절한 이유가 없다는 것이 불가지론의 특징이고, 아마도 어떤 신도 존재하지 않을 것이라고 주장하는 것이 무신론의 특징이기 때문이다. 그리고 신의 본성에 관한 모든 진술은 무의미하다는 우리의 견해는 이 두 가지의 익숙한 주장 중의 어느 것과도 결코 동일하지 않고, 어느 하나를 지지하지도 않으며, 현실적으로 어느 것과도 양립할 수 없다. 왜냐하면 의미 있게 반박될 수 있는 명제는 오직 의미 있는 명제뿐이므로 신이 존재한다는 주장이 무의미하다면 어떤 신도 존재하지 않는다는 무신론자들의 주장도 마찬가지로 무의미하기 때문이다. 불가지론자들이 비록 신이 존재한다거나 존재하지 않는다고 말하는 것을 금하기는 하지만, 그들은 초월적 신이 존재하는가라는 문제가 진정한 철학적 문제라는 것을 부인하지 않는다. 그들은 "초월적 신이 존재한다"와 "초월적 신은 존재하지 않는다"는 두 문

6) 이러한 주장은 프라이스(H. H. Price)에 의해서 제안되었다.

장 중의 하나는 참이고 다른 하나는 거짓인 명제를 표현하고 있다는 것을 부인하지 않는다. 불가지론자들이 주장하는 바는 그들 중의 어느 것이 참인가를 말할 근거가 없다는 것이다. 그러나 우리는 위의 문장들이 어떤 명제도 표현하고 있지 않는다는 것을 보았다. 그리고 이것은 불가지론도 배제되어야 한다는 것을 의미한다.

그리하여 우리는 도덕가들에게 제공했던 동일한 편안함을 유신론자들에게도 제공한다. 유신론자들의 주장은 아마도 타당하지 않을 수도 있지만, 또한 그 주장은 부당하지 않을 수도 있다. 유신론자들의 주장은 세계에 대한 언급이 아니기 때문에 유신론자들이 거짓인 어떤 것을 말하고 있다거나 충분한 근거를 갖지 않은 어떤 것을 말하고 있다고 그들을 비난할 수 없다. 유신론자들이 초월적 신이 존재한다고 주장하면서 그들은 진짜 명제를 표현하고 있다고 주장할 경우에만 우리는 그들에게 동의하지 않을 수 있다.

신성(*deity*)이 자연의 대상과 동일시될 경우에 신성에 관한 주장이 의미 있는 것으로 인정될 수도 있다는 점을 지적해야 한다. 예컨대, 어떤 사람이 나에게 천둥의 발생은 "여호와께서 노한 것이다"는 명제의 참을 보증해 주는 필요충분조건이라고 말한다면, 나는 그의 언어 용법으로는 "여호와께서 노한다"는 문장은 "천둥이 친다"는 문장과 동치라고 결론내릴 것이다. 그러나 비록 종교가 사람들이 충분히 이해하지 못하는 자연의 과정에 대한 사람들의 경외감에 어느 정도 의존하기는 하지만, 고등종교에서 경험세계를 통제한다고 여겨지는 "인격신"은 그 자신이 자연 안에 자리하는 것은 아니다. 인격신은 경험세계를 초월하고 경험세계 밖에 존재하고 있다고 주장된다. 그에게는 초경험적 속성이 부여된다. 그러나 본질적 속성이 비경험적인 그러한 인격개념은 결코 지각될 수 있는 개념이 아니다. 어떤 단어를 사용하여 그러한 인격신을 명명할 수 있는 것처럼 생각할 수 있는 어떤 단어도 가지고 있지 않다. 그러나 그 단어가 사용되는 문장이 경험적으로 검증될 수 있는 명제를 표현하지 않는다면, 그 단어가 어떤 것을 나타내고 있다고 말할 수 없다. 그리고 "신"이라는 단어가 초월적 대상을 가리킬 목적으로 사용된 경우에, 바로 그 "신"이라는 단어에 대해서도 마찬가지라고 할 수 있다. 단순히 명사가 있다는 사실은 그 명사에 대응하는 현실적이거나 가능적인 존재자가 있다는 환상을 품게 하기에 충분하다. 우리가 신의 속성이 무엇인가를 탐구할 경우에만 우리는 "신"이라는 단어가 이러한 용법에서 진정한 이름이 아니라는 것을 알게 된다.

초월적 신에 대한 믿음과 사후세계에 대한 믿음은 서로 결합되어 나타난다는 것이 일반적이다. 그러나 사후세계에 대한 믿음이 일반적으로 취하는 형식에서, 그 믿음의 내용은 진정한 가설이 아니다. 사람은 죽지 않는다거나 죽음의 상태는 지속적 무감각의 상태라고 말하는 것은, 비록 모든 가능한 증거가 그것이 거짓임을 보여준다고 할지라도 실제로 의미 있는 명제를 표현하는 것이다. 그러나 사람 내부에 영혼이나 실재적 자아라는 지각될 수 없는 어떤 것이 있다고 말하는 것과 그것은 그가 죽은 후에도 계속해서 살아있다고 말하는 것은 초월적 신이 존재한다는 주장과 마찬가지로 아무런 사실적 내용도 포함하지 않는 형이상학적 주장을 하는 것이다.

종교적 주장에 대한 우리의 설명에 따르면, 종교와 자연과학 사이의 적대감에는 아무런 논리적 근거도 없다는 것을 언급할 필요가 있다. 참과 거짓에 관한 문제에 관한 한, 자연과학자들과 초월적 신의 존재를 믿는 유신론자들 사이에 어떤 대립도 없다. 왜냐하면 유신론자의 종교적 진술은 진짜 명제가 아니므로 그러한 진술은 과학의 명제와 아무런 관련도 가질 수 없기 때문이다. 종교와 과학 사이의 적대감은 사람들이 종교적으로 될 수 있는 동기 중의 하나를 과학이 제거해 버린다는 사실에 기인하는 것처럼 보인다. 왜냐하면 종교적 감정(*religious feeling*)의 궁극적 원천 중의 하나는 인간이 자신의 운명을 결정할 수 없다는 사실에 있기 때문이다. 그리고 과학은 인간에게 자연현상을 이해할 수 있고 예견할 수 있으며, 어느 정도는 그 현상을 통제할 수도 있다고 믿게 함으로써 인간이 외부세계를 바라볼 때 갖는 경외감을 파괴하는 경향이 있기 때문이다. 최근 물리학자들이 일반적으로 종교에 대해 호의적인데, 이러한 사실은 이 가설을 지지해 주는 것이다. 왜냐하면 종교에 대한 이러한 호의는 물리학자들이 자신의 가설의 타당성에 자신을 갖지 못함을 보여주는 것이며, 그것은 자신의 입장에서 19세기 과학자들의 반종교적 도그마에 대한 반작용이며 물리학이 경험한 위기의 자연스런 결과인 것이다.

종교적 감정의 원인에 대해 보다 깊이 들어가는 것이나 종교적 신념을 지속적으로 가질 개연성에 관해 논의하는 것은 이 저서의 범위를 넘어선다. 우리는 오직 종교적 지식에 관한 논의로부터 제기되는 문제에 대답하는 것에만 관심을 갖는다. 우리가 주장하려는 요점은 종교에 관한 어떤 초월적 진리도 있을 수 없다는 것이다. 왜냐하면 유신론자들이 그러한 진리를 표현하기 위해서 사용하는 문장들이 문자적 의미를 갖지 않기 때문이다.

이 결론의 흥미로운 특징은 그것이 많은 유신론자 자신들이 익숙하게 말하는 것과 일치한다는 것이다. 왜냐하면 우리는 종종 신의 본성은 인간의 이해를 넘어서는 신비라는 말을 듣기 때문이다. 그러나 어떤 것이 인간의 이해를 넘어서는 것이라고 말하는 것은, 그것이 이해할 수 없는 것(*the unintelligible*) 이라고 말하는 것이다. 그리고 이해할 수 없는 것은 의미 있게 기술될 수 없다. 다시 우리는 신은 이성의 대상이 아니라 신앙의 대상이라는 말을 듣는다. 이것은 신의 존재는 입증될 수 없기 때문에, 신념에 근거할 수밖에 없다는 것을 인정하는 것 이상 아무것도 아니다. 그러나 그것은 신은 순수하게 신비적 직관의 대상이라는 주장일 수도 있고, 따라서 이성으로 이해될 수 있는 용어로 정의될 수 없다는 주장일 수도 있다. 나는 이렇게 주장하는 많은 유신론자들이 있다고 생각한다. 그러나 이해할 수 있는 용어로 신을 정의할 수 없다는 것을 인정한다면, 하나의 문장이 신에 관한 문장이며 동시에 의미 있는 문장일 수는 없다는 것을 인정하는 것이다. 어떤 신비주의자가 자신의 시각대상이 기술될 수 없는 어떤 것임을 인정한다면, 그는 또한 그가 그것을 기술할 때 어쩔 수 없이 무의미한 것을 말하고 있음을 인정해야 한다.

신비주의의 입장에서, 그들은 다른 사람들에게 진리를 설명할 수는 없지만 자신의 직관이 자신들에게 그 진리들을 계시해 준다고 항변할 수도 있다. 그리고 이러한 직관능력을 소유하지 못한 우리는 그것이 인식적 능력임을 부인할 수 있는 아무런 근거도 갖지 못한다고 항변할 수 있다. 왜냐하면 우리는 스스로가 사용하는 방법 외에는 참인 명제를 발견할 방법이 없다고 선험적으로 주장할 수는 없기 때문이다. 그에 대한 우리의 대답은 우리는 참인 명제를 정식화할 수 있는 수많은 방식에 아무런 제한도 하지 않는다는 것이다. 우리는 참인 종합명제가 합리적인 귀납적 방법에 의해서뿐만 아니라, 순수하게 직관적인 방법으로도 발견될 수 있다는 것을 결코 부정하지 않는다. 그러나 모든 종합명제는 그것이 어떻게 얻어진 것이든지 간에, 그것은 모두 현실적 경험에 의해서 검사를 받아야 한다는 점을 말하는 것이다. 우리는 신비주의자들이 그들만의 특별한 방법으로 진리를 발견할 수 있다는 것을 선험적으로 부정하지 않는다. 우리는 그들의 발견을 표현하는 명제가 우리의 경험관찰에 의해서 검증될지, 논박될지를 알아보기 위해서, 그 명제가 무엇인지를 듣고자 기다리는 것이다. 그러나 신비주의자들은 결코 경험적으로 검증되는 명제를 만들어낼 수 없기 때문에, 결코 이해될 수 있는 명제를 제시할 수 없다. 그러므로 우리는 신비주의자들의 직관이란 그들에게 아무런 사실도 계시해 주지 않았다고 말한다. 그들이 어떤 사실을 파악했지만 그것을 표현할 수 없다고 말하는 것은 아무 소용이 없다. 왜냐하면 우리는 그들이 정말로 어떤 정보를 획득했었더라면, 그것을 표현할 수 있었을 것이라는 것을 알기 때문이다. 그들은 어떤 방식으로든 자신들이 한 발견의 진실성이 어떻게 경험적으로 결정될 수 있는지를 알려 줄 수 있었을 것이다. 그들이 "아는 것"을 보여줄 수 없다는 사실이나, 혹은 자신의 "지식"이 타당한지를 알 수 있는 경험적 검사를 찾아낼 수 없다는 사실은 그들의 신비스러운 직관상태가 진정한 의미의 인지적 상태가 아니라는 것을 말해 주는 것이다. 따라서 신비주의자들이 자신이 본 것을 기술할 때, 그들은 우리들에게 외부세계에 대한 아무런 정보도 제공하지 못하고, 그들은 단순히 우리에게 그들의 마음 상태에 대한 간접적 정보만을 제공하는 것이다.[7]

---

7) 〔옮긴이 주〕 에이어 자신도 죽기 직전 "죽음의 상태"를 경험했다고 한다. 그러

이러한 고찰은 종교적 경험으로부터의 논증(*argument from religious experience*)을 제거하는데, 많은 철학자들이 그 논증을 여전히 신의 존재에 대한 타당한 찬성논변으로 여전히 간주한다. 그러한 철학자들은 사람들이 직접적으로 어떤 감각내용을 대면하여 알 수 있는 것처럼 신과도 직접 대면하여 아는 것이 논리적으로 가능하다고 말한다. 그리고 그들은 어떤 사람이 노란색 조각을 보고 있다고 말할 때 그 사람의 말을 믿어야 하듯이, 어떤 사람이 신을 보고 있다고 말할 때 그 사람의 말을 믿기를 거부해야 할 적절한 이유가 없다고 말한다. 이에 대한 대답은 만약 어떤 사람이 신을 보고 있다고 주장하는 사실이 단순히 그 사람이 특이한 종류의 감각내용을 경험하고 있다고 주장하는 것일 뿐이라면, 우리는 그의 주장이 참일 수 있다는 것을 조금도 부정하지 않는다. 그러나 일반적으로 자신이 신을 보고 있다고 주장하는 사람은 자신이 어떤 종교적 감정을 경험하고 있다고 말할 뿐만 아니라, 이러한 감정의 대상이 되는 초월적 존재가 있다고 말한다. 이것은 마치 노란색 조각을 보고 있다고 말하는 사람이 일반적으로 자신의 시각범위에 노란색의 감각내용이 포함되어 있다고 말할 뿐만 아니라, 그 감각내용이 속하는 노란색 대상이 존재한다고 말하는 것과 같다. 그리고 어떤 사람이 노란색 대상의 존재를 주장할 때 그 사람을 믿어야 하지만, 어떤 사람이 초월적 신의 존재를 주장할 때 그 사람의 말을 믿지 않는 것이 불합리한 것이 아니다. 왜냐하면 "여기 노란색의 물리적 대상이 존재한다"는 문장은 경험적으로 검증될 수 있는 진정한 의미의

나 그러한 경험이 사후세계의 존재나 신의 존재에 대한 인지적 증거가 될 수 없다고 말한 바 있다. Martin의 앞의 책, p. 18 참고.

종합명제를 표현하지만, "초월적 신이 존재한다"는 문장은 우리가 이미 보았듯이 문자적 의미를 갖지 않기 때문이다.

그러므로 우리는 종교적 경험으로부터의 논증은 모두 오류라고 결론내린다. 사람들이 종교적 경험을 갖는다는 사실은 심리학적 관점에서 흥미롭지만, 우리가 도덕적 경험을 갖는다는 것이 도덕적 지식과 같은 것이 있다는 것을 의미하지 않는 것처럼, 사람들이 종교적 경험을 갖는다는 것이 결코 종교적 지식과 같은 것이 있다는 것을 의미하지는 않는다. 도덕가들처럼 유신론자들도 자신의 경험이 인지적 경험이라고 믿을 수는 있지만, 그들이 자신의 "지식"을 경험적으로 검증할 수 있는 명제로 정식화할 수 없다면, 확실히 그들은 그들 자신을 속이는 것이다. 그러므로 이러저러한 도덕적 "진리"나 종교적 "진리"를 직관적으로 "안다"는 주장으로 자신의 저서를 채우는 철학자들은 단순히 정신분석학자들에게 재료를 제공하는 것일 뿐이다. 왜냐하면 직관이라는 행위는 어떤 것이든 검증될 수 있는 명제로 표현되지 않는다면 사실에 관한 아무런 진리도 드러내주지 않는다고 말할 수 있기 때문이다. 검증될 수 있는 모든 명제는 과학을 구성하는 경험명제체계 내에 포함되어야 한다.

제 7 장 자아와 공동세계

인식론적 탐구를 하는 사람들은 습관적으로 우리의 경험적 지식에는 확실한 토대가 있어야 하고, 따라서 그 존재를 논리적으로 의심할 수 없는 대상이 있어야 한다고 가정한다. 대부분의 경우, 그들은 즉각적으로 우리에게 "주어지는 것"(*the given*)으로 여겨지는 이러한 대상들을 서술하는 것뿐만 아니라, 그렇게 주어진 것이 아닌 대상의 존재를 논리적으로 증명하는 것이 그들의 임무라고 믿는다. 왜냐하면 그들은 그러한 증명이 없다면, 이른바 우리의 경험적 지식의 많은 부분이 논리적으로 요구되는 확실성을 결여할 것이라고 생각하기 때문이다.

그러나 이 책의 논증을 따라온 사람들은 이러한 익숙한 가정이 잘못이라는 것을 분명하게 알게 되었을 것이다. 왜냐하면 우리는 경험적 지식에 대한 우리의 주장은 논리적 정당화를 허용하지 않고, 단지 실용적 정당화만을 허용한다는 것을 보았기 때문이다. 즉각적으로 주어지지 않는 대상들의 존재에 대한 선험적 증명을 요구하는 것은 무익하고, 불합리한 것이다. 그 대상들이 형이상학적인 것이 아니라면, 어떤 감각경험을 발생시킨다는 것 자체가 그 존재에 대해서 요구되고 또 얻어질 수 있는 유일한 증명이 되기 때문이다. 적절한 감각경험이, 관련된 상황에서 발생하는지 그렇지 않은지에 대한 질문은 현실세계에서 결정되어야 할 것이지, 선험적 논증에 의해서 결정될 문제가 아니다. 우리는 이미 이러한 고찰을 지각의 문제에 적용한 적이 있다. 곧이어서 우리는 이것을 우리 자신의 존재에 대한 지식과 다른 사람들의 존재에 대한 지식이라는 전통적 "문제"에도 적용할 것이다. 지각 문제의 경우와 관련하여, 우리는 형이상학을 피하기 위해서 현상론적(*phenomenalist*) 입장을 채택할 수밖에 없다는 것을 보았는데, 마찬가지의 접근이 방금 언급한 다른 문제들에도 적용되어야 한다는 것을 알게 될 것이다.

더욱이 우리는 그 존재를 의심할 수 없는 대상이란 없다는 사실을 보았다. 존재는 술어가 아니기 때문에, 어떤 대상이 존재한다고 주장하는 것은 항상 하나의 종합명제를 주장하는 것이다. 그리고 어떤 종합명제도 논리적으로 신성불가침이 아니라는 것을 보았다. 우리의 감각경험의 내용을 서술하는 명제를 포함해서 모든 종합명제는, 그 개연성이 아무리 크다고 할지라도 궁극적으로 그것을 포기하는 것이 편리한 경우가 있을 수 있는 가설일 뿐이다. 그리고 이것은 우리의 경험적 지식이 논리적 확실성의 토대를 가질 수 없다는 것을 의미한다. 종합명제의 정의로부터, 실제로 그러한 명제는 형식논리학에 의해서 증명되거나 논박될 수 없음이 따라나온다. 그러한 명제를 부인하는 사람은 그 시대의 합리성 기준에서 볼 때 불합리하게 행위할 수 있지만, 그 사람이 반드시 자기모순적인 것은 아니다. 우리는 유일하게 확실한 명제는 그것들이 동어반복인 까닭에 자기모순 없이는 부인될 수 없는 명제라는 것을 알고 있다.

우리의 경험적 지식이 확실한 토대를 갖는다는 사실을 부인하는 것이 어떤 대상이 정말로 "주어진다"는 사실을 부인하는 것이라고 생각해서는 안 된다. 왜냐하면 하나의 대상이 즉각적으로 "주어진다"고 말하는 것은 단순히 그것이 감각경험의 내용이라고 말하는 것일 뿐이지, 결코 우리의 감각경험이 내용을 갖지 않는다고 주장하는 것이 아니며, 또한 그 내용이 어떤 방식으로든 서술될 수 없다고 주장하는 것은 아니기 때문이다. 이와 관련하여 우리가 주장하는 것은 어떤 감각경험의 내용에 대한 서술은 그 타당성을 결코 보증할 수 없는 경험적 가설이라는 것이다. 그리고 이것은 어떤 가설도 현실적으로 타당하게 될 수 없다고 주장하는 것과 결코 동일한 것이 아니다. 사실 심리학적 질문에 관한 논의는 철학적 탐구에 적절하지 않기 때문에, 우리는 그러한 가설을 만들려고 시도하지 않을 것이다. 또한 우리의 경험론은 흄과 마흐(E. Mach) 처럼 논리적으로 원자론적 심리주의에 의존하지 않지만, 우리의 감각장(*sensory fields*) 에 관한 어떤 현실적 특성들에 관한 이론과도 양립할 수 있다는 것을 이미 분명히 밝혔다. 왜냐하면 우리가 취하는 경험론의 주장은 분석명제와 경험명제, 그리고 형이상학적 공론 사이의 구별에 관한 논리적 주장이기 때문이다. 그것은 사실에 관한 어떤 심리학적 질문과도 관련되지 않는다.

그러나 철학자들이 "주어진 것"과 관련하여 제기한 모든 문제를 성격상 심리학적이고, 따라서 이 탐구의 영역 밖에 속한다고 제쳐둘 수는 없는 일이다. 특히 감각내용이 심적인가 물리적인가에 관한 문제나 감각내용이 어떤 의미에서는 개인에게만 사밀한(*private*) 것인가,

그리고 그것들은 경험되지 않아도 여전히 존재하는가라는 질문을 이런 식으로 다루는 것은 불가능하다. 왜냐하면 이 세 가지 질문 중에서 경험적 테스트를 통해서 해결할 수 있는 문제는 없기 때문이다. 만약 그러한 문제가 해결될 수 있다면, 그것은 선험적으로 해결되어야 한다. 그것은 철학자들 사이에 많은 논쟁을 불러일으킨 문제이기 때문에, 우리는 각각의 문제에 명확한 선험적 해결을 제공하려고 시도할 것이다.

우선 우리는 감각을 주체, 행위, 대상이라는 용어로 분석하는 실재론적 분석을 받아들이지 않는다는 것을 분명히 해야 한다. 왜냐하면 감각내용과 구별되는 존재로서, 감각함과 같은 그러한 행위를 수행한다고 생각되는 실체의 존재나 그 행위 자체의 존재는 조금도 검증될 수 없기 때문이다. 사실 우리는 어떤 주어진 감각내용이 구체적 주체에 의해서 경험된다고 정당하게 말할 수 있다는 것을 부인하지 않는다. 그러나 우리는 구체적 주체에 의해서 경험됨이라는 관계는 실체로서의 자아와 그 자아의 신비로운 행위로 분석되어야 하는 것이 아니라, 감각내용들 사이의 관계로 분석되어야 함을 알게 될 것이다. 따라서 우리는 감각내용을 대상으로서가 아니라 감각경험의 한 부분으로 정의한다. 그리고 이로부터 감각내용의 존재는 항상 하나의 감각경험의 존재를 함축한다는 것을 추론할 수 있다.

여기서 우리가 감각경험 혹은 감각내용이 존재한다고 말할 때, 우리가 물질적 사물이 존재한다고 말할 때와는 다른 종류의 진술을 하고 있다는 사실을 주목할 필요가 있다. 왜냐하면 물질적 사물의 존재는 그 사물을 논리적 구성물로 만드는 감각내용이 현실적이거나 가능적으로 발생함이라는 말로 정의되기 때문이고, 우리는 감각내용 전체로 구성된 감각경험에 대해서 마치 그것이 감각내용으로 구성된 논리적 구성물인 것처럼 의미 있게 말할 수 없기 때문이다. 사실 우리가 어떤 주어진 감각내용이나 감각경험이 존재한다고 말할 때, 우리는 그것이 발생한다는 것 이상을 말하고 있지 않다. 따라서 항상 감각내용과 감각경험이 "존재한다"고 말하는 것보다 "발생한다"고 말하고, 감각내용을 마치 물질적 사물인 것처럼 취급하는 위험을 피하는 것이 현명한 것이다.

감각내용이 심적인가 물리적인가라는 질문에 대한 우리의 대답은 그 어느 쪽도 아니라는 것이다. 보다 정확하게 말해서, 심적인 것과 물리적인 것 사이의 구별은 감각내용에 적용되지 않는다. 그것은 오직 감각내용으로 구성되는 논리적 구성물인 대상에만 적용된다. 하나의 논리적 구성물이 다른 논리적 구성물과 구별되는 것은 그것들이 다른 감각내용에 의해서 혹은 서로 다르게 관련되는 감각내용에 의해서 구성된다는 사실 때문이다. 그래서 우리가 주어진 하나의 심적 대상을 주어진 하나의 물리적 대상과 구별하거나, 다른 심적 대상과 구별할 때, 그리고 하나의 물리적 대상을 다른 물리적 대상과 구별할 때, 모든 경우에서 우리는 논리적 구성물들을 구별하는데, 그 구성물을 이루는 요소들은 그 자체가 심적이라거나 물리적이라고 말할 수는 없는 것이다. 사실 하나의 감각내용은 심적 대상인 동시에 물리적 대상의 요소가 되는 것이 불가능하지 않다. 그러나 그 요소들의 몇 가지와 그 관계들 중의 일부는 2개의 논리적 구성물에서 서로 달라야만 한다. 그리고 여기서 우리가 하나의 대상을 어떤 감각내용으로 구성되는 논리적 구성물이라고 말할 때, 그것이 현실적으로 그 감각내용으로 구성된다거나 그 감각내용이 어떻게든 그 대상의 일부가 된다고 말하는 것은 아니며, 우리는 단지 다소 오해의 여지는 있지만 편리하게, 대상에 대해서 말하는 모든 문장은 감각내용에 대해서 말하는 문장으로 번역될 수 있다는 구문론적 사실을 표현하고 있을 뿐임을 반복해 말할 필요가 있다.

정신과 물질 사이의 구별은 오직 논리적 구성물에만 적용되고 논리적 구성물 사이의 구별은 감각내용들 사이의 구별로 환원될 수 있다는 사실은 심적 대상의 집합 전체와 물리적 대상의 집합 전체 사이의 차이는 어떤 의미에서도 심적 대상의 특정한 2개의 부분집합들 사이의 차이나 물리적 대상의 특정한 2개의 부분집합들의 차이보다 더 근본적인 것은 아니라는 사실을 증명해 주고 있다. 실제로 "어떤 사람의 심적 상태"의 범주에 속하는 대상의 두드러진 특징은 그 대상들이 주로 "내성적" 감각내용으로, 그리고 자신의 신체요소인 감각내용으로 구성된다는 것이다. 그리고 "다른 사람의 심적 상태"의 범주에 속하는 대상의 두드러진 특징은 그 대상들이 주로 그 사람의 신체요소인 감각내용으로 구성된다는 것이다. 우리에게 이러한 두 가지 종류의 대상을 결합하여 심적 대상이라는 단 하나의 집합을 구성하게 하는 것은 다른 신체요소인 감각내용 중 많은 것과 자신의 신체요소인 감각내용 중 많은 것 사이에 질적으로 아주 높은 정도의 유사성이 있다는 사실 때문이다. 그러나 우리는 지금 "심성"(*mentality*) 에 관한 정확한 정의를 제공하는 데 관심을 갖고 있지 않다. 우리는 단지 정신과 육체 사이의 구별은 감각내용으로 구성되는 논리적 구성물에는 적용되지만, 감각내용 자체에는 적용될 수 없다는 점을 명확히 하는 것에만 관심을 갖는다. 왜냐하면 논리적 구성물들은 그 요소들 사이에 어떤 차이가 있다는 사실에 의해서 구별되는데, 그 구별은 그 요소들 사이에서 얻어질 수 있는 구별과는 분명히 다른 종류의 구별이기 때문이다.

또한 논리적 구성물을 가리키는 어떤 용어를 감각내용을 가리키는 용어로 정의하는 언어적 문제 외에, 정신과 육체의 관계에 대한 어떤 철학적 문제도 없다는 것은 분명하다. 인식에서나 행위에서 정신과 육체 사이의 "간격"을 메우는 가능성에 관하여 과거의 철학자들을 당황하게 했던 문제는 "실체"와 같은 정신과 육체에 관한, 혹은 정신과 물질적 사물에 관한 무의미한 형이상학적 개념으로부터 발생하는 잘못된 문제들이다. 형이상학으로부터 해방되면, 우리는 정신과 물질적 사물 사이에 인과적 혹은 인식론적 관계가 있다는 것에 어떤 선험적 반대도 있을 수 없다는 것을 알게 된다. 왜냐하면 대체로 말해서 우리가 어떤 시간 t에 어떤 사람 A의 심적 상태가 어떤 사물 X를 인식하는 것이라고 말할 때 우리가 의미하는 것은, t에 발생하는 A의 요소인 감각경험은 X의 요소인 감각내용을 포함하고 적절한 상황에서 A가 X의 어떤 다른 요소들의 발생에 대한 기대를 규정하는 어떤 이미지를 포함하며 또한 그러한 기대가 옳다는 것이다. 그리고 우리가 어떤 심적 대상 M과 물리적 대상 X가 인과적으로 관련되어 있다고 주장할 때, 우리가 의미하는 바는 어떤 조건하에서 M의 요소인 어떤 종류의 감각내용의 발생은 X의 요소인 다른 종류의 감각내용의 발생에 관한 믿을 만한 표시라는 것이며, 또한 그 역도 성립한다는 것이다. 이러한 종류의 명제가 참인가 거짓인가라는 질문은 분명히 경험적 질문이다. 형이상학자들이 시도했던 것처럼, 그것은 선험적으로 결정될 수 있는 질문이 아니다.

이제 감각내용의 주관성 문제를 고찰해 보자. 즉, 어떤 감각내용이 유일하게 한 사람이 아닌 많은 사람의 감각사(感覺史, *sense-history*)에서 발생하는 것이 논리적으로 가능한가 어떤가를 고찰해 보자. 이 질문에 답하기 위해서 자아(*self*)의 개념에 대한 분석을 진행해야 한다.

이제 우리가 직면하는 문제는 이미 우리가 다루었던 지각의 문제와 유사하다. 자아를 형이상학적 실체로 다루지 않으려고 한다면, 우리는 그것을 감각경험으로 구성된 논리적 구성물이라고 주장해야만 한다. 사실 그것은 어떤 자아의 현실적이고 가능적인 감각사를 구성하는 감각경험으로 이뤄진 논리적 구성물이다. 따라서 우리가 자아의 본성이 무엇인가라고 물을 때, 우리는 감각경험이 동일한 자아의 감각사에 속하기 위해서 그 감각경험들 사이에 어떤 관계가 있어야 하는가에 대해서 묻는 셈이다. 그리고 이에 대한 대답은 어떤 2개의 감각경험이 동일한 자아의 감각사에 속하기 위한 필요충분조건은 그 감각경험이 동일한 신체요소인 유기적 감각내용을 포함해야 한다는 것이다.[1] 그러나 어떤 유기적 감각내용이 하나 이상의 신체요소라는 것은 논리적으로 불가능하기 때문에, "동일한 자아의 감각사에 속함"이라는 관계는 대칭적이고 이행적인 관계임이 밝혀진다.[2] 그리고 동일한 자아의 감각사에 속하는 관계가 대칭적이고 이행적이라는 사실로부터 다른 자아의 감각사를 구성하는 일련의 감각경험은 아무런 공통적 요소도 가질 수 없다는 것이 필연적으로 얻어진다. 그리고 이것은 하나의 감각경험이 한 사람 이상의 감각사에 속하는 것이 논리적으로 불가능하다고 말하는 것과 같다. 그러나 모든 감각경험이 주관적이라면, 모든 감각내용도 주관적이 된다. 왜냐하면 정의에 의해서 하나의 감

---

1) 이것이 유일한 기준은 아니다. *The Foundations of Empirical Knowledge*, pp. 142~144를 볼 것.

2) 대칭적이고 이행적인 관계에 대한 정의를 위해서 제 3장 p. 102를 볼 것.

각내용은 필연적으로 하나의 감각경험에 속하기 때문이다.

이러한 결론이 의존하는 자아에 대한 설명은 분명히 많은 사람들에게 역설적인 것처럼 보일 것이다. 왜냐하면 자아를 하나의 실체로 간주하는 것은 여전히 인기가 있기 때문이다. 그러나 우리가 이러한 실체의 본성에 대해 탐구해 보면 그것은 전적으로 관찰될 수 없는 존재임을 알 수 있다. 자아가 자의식(*self-consciousness*)에서 드러난다고 주장되기도 하지만, 그것은 사실이 아니다. 왜냐하면 자의식에 포함되는 것은 자아가 이전 상태의 일부를 기억하는 능력일 뿐이기 때문이다. 그리고 어떤 자아 A가 자신의 전 단계 상태의 일부를 기억할 수 있다고 말하는 것은 A를 구성하는 감각경험의 일부가 A의 감각사에서 이전에 발생한 적이 있는 감각내용에 대응하는 기억영상을 포함하고 있다고 말하는 것일 뿐이다.[3] 그러므로 자의식의 가능성이 결코 실체로서 자아의 존재를 포함하지 않는다는 것을 알 수 있다. 그러나 만약 실체적 자아가 자의식에서 드러나지 않는다면, 어디에서도 드러나지 않는다. 그러한 실체의 존재는 전적으로 검증불가능하다. 따라서 그러한 존재를 가정하는 것은 로크가 물질적 기체의 존재를 가정한 것 같은 불명예스런 가정에 지나지 않는다고 결론내려야 한다. 왜냐하면 "관찰될 수 없는 무엇"이 자아의 유일한 경험적 표시인 감각의 기초가 된다고 주장하는 것은 "관찰될 수 없는 무엇"이 물질적 사물의 유일한 경험적 표현인 감각의 기초가 된다고 주장하는 것만큼 분명히 무의미하기 때문이다. 버클리가 파악했던 것처럼, 물질적 사물에 대해 현상론적 설명을 하는 것이 필요하다는 생각은, 버클리도 깨닫지 못했지

3) Bertrand Russell, *Analysis of Mind*, Lecture IX.

만 마찬가지로 자아에 대해서도 현상론적 설명을 하는 것이 필연적이게 만든다.

여러 다른 점에서와 마찬가지로 이 점에 대한 우리의 추론도 흄의 추론과 일치한다. 그도 또한 실체적 자아가 관찰될 수 없다는 이유로 그 개념을 거부했다. 그는 자기 자신이라고 불렀던 것을 아주 면밀하게 파고들어갈 때는 언제나 어떤 구체적 지각 — 뜨거움이나 차가움, 밝음이나 어둠, 사랑이나 증오, 고통이나 쾌락 등의 지각에 부딪힌다고 말한다. 그는 한순간도 지각 없이 자기 자신을 포착할 수 없었고, 지각 외에는 아무것도 관찰할 수 없었다. 그리고 이것이 그로 하여금 자아란 "단순히 다른 지각의 다발이거나 집합"이라고 주장하게 한 것이다.[4] 그러나 이렇게 주장했음에도 그는 무수히 많은 다른 지각들 사이의 "실재하는 관계"에 대해서는 지각하지 못했기 때문에, 그 지각들이 결합하여 하나의 자아를 형성하는 원리를 발견할 수 없다고 보았다. 그는 기억이란 인격동일성(*personal identity*)을 만들어내는 것이 아니라 확인시켜 주는 것으로 간주되어야 한다고 보았다. 다시 말해서 자의식은 기억에 의해서 정의되어야 하지만 자아동일성은 그럴 수 없다. 왜냐하면 어떤 순간에 기억할 수 있는 나의 지각의 수는 나의 감각사에서 현실적으로 발생했던 지각의 수보다 적고, 내가 기억할 수 없는 지각들도 기억할 수 있는 지각처럼 나의 자아를 구성하기 때문이다. 이러한 토대 위에서 기억이 자아의 통합원리라는 주장을 거부했기 때문에, 흄은 자아를 형성하는 지각들 사이의 관계가 무엇이어야 하는가에 대해서 알 수 없다고 고백하지 않을 수 없었다.[5] 그리고 이러한

4) *Treatise of Human Nature*, Book I, Part IV, section vi.

고백은 종종 합리론자들에 의해서 일관성 있는 경험론자들이 자아에 관한 만족스런 설명을 하지 못한다는 증거로 받아들여지기도 한다.

우리 입장에서, 우리는 경험론에 대한 이러한 비난이 근거가 없다는 것을 보여주었다. 왜냐하면 우리는 인격동일성을 신체적 동일성으로 정의하고, 신체적 동일성은 감각내용의 유사성과 지속성으로 정의함으로써 흄의 문제를 해결하였기 때문이다. 그리고 이러한 과정은 우리의 언어로, 사람이 완전한 기억의 상실 후나 완전한 성격의 변화 후에 살아남아도 그는 바로 그 사람이라고 말할 수 있지만, 자신의 신체의 절멸 이후에도 그 사람을 그 사람이라고 말하는 것은 자기모순적이라는 사실로 정당화된다.[6] 왜냐하면 "죽음 이후의 삶"을 기대하는 사람들에 의해서 살아가게 된다고 생각되는 것은 경험적 자아가 아니라 형이상학적 실체인 영혼이기 때문이고, 이러한 형이상학적 실체에 대해서는 어떤 참다운 가설도 만들어낼 수 없는데, 그러한 실체는 자아와 아무런 논리적 관계도 갖지 않기 때문이다.

그러나 자아의 본성에 관해 현상론적 설명을 하는 것이 필연적이라는 흄의 주장을 우리가 옹호한다고 할지라도, 자아에 관한 우리의 현실적 정의는 흄의 설명을 단순히 다시 진술하는 것이 아니다. 왜냐하면 흄이 분명히 그런 것처럼, 우리는 자아가 감각경험의 총체라고 주장하거나 개별적 자아를 구성하는 감각경험이 어떤 의미에서든 자아의 일부라고 주장하지 않기 때문이다. 우리가 자아에 대해 어떤 것을

5) *Treatise of Human Nature*, Appendix.

6) 인격동일성에 관한 심리적 기준을 택하는 사람들은 이것을 참으로 받아들이지 않는다.

말할 때 우리는 항상 감각경험에 대해 어떤 것을 말하고 있다는 의미에서, 우리는 자아가 감각경험으로 환원될 수 있다고 주장하는 것이다. 그리고 인격동일성에 관한 우리의 정의는 이러한 환원이 어떻게 이뤄지는가를 보여주도록 의도된 것이다.

우리가 모든 감각경험과 감각경험의 일부를 이루는 감각내용은 한 사람의 자아에게만 사밀한 것임을 인정하고 동시에 철저한 현상론을 채택한다는 점에서, 우리는 다음과 같은 반론이 제기되기 쉬운 길을 택하는 셈이다. 모든 경험적 지식은 감각내용의 관계에 관한 지식으로 분석된다는 것과 인간의 감각사 전체는 자신에게만 사밀한 것임을 주장하는 사람은 누구나 논리적으로 유아론자(*solipsist*)일 수밖에 없다고 말할 것이다. 즉, 우리는 자신 외에 다른 사람이 존재하지 않는다고 주장하거나 혹은 자신 외에 다른 사람이 있다고 생각할 이유가 없다고 주장하는 유아론자가 될 수밖에 없다는 것이다. 왜냐하면 그 전제로부터 다른 사람의 감각경험은 아마도 자신의 감각경험의 일부를 형성할 수 없고, 결론적으로 우리는 그러한 경험이 발생한다는 것을 믿을 만한 근거를 조금도 가질 수 없다는 것이 추론되기 때문이다. 그리고 그 경우에 사람이 자신의 감각경험의 논리적 구성물일 뿐이라면, 그는 다른 사람의 존재를 믿어야 할 아무런 근거도 가질 수 없을 것이기 때문이다. 그러한 유아론적 주장이 자기모순적임을 보일 수는 없다고 할지라도, 그것이 잘못임은 잘 알려져 있다.[7)]

나는 유아론이 잘못이라고 알려져 있음을 부인함으로써가 아니라, 유아론이 우리의 인식론의 필연적 귀결이라는 것을 부인함으로써 이

7) L. S. Stebbing, *Logical Positivism and Analysis* 참고.

러한 반론에 답하려고 한다. 사실 나는 다른 사람의 인격성(*personality*)이 내가 관찰할 수 없는 어떤 것이라면, 다른 사람의 존재를 믿어야 할 이유가 없다는 것을 받아들일 준비가 되어 있다. 그리고 이러한 사실을 받아들인다는 점에서, 나는 우리처럼 하나의 감각내용은 한 사람 이상의 자아의 감각사에 속할 수 없다고 주장하는 대부분의 철학자들이 인정하지 않은 것을 인정하는 셈이다. 반대로 그들은 어떤 의미에서 다른 사람의 존재를 관찰할 수 없다고 할지라도, 자신의 경험으로부터 매우 큰 개연성을 가지고 타인의 존재를 추론할 수 있다고 주장할 것이다. 그들은 나 자신의 육체행위와 닮은 행위를 하는 육체에 관한 나의 관찰은 나에게 마치 나의 육체가 나 자신이 관찰할 수 있는 자아와 관계하듯이 아주 개연성 높게 그 육체는 내가 관찰할 수 없는 자아와 관계되리라고 생각할 수 있게 한다고 말할 것이다. 이렇게 말할 때, 그들은 "무엇이 나에게 다른 사람의 존재를 믿게 하는가"라는 심리학적 질문에 대답하려고 시도하는 것이 아니라, "다른 사람의 존재를 믿기 위해서 나는 어떤 적절한 이유를 가지고 있는가"라는 논리적 질문에 대답하려고 시도하는 것이다. 따라서 그들의 견해는, 때때로 생각되는 것처럼 어린이들이 다른 사람의 존재에 관한 믿음을 추론과정을 통해서가 아니라 직관적으로 갖게 된다는 사실을 보여주는 논증으로는 반박되지 않는다. 왜냐하면 어떤 명제에 대한 나의 믿음은, 사실 인과적으로 그 믿음을 합리적으로 만드는 증거에 대한 이해에 의존한다고 할지라도 그것이 반드시 그래야만 하는 것은 아니기 때문이다. 합리적 근거가 있는 믿음도 자주 비합리적 수단에 의해서 획득된다고 말하는 것이 자기모순적인 것은 아니다.

다른 육체의 행위와 나의 육체의 행위 사이에 지각될 수 있는 유사성이 있다는 사실에 근거하여 유비논증을 사용할 수 있다는 견해를 논박하고, 내가 그 사람의 경험을 관찰할 수 없음에도 그 사람의 존재에 대해서 믿는 것을 정당화할 수 있는 옳은 방법은, 완전하게 검증할 수 없는 가설을 개연적인 것으로 만들 수 있는 논증은 없다는 점을 지적하는 것이다. 나의 경험에서 실제로 스스로를 드러낸 적이 없는 대상이 나의 경험에서 드러날 수 있다고 생각할 수 있다면, 그 대상의 존재 가능성을 입증하기 위해서 나는 정당하게 유비논증을 사용할 수 있다. 이러한 조건이 충족되지 않는다면, 내 생각으로는 그러한 대상은 형이상학적 대상이고, 그 대상이 존재하며 그 대상이 어떤 속성을 갖는다고 주장하는 것은 형이상학적이다. 형이상학적 주장은 무의미하기 때문에 어떤 논증도 그것을 그럴듯한 것으로 만들 수 없을 것이다. 그러나 우리가 논의하는 견해에 따르면, 우리는 다른 사람을 형이상학적 대상으로 간주해야 한다. 왜냐하면 나의 관찰은 전혀 그들의 경험에 접근할 수 없다고 생각되기 때문이다.

이로부터 얻어지는 결론은 다른 사람의 존재는 형이상학적이어서 허구적 가설일 뿐이라는 것이 아니라, 다른 사람의 경험은 전적으로 나의 관찰에 열려 있지 않다는 가정이 잘못이라는 것이다. 그것은 마치 로크의 물질적 기체개념이 형이상학적이라는 사실로부터 얻어져야 할 결론이 물질적 대상에 대한 모든 주장이 무의미하다는 것이 아니라, 물질적 대상개념에 대한 로크의 분석이 잘못이라고 말하는 것과 같다. 그리고 물리적 대상과 나 자신의 자아를 그것이 경험적으로 드러남에 의해서 정의해야 하는 것처럼, 다른 사람도 그것의 경험적 현현, 즉 그 육체의 행위, 그리고 궁극적으로는 감각내용에 의해서 정의되어야 한다. 이러한 감각내용의 "배후에" 원칙적으로조차 관찰할 수 없는 존재가 있다는 가정은, 그러한 존재가 나에게 혹은 나 자신의 자아에게 물리적 대상을 구성해 주는 감각내용의 "토대가 된다"는 형이상학적 가정처럼 의미가 없다. 그러므로 나는 물리적 대상의 존재를 믿는 것처럼 다른 사람의 존재를 믿을 적절한 이유를 갖고 있음을 안다. 왜냐하면 각각의 경우에서 나의 가설은 일련의 적절한 감각내용이 나의 감각사에서 나타남으로써 검증되기 때문이다.[8)]

다른 사람의 경험을 어떻게든 자신의 경험으로 환원하는 것이 다른 사람의 실재성을 부인하는 것으로 생각해서는 안 된다. 우리는 다른 사람의 경험을 적어도 그가 원칙적으로 관찰할 수 있는 것에 의해서 정의해야 하지만, 이것이 우리가 다른 사람을 로봇으로 간주해야 한다는 것을 의미하지는 않는다. 반대로 의식적인 사람과 무의식적인 기계 사이의 구별은 결국 지각할 수 있는 다른 유형의 행위 사이의 구별이다. 의식적 존재인 것처럼 보이는 대상이 실제로는 의식적 존재가 아니라 단순히 가짜이며 기계일 뿐이라고 주장할 수 있는 유일한 근거는 의식이 있고 없음을 결정할 수 있는 경험적 테스트 중의 하나를 만족시키지 못한다는 사실이다. 내가 하나의 대상이 정의에 따라 의식적 존재가 행위하는 것과 모든 면에서 같은 방식으로 행위한다는 것을 안다면, 나는 그것이 정말로 의식적임을 아는 것이다. 그리고 이것은 분석명제이다. 왜냐하면 하나의 대상이 의식적이라고 주장할 때, 나는 그 대상이 생각할 수 있는 어떤 가능한 테스트에 반응하여 경험적으로 의식을 드러내 보일 것이라고 주장하는 것 이상을 주장하는

---

8) Rudolf Carnap, "Scheinprobleme in der Philosophie: das Fremd-psychische und der Realismusstreit"와 "Psychologie in physikalische Sprache," *Erkenntnis*, Vol. III, 1932 참고.

것이 아니기 때문이다. 이것은 원칙적으로조차 관찰할 수 없는 사건의 발생에 관한 어떤 형이상학적 가정을 하는 것이 아니다.

그렇다면 어떤 사람의 감각경험이 자신에게만 사밀한 것이라는 사실은 그 경험이 다른 사람이 아닌 자신의 육체에 속하는 유기적 감각내용을 포함하는 한, 그 사람이 다른 사람의 존재를 믿을 적절한 이유를 갖고 있다는 것과 완전히 양립될 수 있는 것처럼 보인다. 왜냐하면 우리가 형이상학을 피하려고 한다면, 우리는 다른 사람의 존재를 어떤 감각내용의 현실적이고 가정적인 발생에 의해서 정의해야 하고, 요청되는 감각내용이 자신의 감각사에서 나타난다는 사실은 스스로에게 자기 외에 다른 의식적 존재가 있다고 믿게 하는 적절한 이유를 제공하기 때문이다. 그리하여 "다른 사람에 관한 우리의 지식"에 관한 철학적 문제는 논증에 의해서 관찰될 수 없는 대상의 존재를 형성하는 해결할 수 없는 허구적 문제가 아니라, 단순히 어떤 형태의 가설이 경험적으로 검증될 수 있는가를 지적하는 문제일 뿐이다.[9]

마침내 우리의 현상론은 우리 각자가 자신과 동일한 수많은 의식적 존재가 있다는 것을 믿을 적절한 이유를 갖는다는 사실뿐만 아니라, 이러한 존재는 서로 의사소통하며 공동의 세계에 살고 있다고 믿을 적절한 이유를 갖는다는 사실과도 양립할 수 있다는 점을 분명히 해야 한다. 왜냐하면 언뜻 보기에 모든 종합명제는 궁극적으로 감각내용에 대해서 언급한다는 견해는 어떤 감각내용도 한 사람 이상의 감각사에 속할 수 없다는 견해와 결합되어, 어떤 종합명제가 한 사람에게 주는 의미와 같은 의미를 다른 사람에게 준다고 믿게 할 어떤 이유도 없다

9) 이 문제는 서론의 pp. 40~41을 참조할 것.

는 것을 함축하는 것처럼 보일 수 있기 때문이다. 즉, 어떤 사람의 경험이 그 사람에게만 사밀하다면, 아무도 다른 사람의 경험이 자신의 경험과 질적으로 동일하다고 믿을 적절한 이유를 가질 수 없으며 결과적으로 그가 이해하는 명제는 자신의 감각경험의 내용을 지시하기 때문에 다른 사람에 의해서도 동일하게 이해된다고 믿을 적절한 이유를 가질 수 없다고 생각될 수 있다.[10] 그러나 이러한 추론은 오류이다. 우리의 경험은 자신에게만 사밀하다는 사실로부터 다른 사람의 경험이 질적으로 자신의 경험과 동일하다고 믿을 적절한 이유가 없다는 것이 추론되지는 않는다. 왜냐하면 우리는 두 사람의 감각경험의 질적 동일성과 이질성을 경험적 테스트에 대한 그들의 반응의 유사성과 차이로 정의하기 때문이다. 예를 들면, 두 사람이 동일한 색 감각(*colour sense*)을 갖는가를 결정하기 위해서 우리는 그 두 사람이 모든 색에 같은 방식으로 반응하여 색을 분류하는가를 관찰한다. 어떤 사람이 색맹이라고 말할 때, 우리는 그가 어떤 색들을 대부분의 사람들이 분류하는 것과는 다른 방식으로 분류한다고 주장하는 것이다. 두 사람이 색깔들을 같은 방식으로 분류한다는 사실은 그들의 색깔체계가 같은 구조를 갖는다는 것만을 입증할 뿐, 그들이 같은 내용을 갖는다는 것을 입증하지는 않는다고 비판될 수도 있다. 즉, 내가 색깔들에 대해서 주장하는 모든 명제들에 대해서 다른 사람은 전적으로 다른 색깔 감각에 근거해서 동의할 수도 있는데, 그 차이가 체계적이어서 우리는 그 차이를 감지할 수 없을 수도 있다. 그러나 이에 대한 대답은 우리들 모

10) 이 논증은 L. S. Stebbing 교수의 "Communication and Verification"에서 사용되었다. *Supplementary Proceedings of the Aristotelian Society*, 1934.

두 다른 사람의 감각경험의 내용을 그들 스스로 관찰할 수 있는 것에 의해서 정의해야 한다는 것이다. 우리가 다른 사람의 경험을 본질적으로 관찰할 수 없는 존재자로 간주한다면, 우리가 이미 보았던 것처럼 다른 의식적 존재가 있다는 명제조차도 그에게는 형이상학적 가설이 된다. 따라서 다른 사람의 감각구조와 내용을 구별하여, 다른 사람이 관찰할 수 있는 것은 그 구조일 뿐이고 내용은 관찰할 수 없는 것이라고 구별하는 것은 잘못이다. 왜냐하면 만일 내가 정말로 다른 사람의 감각작용의 내용을 관찰할 수 없다면, 나는 그 감각작용에 대해서 아무것도 말할 수 없을 것이기 때문이다. 그러나 사실 나는 다른 사람의 감각작용에 대한 의미 있는 진술을 하고 있다. 그것은 감각작용과 그 작용들 사이의 관계를 내가 관찰할 수 있는 것에 의해서 정의할 수 있기 때문이다.

마찬가지로 우리는 다른 사람이 우리를 이해하고, 우리는 그들을 이해한다고 생각할 좋은 이유를 가지고 있다. 왜냐하면 우리는 우리의 진술이 적절하다고 생각하는 그들의 행위에 영향을 미치고, 그들 또한 그들의 진술이 우리의 행위에 적절하다고 생각되는 영향을 미치기 때문이다. 두 사람이 공동의 세계에 산다고 주장하는 것은 적어도 원칙적으로 그들이 서로 이해할 수 있다고 주장하는 것이기 때문에, 우리는 비록 우리의 감각경험이 우리에게만 사밀하다고 할지라도 우리와 다른 의식적 존재가 공동의 세계에서 산다고 믿을 만한 좋은 이유를 갖는다고 추론할 수 있다. 왜냐하면 우리는 우리 입장에서 그리고 다른 사람의 입장에서 그 행위를 관찰하고 그것이 필요한 이해를 구성하기 때문이다. 우리의 인식론에는 이러한 사실을 부인할 어떤 것도 없다.

제8장 유명한 철학적 논쟁의 해결

이 저서의 주된 목적 중의 하나는, 철학의 본성상 서로 갈등하는 철학 파벌이나 "학파"의 존재를 정당화해 주는 것은 아무것도 없다는 것을 보이는 것이었다. 왜냐하면 어떤 명제의 개연성에 관한 의견의 차이가 정당하게 인정될 수 있는 경우는 오직 그 명제의 개연성을 결정하기 위해서 주어진 증거가 불충분한 경우일 뿐이기 때문이다. 그러나 철학적 명제와 관련해서 이것은 결코 사실일 수가 없다. 왜냐하면 이미 살펴본 것처럼, 철학자의 임무는 경험 속에서 타당한 것으로 인정되어야 하는 사변적 이론을 고안하는 것이 아니라, 우리의 언어적 용법의 귀결을 이끌어내는 것이기 때문이다. 다시 말해서, 철학이 관심을 갖는 질문은 순수하게 논리적인 것이다. 그리고 비록 사람들이 실제로 논리적 질문에 대해서 논쟁한다고 할지라도, 그러한 논쟁이 항상 정당화되는 것은 아니다. 왜냐하면 그러한 논쟁은 필연적으로 참인 명제를 부인하거나 필연적으로 거짓인 명제를 주장하기 때문이다.

그러므로 그러한 모든 경우에 우리는 그 논쟁에 참여하는 어느 한쪽의 입장과 관련된 추론을 충분히 자세하게 조사한다면 잘못된 오해를 발견할 수 있을 거라고 생각할 수 있다. 따라서 그 논쟁이 곧바로 해결되지 않는다면, 그것은 한쪽 입장이 범한 논리적 실수가 매우 미묘해서 쉽게 발견되지 않기 때문이지, 논의되는 문제가 충분한 증거에도 불구하고 해결될 수 없기 때문이 아니다.

따라서 철학의 조건에 관심을 갖고 있는 우리는 더 이상 철학자들을 파벌로 분리할 수 있다는 것을 받아들일 수 없다. 왜냐하면 만약 파벌들 사이에 논쟁하는 문제가 성격상 논리적인 것이라면 그것은 분명하게 대답될 수 있다는 것을 알기 때문이다. 그리고 만약 그 문제가 논리적인 것이 아니라면, 그것은 형이상학적인 것으로 버리거나 혹은 경험적 탐구의 주제가 되어야 한다. 그러므로 나는 철학자들이 과거에 그것에 대해서 다른 입장을 취한 세 가지의 커다란 이슈를 하나씩 차례로 검토해 보고, 그 이슈를 구성하는 문제들을 정리하여, 각 문제에 대해서 그것의 본성에 적절한 해결책을 제공해 보기를 제안한다. 이러한 문제들 중에서 몇 개는 이 책을 전개하는 과정에서 이미 다루어졌음이 밝혀질 것이고, 그 경우에 우리는 해결책의 토대가 되는 논증을 반복하지 않고 해결책만 개괄하는 것으로 만족할 것이다.

이제 우리가 생각하려는 문제는 합리론자와 경험론자, 실재론자와 관념론자, 그리고 일원론자와 다원론자 사이에 쟁점이 되는 문제이다. 각 경우에서 우리는 한 학파가 주장하고 다른 학파가 논박하는 테제가 부분적으로는 논리적이고, 형이상학적이며, 경험적이라는 것을 알게 될 것이고, 그것의 구성요소들 사이에 엄격한 논리적 관계란 없다는 것을 알게 될 것이다. 따라서 그 테제 중의 일부는 수용하고 다른 부분은 거부하는 것이 정당하다. 그리고 우리는 누군가가 특정한 어떤 학파의 구성원이라고 간주되기 위해서 그 사람이 그 학파의 특징이라고 여겨지는 모든 학설을 다 신봉해야 한다고 주장하는 것이 아니고, 단지 그가 그 학설 중의 일부를 신봉한다면 충분하다고 주장한다. 우리가 역사적 부정확성이라는 있을 수 있는 비난으로부터 우리를 보호하기 위해서, 이렇게 말하는 것은 현명할 것이다. 그러나 우리는 일군의 철학자를 대가로 지불하면서 다른 일군의 철학자들을 옹호하는 데 관심을 갖고 있지 않으며, 철학사에서 그 문제의 난해함이나 중요함과는 전혀 균형잡히지 않은 역할을 수행한 문제들을 해결하는 데만 관심을 갖고 있을 뿐이라는 것이 처음부터 이해되어야 한다. 이제 우리는 합리론과 경험론의 논쟁과 관계되는 문제를 가지고 시작할 것이다.

합리론과 경험론

합리론자들이 주장하고 경험론자들이 비판하는 형이상학적 논제는, 순수하게 지성적 직관의 대상이며 전적으로 유일한 실재인 초감각적 세계가 있다는 것이다. 우리는 이미 형이상학에 대한 비판을 통해서 분명하게 이 주장을 다루었고, 그것은 거짓이 아니라 무의미하다는 점을 보였다. 왜냐하면 어떤 경험관찰도 초감각적 세계의 성질이나 심지어 그 존재에 대해 아무런 결론도 내릴 수 없기 때문이다. 그러므로 우리는 그러한 세계의 가능성을 부인할 수 있고, 그러한 세계에 대한 서술은 무의미한 것이라고 간주할 수 있다.

합리론과 경험론 논쟁의 논리적 측면에 관해서도 충분히 다루었고, 기억하겠지만 우리는 경험론 입장에 선다는 것을 표명했다. 왜냐하면 우리는 하나의 명제가 경험적으로 검증될 수 있는 경우에만 그 명제는 사실적 내용을 가지며, 따라서 합리론자들은 사실의 문제에 대해서 진술하는 선험적 명제가 있을 수 있다고 생각한다는 점에서 잘못을 범하고 있다는 것을 보였기 때문이다. 동시에 우리는 선험적 명제와 경험적 명제 사이에 일상적으로 행하는 구별은 부당한 것이며, 모든 의미 있는 명제는 경험적 가설이고 그것의 참은 대단히 높은 개연성을 갖지만 결코 확실성을 가질 수는 없다고 주장하는 경험론자들에게도 동의하지 않는다.[1] 우리는 경험과 상관없이 필연적으로 타당한 명제가 있으며, 이러한 명제와 경험적 명제는 질적 차이가 있다는 것을 인정한다. 그러나 우리는 이러한 필연성을 합리론자들처럼 그 명제들이 사변적 "이성의 진리"라고 말함으로써 설명하지 않는다. 우리는 그 필연성을 그 명제들은 동어반복이라고 말함으로써 설명한다. 그리고 우리는 때때로 선험적 추론에서 실수한다는 사실과 우리가 실수하지 않을 때도 흥미롭고 기대하지 않은 결론에 도달할 수 있다는 사실은 그러한 추론이 순수하게 분석적이라는 사실과 양립불가능한 것이 아니라는 점을 보였다. 그리하여 우리가 합리론의 논리적 논제와 모든 형태의 형이상학 논제를 거부하는 것이 우리로 하여금 필연적 진리가 있다는 것을 부인하지 않을 수 없게 하는 것이 아님을 알게 되었다.

형이상학적 진술을 단순히 금지하는 것과 구별하여 형이상학을 분명히 거부하는 것이 실증주의라고 알려진 한 형태의 경험론의 특징이다. 그러나 우리는 실증주의자들이 형이상학적 진술과 진짜 종합명제

1) 〔옮긴이 주〕 이러한 주장을 하는 대표적 철학자는 밀(J. S. Mill)이다. 밀은 궁극적으로 논리적으로 참인 명제도 경험을 통한 귀납추론의 결론이라고 주장한다. 이 책의 pp. 114~116을 볼 것.

를 구별하기 위하여 사용하는 기준을 받아들이지 않는다는 것을 분명하게 밝혔다. 왜냐하면 실증주의자들은 하나의 종합명제에 대해서 그것은 적어도 원칙적으로 결정적으로 검증가능해야 한다고 주장하기 때문이다. 우리가 지금까지 제시한 이유 때문에, 결정적으로는 어떤 명제도 원칙적으로조차 검증될 수 없고 단지 기껏해야 매우 개연적인 것으로 받아들일 수 있을 뿐이기 때문에, 실증주의자들의 기준은, 그들이 의도한 것처럼 결코 문자적 의미와 무의미를 구별하지 못하고 모든 진술을 무의미한 것으로 만들어버린다. 그러므로 우리가 보았던 것처럼 문자적 의미의 기준으로서 약화된 형태의 실증주의 검증원리를 채택해야 하고, 한 명제의 참과 거짓과 관련되는 어떤 관찰이 있다면 그 명제는 정말로 사실에 관한 명제라는 것을 인정해야 한다. 그래서 하나의 진술이 동어반복도 아니고 어떤 가능한 관찰에 의해서 조금도 구체적으로 입증될 수 없는 경우에만 그 진술은 형이상학적이라고 설명된다. 실천적으로 이 기준에 의해서 의미 있는 것으로 인정되는 것 중에서 실증주의자들에 의해서 용인되지 않은 것은 거의 없다. 그러나 그것은 그들이 자신들의 기준을 일관성 있게 적용하지 않았기 때문이다.

개별적 기호(용어)의 의미와 관련해서도 우리는 실증주의자들의 주장에 반대한다는 것을 덧붙여야 한다. 왜냐하면 논리적 상항을 제외한 모든 기호는 그 자체로 감각내용을 지시하거나 가리키는 기호들에 의해서 명시적으로 정의될 수 있다고 주장하는 것이 실증주의자들의 특징이기 때문이다. "원자"나 "분자" 혹은 "전자"와 같은 물리적 기호는 이 조건을 만족시키지 못한다는 것이 자명하다. 그래서 마흐를 포함해서 몇몇 실증주의자들은 이 점에 대해서 그러한 용어의 사용을 부당한 것으로 간주하고자 한다.[2] 그들이 자신들의 기준을 적용하는 데에서 일관성을 갖기 위해서는 물질적 사물을 지시하는 용어의 사용도 비판했어야 한다는 것을 깨달았더라면, 그들이 그렇게 경솔한 실수를 하지는 않았을 것이다. 왜냐하면 이미 살펴본 것처럼, "책상"이나 "의자" 혹은 "외투"와 같은 익숙한 기호들조차도 명시적으로 감각내용을 지시하는 기호에 의해서 정의될 수 없고 오직 사용상의 정의만 가능하기 때문이다. 따라서 우리는 한 기호가 등장하는 문장을 감각내용을 지시하는 문장으로 번역할 수 있는 규칙을 원칙적으로 제공할 수 있다면, 혹은 다시 말해서 그 기호가 표현하는 데 도움을 주는 명제가 구체적으로 어떻게 경험적으로 입증되는가를 설명할 수 있다면, 그 기호의 사용은 정당하다고 인정되어야 한다. 그리고 친숙한 물리적 대상을 가리키는 기호들이 이 조건을 만족시키는 만큼, 실증주의자들이 비판했던 물리적 기호들도 그 조건을 충분히 만족시킨다.

마지막으로 우리는 논리적 논제에 의해서 경험론 저술가들이 제안한 사실적 주장을 하고 있지 않다는 것을 다시 한 번 강조해야 한다. 우리는 이미 마흐와 흄의 심리학적 원자론에 반대한다는 점을 밝혔다. 우리가 법칙에 관한 일반명제의 타당성에 관한 흄의 인식론적 견해에 대체로 동의하지만, 우리는 그러한 명제가 현실적으로 형성되는 과정에 대한 흄의 설명은 받아들이지 않는다는 것을 덧붙일 수 있다. 분명히 흄이 주장한 것과 달리, 우리는 모든 일반적 가설이 사실 수많은 관찰사례에 의한 일반화라고 주장하지 않는다. 우리는 과학적 이론이

2) 이 문제에 대한 논의를 위해서는 Hans Hahn, "Logik, Mathematik und Naturerkennen," *Einheitswissenschaft*, Heft II를 볼 것.

형성되는 과정은 종종 귀납적이라기보다는 연역적이라는 합리론자의 주장에 동의한다. 과학자는 자신의 법칙을 오직 개별적 사례에서 예화된 결과로써만 형성하지 않는다. 과학자는 때때로 그 법칙을 정당화할 증거를 갖기 전에 그 법칙의 가능성을 생각한다. 어떤 가설, 혹은 어떤 가설의 집합이 참일 수 있다는 것이 그에게 "떠오른다." 과학자는 주어진 상황에서 그 가설이 참이라면 경험할 수 있어야 하는 것을 발견하기 위해서 연역추론을 사용한다. 그리고 그가 필요한 관찰을 한다면, 그리고 그 관찰을 할 수 있다고 믿을 이유를 갖는다면, 그는 그 가설을 수용한다. 흄이 주장한 것처럼 과학자는 자연이 그에게 가르쳐주도록 수동적으로 기다리지 않는다. 오히려 칸트가 보았던 것처럼, 과학자는 자연으로 하여금 자신이 자연에 부과한 질문에 대답하도록 요구한다. 그래서 정신은 지식에서 능동적이라고 주장한다는 점에서 합리론자들이 옳다. 실제로 한 명제의 타당성이 논리적으로 그 명제에 향하는 어떤 사람의 심리적 태도에 의존한다는 것은 참이 아니고, 모든 물리적 사실은 논리적으로나 인과적으로 정신적 사실에 의존한다는 것도 참이 아니다. 또한 어떤 물리적 대상의 관찰이 어떤 경우에서는 그 대상에서 변화를 야기하기도 하지만 그것이 필연적이라는 것은 사실이 아니다. 그러나 이론화라는 행위는 그 주관적인 면에서 창조적 활동이며 "우리의 지식의 기원"에 관한 경험론자들의 심리학적 이론은 이 점을 고려하지 못함으로써 치명적이게 된다는 지적은 옳다.

과학적 법칙이 종종 직관적 과정을 통해서 발견된다는 것이 인식되어야 하지만, 이것이 과학적 법칙이 직관적으로 타당하게 될 수 있다는 것을 의미하지는 않는다. 이미 여러 차례 말했던 것처럼, "우리의 지식은 어떻게 생겨나는가"라는 심리학적 질문과 "그것이 어떻게 지식으로 확실하게 되는가"라는 논리적 질문을 구별하는 것은 본질적이다. 이 두 질문에 관한 정확한 대답이 무엇이든지 간에, 그 대답들은 논리적으로 서로 무관하다는 것은 분명하다. 따라서 우리가 지식을 획득함에서 직관이 하는 역할에 관한 합리론자들의 심리학적 이론은 매우 그럴듯한 참이라고 일관성있게 인정할 수 있지만, 동시에 한 명제의 타당성을 선험적으로 보증할 수 있는 종합명제가 있다는 그들의 논제를 자기모순적인 것이라고 거부할 수 있는 것이다.

실재론과 관념론

마침내 우리가 결말지은 합리론과 경험론 사이의 논쟁에 관한 중요한 점은 이 책에서 지속적으로 언급한 반면, 현대 철학사가들에게 그것과 거의 동일한 정도로 중요한 실재론과 관념론의 논쟁에 대해서 우리는 거의 관심을 갖지 못했다. 그 논쟁과 관련해서는 지금까지 그 논쟁의 형이상학적인 면을 제거하고, 그 논쟁이 포함하는 논리적 문제는 존재명제의 분석과 관련된 문제라는 것을 강조한 것이 전부이다. 하나의 대상이 관념적인가 실재적인가라는 문제는 가능한 어떤 관찰에 의해서도 결정할 수 없는 경험적 문제라고 가정할 때, 관념론과 실재론 사이의 논쟁은 형이상학적 논쟁이 된다는 것을 보았다. "실재적"(*real*) 이라는 용어의 일상적 의미, 즉 "실재적이다"라는 말이 "가상적이다"(*be illusory*) 라는 말과 반대되는 의미에서는, 어떤 대상이 실재적인가 아닌가를 결정하기 위한 분명한 경험적 테스트가 있다는 것을 보았다. 그러나 어떤 대상이 이런 의미에서 실재적이라는 점에 대해서 동의하면서, 계속해서 그 대상이 자신들도 실재적임이라고 부르지만 완전하게 파악할 수 없는 그러한 속성을 갖는지, 또는 관념적임이라고 부르지만 동시에 파악할 수 없는 속성을 갖는지에 대해서 논쟁한다면, 그들은 전적으로 허구적 문제에 대해서 논쟁하는 것이다. 그리고 여기에 더 이상 아무것도 덧붙여 설명할 필요는 없고, 단지 계속해서 우리는 논리적인 면에서 관념론과 실재론의 논쟁을 직접 살펴볼 것이다.

관념론자들에 의해서 주장되고, 실재론자들에 의해서 논박되는 논리적 주장은 "x는 실재적이다"는 형태의 문장이 무엇을 함축하는가라는 질문과 관련된 것이다. 그리하여 x가 사람이 아니라 사물을 가리키는 경우 "x는 실재적이다." 혹은 "x가 존재한다"는 문장은 "x는 지각된다"는 문장과 동치이고, 따라서 어떤 것이 지각되지 않은 채로 존재한다는 것은 자기모순적이라고 주장하는 것이 버클리적 관념론자들의 주장이다. 그리고 나아가서 그들은 "x는 지각된다"는 문장은 "x는 심적이다"는 것을 함축한다고 주장하고, 따라서 존재하는 모든 것은 심적이라고 결론내린다. 이 두 명제는 모두 실재론자들에 의해서 거부된다. 실재론자들의 입장에서, 실재의 개념은 분석될 수 없으며, 지각에 대해서 언급하는 어떤 문장도 "x는 실재적이다"는 문장과 동일하지 않다고 주장한다. 우리는 실재론자들이 관념론자들의 주장을 부정하는 점은 옳지만 그들이 옳다고 주장하는 것은 잘못임을 보일 것이다.

간단히 말해서 버클리가 지각되지 않은 어떤 물질적 사물도 존재하지 않는다고 주장한 근거는 다음과 같다. 먼저 그는 하나의 사물은 그 사물의 감각될 수 있는 성질의 총체에 불과하고, 둘째 감각될 수 있는 성질이 감각되지 않은 채 존재한다고 주장하는 것은 자기모순적이라고 주장한다. 이러한 전제로부터 하나의 사물은 자기모순을 범하지 않고 지각되지 않은 채 존재할 수 없다는 것이 추론된다. 그러나 버클리는 아무도 어떤 사물을 지각하고 있지 않을 때도 그 사물이 존재한다는 상식적 가정이 분명히 자기모순적이 아니며 자기 자신도 그것이 참이라고 믿기 때문에, 그는 하나의 사물이 신에 의해서 여전히 지각되는 한, 어떤 사람도 그것을 지각하지 않아도 존재할 수 있다고 인정한다. 그리고 버클리는 하나의 사물이 아무도 그 사물을 지각하지 않을 때에도 존재할 수 있다는 사실과 자신의 관념론적 주장을 조화시키기 위해서 신의 지각에 의존할 수밖에 없다는 사실, 이 두 사실을 통해서 인격적 신의 존재를 증명한 것으로 생각한다. 그러나 사실은 그것은 버클리의 추론에 잘못이 있다는 것을 증명하고 있을 뿐이다. 왜냐하면 물질적 사물이 존재한다고 주장하는 명제들은 논의의 여지가 없이 사실적 의미를 갖는다는 점에서 그 명제들을 초월적 신의 지각과 같은 형이상학적 존재에 의해서 분석하는 것은 옳지 않기 때문이다.

우리는 이제 버클리의 추론에서 정확히 잘못이 어디에 있는가를 생각해 보아야 한다. 실재론자들은 일반적으로 감각될 수 있는 성질이 감각되지 않은 채로 존재할 수 없다는 버클리의 명제를 부인한다. 우리가 감각할 수 있도록 주어진 존재자를 언급하기 위해서 "감각내용"이라는 용어를 사용하는 것처럼, 버클리는 "감각될 수 있는 성질"이나 "감각관념"이라는 용어를 사용하는 것이라고 여기면서 — 내가 옳게 생각하는 것일 것이다 — 그들은 버클리가 감각되는 대상과 그 대상에 대한 의식행위를 구별하지 못함으로써 감각에 대해 잘못된 분석을 하고 있고, 그 대상은 그러한 행위와 독립하여 존재할 수 있다고 가정하는 데 아무런 모순도 있을 수 없다고 주장한다.[3] 그러나 나는 이러한 비판이 정당하다고 생각하지 않는다. 왜냐하면 실재론자들이 버클리가 무시했다고 비난한 이러한 감각함이라는 행위는 내가 보기에 어떤 관찰에 대해서는 전혀 가능하지 않는 것처럼 보이기 때문이다. 그리고 나는 마치 자아가 감각에 주어진다고 믿는 사람들이 자아에 대한 자신의 감각을 기술하기 위해서 사용하는 문장이 문법적 주어를 포함한다는 사실에 의해서 오도될 수 있는 것처럼, 감각함이라는 행위를 믿는 사람들도 그들이 자신의 감각을 기술하기 위해서 사용하는 문장이 타동사를 포함한다는 문법적 사실에 의해서 오도될 수 있다고 주장한다. 반면 내가 생각하기에, 자신들의 시각적 경험이나 촉각적 경험에서 그러한 감각함이라는 행위가 있다는 것을 발견한다고 주장하는 사람들이 실제로 발견하는 것은 자신들의 시각적 또는 촉각적 감각장이 감각할 수 있는 깊이라는 속성을 가지고 있다는 사실이다.[4] 그러므로 비록 버클리가 한 인격체의 감각사를 구성하는 "관념"의 연쇄가 감각될 수 있게 분리되어 있다고 생각했다는 점에서 심리학적 오류를 범하기는 했지만, 나는 그가 이러한 "관념"을 감각의 대상이라기보다는 감각내용으로 간주했다는 점에서 옳았고, 결과적으로 그가 "감각할 수 있는 성질"이 감각되지 않은 채로 존재한다고 생각할 수조차 없다고 주장하는 것은 정당하다고 믿는다. 따라서 우리는 "존재함은 지각됨이다"는 그의 경구는 감각내용과 관련하여 참이라는 것을 인정할 수 있다. 왜냐하면 우리가 이미 보았던 것처럼, 감각내용의 존재에 대해서 말하는 것은 단순히 감각내용의 발생에 대해서 말하는 오도적 방식일 뿐이고, 감각내용은 자기모순을 범하지 않고 감각경험의 일부로서가 아니고는

3) G. E. Moore, *Philosophical Studies*, "The Refutation of Idealism"을 볼 것.
4) 이 점은 카르납도 *Der logische Aufbau der Welt*, 65절에서 주장하고 있다.

발생한다고 말할 수 없기 때문이다.

그러나 비록 감각내용은 정의상 경험되지 않고는 발생할 수 없는 것이 사실이라고 할지라도, 그리고 물질적 사물은 감각내용으로 구성된다는 것이 사실이라고 할지라도, 버클리가 그런 것처럼, 물질적 사물은 지각되지 않은 채로 존재할 수 없다고 결론내리는 것은 잘못이다. 그리고 이러한 잘못은 물질적 사물과 그것을 구성하는 감각내용 사이의 관계에 대한 오해 때문에 생겨난 것이다. 만약 물질적 사물이 정말로 그것의 "감각될 수 있는 성질"의 총합, 다시 말해서 감각내용의 총체, 혹은 감각내용으로 구성된 전체라면, 물질적 사물과 감각내용의 정의로부터 어떤 사물도 지각되지 않은 채로 존재할 수 없다는 것이 따라나온다. 그러나 사실 우리는 감각내용이 결코 그 감각내용에 의해서 구성되는 물질적 사물의 일부가 아니라는 것을 보았다. 물질적 사물이 감각내용으로 환원될 수 있다는 의미는 단순히 물질적 사물은 논리적 구성물이고, 감각내용은 그 구성물의 요소라는 것일 뿐이다. 그리고 우리가 앞에서 분명하게 밝혔던 것처럼, 이것은 하나의 언어적 명제인데, 그 명제가 논리적 구성물에 대해서 무엇인가를 말하는 것은 항상 그것을 구성하는 감각내용에 대해서 무엇인가를 말하는 것과 동치라고 진술하는 명제이다. 더욱이 어떤 주어진 물질적 사물의 요소들은 현실적 감각내용일 뿐만 아니라 가능적 감각내용이다. 다시 말해서 감각내용에 대해서 언급하는 문장, 즉 물질적 대상을 지시하는 문장을 번역한 문장이 반드시 정언명제로 표현되어야 할 필요는 없다. 그러한 문장은 가언적일 수도 있다. 그리고 이것은 어떻게 물질적 사물이 그것의 요소 중 어느 것도 현실적으로 경험되지 않은 순간들에도 존재할 수 있는가를 설명한다. 그 요소들이 경험될 수 있어야 한다는 것, 즉 어떤 조건이 충족된다면 논의되는 그 대상에 속하는 어떤 감각내용이 경험될 것이라는 뜻의 가언적 사실이 있어야 한다는 것으로 충분하다. 사실 결코 현실적으로 지각되지 않은 물질적 사물이 존재한다고 주장하는 데에는 아무런 모순도 포함되어 있지 않다. 왜냐하면 그러한 대상이 존재한다고 주장할 때, 우리는 단순히 어떤 관찰자의 능력이나 위치와 관련된 특정한 일련의 조건이 충족된다면, 어떤 감각내용이 발생할 것이라고 주장하는 것이기 때문이다. 그리고 그러한 가언명제는 관련된 조건이 결코 충족되지 않는다고 할지라도 당연히 참일 수 있다. 그리고 나중에 살펴보겠지만, 우리는 어떤 경우에 지각되지 않은 물질적 사물이 존재한다는 것을 논리적으로 가능하다고 인정해야 할 뿐만 아니라, 현실적으로 그것을 믿을 만한 훌륭한 귀납적 근거를 가질 수 있다.

물질적 사물의 존재를 주장하는 명제에 대한 이러한 분석은, 밀(J. S. Mill)이 물질적 사물을 "감각의 영원한 가능성"으로 개념화한 것과 일치하는데, 그것은 우리에게 신에 대한 지각을 필요 없게 해줄 뿐만 아니라, 사람도 물질적 사물과 같은 의미로 존재한다고 말할 수 있다는 점을 인정하게 해준다. 내가 생각하기에, 이 점을 인정하지 않은 것이 바로 버클리의 이론에서 심각한 결함이다. 왜냐하면 흄이 깨달았던 것처럼, 버클리는 자신의 경험론이 요청하는 자아에 대한 현상론적 설명을 제공하지 못했기 때문에, 그는 사람의 존재를 물질적 사물의 존재처럼 그것이 지각됨에 있다고 주장할 수도 없었고, 사람의 존재에 대한 다른 분석으로 나아가지도 못했다. 이와는 달리 우리는 물질적 사물의 존재에 대해서와 마찬가지로, 감각내용의 가정적 발생이라는 말로 자기 자신의 존재와 다른 사람의 존재에 대해서도 정의해야 한다고 주장한다. 그리고 나는 우리가 그러한 철두철미한 현상론의 필연성을 입증하는 데 성공했고, 언뜻 보기에 드러나는 것 같은 반론에 대해서 성공적으로 응답했다고 생각한다.

지각되는 것은 무엇이나 필연적으로 심적이라는 명제는 버클리식 관념론자의 논증에서 두 번째 단계를 이루는데, 그것은 사물은 문자 그대로 그 대상의 "감각될 수 있는 성질"의 총합이라는 전제와 함께 즉각적 감각자료는 필연적으로 심적이라는 전제에 근거한다. 우리는 대상이 감각내용의 집합으로서가 아니라 감각내용으로부터 논리적으로 구성된 것으로 정의되어야 한다는 것을 보았다. 그리고 우리는 "심적임"이라는 용어와 "물리적임"이라는 용어는 오직 논리적 구성물에만 적용되는 것이지, 즉각적 감각자료 자체에 적용되지 않는다는 것을 알게 되었다. 감각내용 자체에 대해서는 그것이 심적이라든지 혹은 심적이지 않다고 의미있게 말할 수 없다. 그리고 우리가 일상적으로 의식을 가지고 있지 않은 것으로 간주하는 모든 사물들이 정말로 의식을 갖는다고 주장하는 것이 틀림없이 의미를 가질 수 있지만, 우리는 이 명제에 대해서 믿지 않아야 할 매우 좋은 이유를 가지고 있음을 알게 될 것이다.

나는 감각경험에 즉각적으로 주어지는 것이 필연적으로 심적이라는 관념론의 견해는 역사적으로 데카르트의 잘못으로부터 나왔다고 생각한다. 왜냐하면 그는 자기 자신의 존재를 어떤 물리적 존재자의 존재도 가정하지 않고 심적 존재자의 존재나 사고(*thought*)로부터 연역할 수 있다고 믿으면서 자신의 정신은 물리적인 어떤 것으로부터 전적으로 독립된 실체라고 결론내렸기 때문이다. 따라서 마음은 그 자신에 속하는 것만을 직접적으로 경험할 수 있다. 우리는 이미 이 논증의 전제가 거짓이라는 것을 보았다. 그리고 그렇지 않다고 해도, 그 결론이 전제로부터 따라나오지 않는다. 왜냐하면 첫째로, 정신이 하나의 실체라는 주장은 형이상학적 주장인데, 이것은 어떤 것으로부터도 따라나오지 않기 때문이다. 둘째로 데카르트가 분명하게 "사고"라는 용어를 사용하는데, 만약 "사고"라는 용어가 단일한 내성적 감각내용을 지시하기 위해서 사용된다면, 사고는 일상적 용법에서처럼 심적인 것이라고 말하는 것이 적절하지 않을 것이다. 그리고 마지막으로 어떤 의식을 지닌 존재자가 있다는 것이 하나의 독립된 심적 자료로부터 타당하게 연역될 수 있다는 것이 참이라고 할지라도, 그러한 존재자가 실제로 물질적 사물과 직접적 인과관계나 인식론적 관계를 가질 수 없다는 것은 결코 따라나오지 않는다. 사실 우리는 앞에서 정신과 물질이 완전히 독립적이라는 명제는 우리가 믿지 않아야 할 좋은 경험적 근거를 가지고 있는 명제이고, 어떤 선험적 논증도 그 명제를 증명하는 데 기여할 수 없다는 것을 보았다.

비록 오직 심적인 것만을 직접적으로 경험하는 것이 가능하다는 견해에 대한 책임이 궁극적으로 데카르트에게 있다고 할지라도, 그 이후의 철학자들도 자기 나름대로의 논증을 가지고 그것을 지지했다. 이러한 논증 중 하나가 이른바 환상으로부터의 논증(*argument from illusion*)이다. 이 논증은 물질적 사물의 감각할 수 있는 현상(*appearance*)은 관찰자의 시점이나 그의 육체적 조건과 심리적 조건에 의해서, 그리고 빛의 존재나 부재와 같은 주위환경의 성질에 따라서 다양하다는 사실로부터 전개된다. 이러한 현상들 각각은 모두 그 자체로 다른 것과 마찬가지로 "좋다"고 주장된다. 그러나 그것들은 많은 경우에 서로 양립불가능하기 때문에, 그것들 모두가 정말로 그 물질적 대상의 성질일 수 없다. 그러므로 그들 중 어느 것도 "대상 안"에 있는 것이 아니고, 그것들은 "정신 안"에 있다고 결론내린다. 그러나 이 결론은 당연히 정당화되지 않는다. 이러한 환상으로부터의 논증이 증명하는 것은 감각내용과 그 감각내용이 속하는 물질적 사물 사이의 관계가 부분과 전체의 관계가 아니라는 것일 뿐이다. 그 논증을 통해서 어떤 감각내용이 "정신 안"에 있다는 것을 보여줄 가능성은 조금도 없다. 또한 감각내용이 그 성질 때문에 부분적으로 관찰자의 심리적 상태에 의존한다는 사실은 결코 그 감각내용이 심적 존재자 자체라는 것을 입증하지 않는다.

버클리의 또 다른 논증은 표면적으로는 더 설득력 있어 보인다. 그는 모든 종류의 감각은 어느 정도 유쾌하거나 고통스럽다고 지적하고, 감각이 현상적으로 쾌감이나 고통과 구별될 수 없기 때문에, 그 둘은 동일한 것임에 분명하다고 논증한다. 그러나 그가 생각하기에 쾌감과 고통은 의심의 여지없이 심적이고, 따라서 그는 감각의 대상은 심적이라고 결론내린다.[5] 이 논증에 포함된 잘못은 쾌감과 고통을 특정한 감각내용과 동일시한 점에 있다. "고통"이라는 단어가 때때로 "나는 어깨에 고통을 느낀다"는 문장에서처럼 신체기관의 감각내용을 지시하기 위해서 사용된다는 것은 옳다. 그러나 이러한 용법에서 고통이 심적이라고 말하는 것은 적절한 것이라고 할 수 없다. "쾌감"이라는 단어에 대해서 그에 대응하는 용법이 없다는 것에 주목할 필요가 있다. 그리고 "도미티안은 파리를 괴롭히면서 쾌감을 느낀다"는 문장에서처럼 고통과 쾌감이 적절하게 심적이라고 말할 수 있는 용례에서 그 용

5) *The First Dialogue between Hylas and Philonous*를 볼 것.

어는 감각내용이 아니라 논리적 구성물을 지시한다. 왜냐하면 고통과 쾌감에 대해서 언급하는 것은 사람의 행위를 언급하는 방식이고, 따라서 궁극적으로 항상 그렇듯이 그 자체로 심적이지도 물리적이지도 않은 감각내용을 가리키는 방식이기 때문이다.

버클리주의자가 아닌 몇몇 관념론자들의 특징은 "x는 실재한다"(*x is real*) — 여기서 x는 사람이 아닌 사물을 가리키는데 — 는 문장은 "x는 사유된다"(*x is thought of*)와 동치이고, 따라서 사유되지 않은 어떤 것이 존재한다고 주장하거나 사유되는 어떤 것이 실재하지 않는다고 주장하는 것은 자기모순적이라고 주장하는 것이다. 이러한 귀결 중 첫 번째 주장을 뒷받침하기 위해서, 우리가 어떤 사물에 대해서 어떤 판단이든 한다면 우리는 필연적으로 그 사물에 대해서 생각해야만 한다고 주장된다. 그러나 "나는 x가 존재한다고 판단한다"는 문장은 "x가 사유된다"를 함축한다고 말하는 것은 참이지만, 이로부터 사유되지 않은 어떤 것이 존재한다고 주장하는 것이 자기모순적이라는 것은 따라나오지 않는다. 왜냐하면 "나는 x가 존재한다고 판단한다"는 문장은 분명하게 "x가 존재한다"와 동치일 수 없고, 전자가 후자를 함축하지도 않으며, 반대로 후자가 전자를 함축하지도 않기 때문이다. 나는 실제로 존재하지 않는 어떤 사물이 존재한다고 판단할 수도 있고, 어떤 사물은 내가 그것이 존재한다고 판단함과 상관없이, 혹은 실제로 어떤 사람이 그것이 존재한다고 판단함과 상관없이 존재할 수도 있다. 내가 어떤 사물이 존재한다고 주장한다는 사실은 내가 그 사물에 대해서 사유하고 있거나 사유한 적이 있다는 것을 보여준다는 것은 참이다. 그렇다고 해서 이것이 내가 어떤 사물이 존재한다고 말할 때 주장하는 한 부분이 내가 그것에 대해서 사유하고 있음을 의미하는 것은 아니다. 여기서 본질적인 것은 어떤 문장의 발생이 실제로 어떤 것의 증거가 되는 것과 그 문장이 형식적으로 함축하는 것을 구별해야 한다는 사실이다. 이러한 구별을 하게 되면, 사유되지 않은 사물이 존재한다고 주장할 때, 우리는 아무런 형식적 모순도 범하는 것이 아니라는 점을 알 수 있게 된다.

사유되는 것은 무엇이나 필연적으로 실재한다는 견해는 관념론자들에게만 국한되는 주장은 아니다. 무어가 보여준 것처럼,[6] 그러한 주장은 "유니콘이 사유된다"와 같은 문장이 "사자들이 죽었다"와 같은 문장과 동일한 논리적 형식을 가지고 있다는 잘못된 전제에 의존한다. "사자들이 죽었다"는 문장이 "사자들은 실재한다"는 문장을 함축한다는 것은 옳다. 따라서 유비적으로 "유니콘이 사유된다"는 "유니콘이 실재한다"를 함축해야 한다고 가정되는 것이다. 그러나 사실 "사유됨"은 "죽었다"와 같은 속성이 아니고, 따라서 유니콘이나 켄타로스와 같은 대상이 비록 사유될 수는 있지만 현실 속에서는 존재하지 않는다고 주장하는 데는 아무런 모순도 없다. 그러한 상상적 대상이 존재하지 않는다고 할지라도 "실재존재성을 갖는다"는 실재론적 견해는 이미 형이상학적인 것임이 밝혀졌고, 더 이상 논의할 필요가 없을 것이다.

우리는 "x는 실재한다"가 "x가 사유된다"와 동치라는 주장이 사실이 아니라는 것을 이미 보았지만, 그것이 비록 참이라고 할지라도, 존재하는 모든 것이 심적인 것이라는 관념론자의 믿음은 그것에 의해서 정당화되지 않는다는 것을 덧붙일 수 있다. 왜냐하면 "x는 심적이다"는 문장은 "x가 지각된다"는 문장에 의해서 함축되지 않은 것처럼, "x가

6) *Philosophical Studies*, "The Conception of Reality."

사유된다"에 의해서도 함축되지 않기 때문이다. 또한 존재하는 모든 것이 심적이라는 이러한 명제는 어떤 방법으로도 성립될 수 없는 것처럼 보인다. 왜냐하면 "x는 실재한다"는 문장이 형식적으로 "x는 심적이다"는 문장을 함축하지 않는다는 사실은, 그 문장이 선험적 참이 아니라는 것을 증명하기 때문이다. 그리고 집이나 펜이나 책과 같이 의식을 갖지 않는다고 생각되는 모든 사물들이 실제로는 의식을 가지고 있다고 생각하는 것이 논리적으로 가능하지만, 그것은 매우 믿기 힘든 것이다. 왜냐하면 이러한 사물들은 지금까지 의식을 가진 존재자들의 특징이라고 여겨지는 방식으로 움직이는 것이 관찰된 적이 한 번도 없었기 때문이다. 의자는 합목적적 행위에 대한 어떤 징조도 보이지 않고, 또한 옷은 결코 고통에 민감할 것 같아 보이지 않는다. 그리고 일반적으로 말해서, 우리가 일상적으로 물질적 사물이라고 간주하는 것이 모두 변장한 의식적 존재자라고 생각할 만한 아무런 경험적 근거도 없다.

실재론자들과 관념론자들 사이의 논쟁의 주제가 되는데, 아직 고려하지 않은 경험적 문제가 하나 더 남아있다. 우리는 지각되지 않은 사물이 존재한다고 주장하는 것은 자기모순이 아니라는 실재론자들의 주장이 정당화된다는 것을 보았다. 그리고 우리는 이제 그들이 정당하게 사물들이 실제로 그렇게 존재한다고 주장할 수 있는지를 생각해 보아야 한다. 그들에 반대하여, 사물들이 아무도 지각하지 않을 때도 실제로 계속해서 존재한다고 할지라도, 우리는 그 사물들이 존재한다고 생각해야 할 아무런 합당한 이유도 갖고 있지 않다고 주장되기도 한다.[7] 왜냐하면 어느 누구도 존재하는 사물이 관찰되지 않음을 관찰하는 것은 분명히 불가능하기 때문이다. 그러나 이 주장은 오직 지각되지 않은 존재라는 개념이 분석되지 않은 채로 남겨졌을 때만 그럴듯하다. 우리가 그 개념을 분석하는 순간, 우리는 지각되지 않은 사물이 존재한다고 믿을 만한 훌륭한 귀납적 근거가 있다는 것을 알게 된다. 왜냐하면 우리가 어떤 사물에 대해서 비록 아무도 그것을 지각하고 있지 않지만 그것이 존재한다고 말할 때 주장하는 것은, 이미 살펴보았듯이 주로 어떤 관찰자의 능력이나 위치와 관련되는 어떤 조건이 충족된다면 어떤 감각내용이 발생했을 것인데, 실제로는 그러한 조건이 충족되고 있지 않다는 것이기 때문이다. 그리고 이것은 우리가 믿을 만한 좋은 이유를 가지고 있음을 쉽게 확인할 수 있는 명제이다. 예를 들면, 내가 지금 책상이나 의자 또는 다른 물질적 사물에 속하는 일련의 감각내용을 경험하고 있다는 사실, 그리고 유사한 상황에서 나는 항상 이러한 물질적 사물을 지각했고 또한 다른 사람들도 지각했다고 주장하는 사실은 그러한 상황에서 이러한 물질적 사물은 항상 지각될 수 있다는 일반화를 위한 훌륭한 귀납적 토대를 제공하고 있다. 그리고 그러한 일반화를 통해서 얻어진 가설의 타당성은 특정한 순간에 현실적으로 아무도 그것을 지각할 위치에 있지 않다는 사실과는 무관한 것이다. 방금 내가 방을 떠났기 때문에, 나는 이러한 사물들이 실제로 어느 누구에 의해서도 지각되고 있지 않다고 믿을 합당한 이유를 가지고 있다. 왜냐하면 내가 방을 나올 때, 거기에는 아무도 남아있지 않았다는 것을 관찰했고, 그 이후에 문이나 창문을 통해서 아무도 들어가지 않은 것을 알고 있기 때문이다. 그리고 사람들이 방으로 들어가는 방법에 대한 나의 과거의 관찰은 나에게 어떤 방법으로도 그 방에

7) W. Stace, "The Refutation of Realism," *Mind*, 1934 참고.

들어간 사람이 없다고 주장할 수 있게 해준다. 더욱이 물질적 사물이 파괴되는 방법에 대한 나의 과거의 관찰은 만약 내가 지금 방에 있다면 내가 그러한 파괴의 과정을 지각하지는 않았을 것이라는 믿음을 뒷받침해 준다. 그래서 아무도 내 방에 있는 어떤 물질적 사물을 지각하고 있지 않고, 또한 누군가 내 방에 있다면 그 사람은 그 사물을 지각하고 있을 것이라고 믿을 합당한 이유를 동시에 가질 수 있다는 것을 보였기 때문에, 나는 지각되지 않은 물질적 사물이 존재한다고 믿을 훌륭한 귀납적 근거를 가질 수 있다는 것을 보인 셈이다.

또한 우리는 한 번도 지각된 적이 없는 사물의 존재를 믿을 좋은 귀납적 근거가 있을 수 있다고 말했다. 이것은 또한 예를 들어서 설명함으로써 쉽게 보일 수 있다. 사람들이 등반한 적이 있는 어떤 범위에 있는 모든 산의 특정한 고도에서 꽃이 자라고 있음이 관찰되었다고 가정하자. 그리고 그 범위에 있는데, 한 번도 등반된 적이 없지만 다른 산과 정확하게 비슷해 보이는 산이 하나 있다고 가정하자. 그러한 경우에 우리는 유비를 통해서 누군가가 이 산을 등반한다면 그는 거기서도 꽃이 자라고 있음을 지각할 것이라고 추론할 수 있다. 그리고 이것은 우리가 꽃이 실제로 결코 지각된 적이 없지만 거기에 꽃이 있다는 것을 개연적인 것으로 간주할 수 있다고 말하는 것이다.

일원론과 다원론

실재론자와 관념론자들 사이의 논쟁의 여러 측면을 다루었기 때문에, 우리는 마지막으로 일원론자와 다원론자 사이의 논쟁에 대해서 다룰 차례이다. 실제로 우리는 일원론자들이 주장하고 다원론자들이 논박하는 주장인, "실재는 하나"(*Reality is One*)라는 주장은 그것의 참과 관련을 갖는 어떤 경험적 상황도 없기 때문에, 그 주장은 무의미하다고 이미 주장했다. 그러나 이러한 형이상학적 주장은 논리적 잘못의 결과인 경우가 많은데, 그것은 검토될 필요가 있다. 그리고 이것이 바로 이제 우리가 하고자 하는 것이다.

대부분의 일원론자들이 주장하는 논증은 다음과 같다. 그들은 세계에 있는 모든 것은 어떤 방식으로든 그 밖의 모든 것과 관련되어 있다고 말한다. 그것은 그들에게는 동어반복인 명제인데, 그들은 타자성(*otherness*)을 '관계임'(*being a relation*)으로 간주하기 때문이다. 그리고 나아가서 그들은 모든 관계는 그 관계의 항에 내재적인 것이라고 주장한다. 그들은 어떤 사물이 현재의 그것과 같은 이유는 그 사물이 가지고 있는 속성 때문이라고 주장한다. 다시 말해서, 모든 관계적 속성을 포함해서 어떤 사물이 갖는 모든 속성은 그 사물의 본질적 성질을 구성한다. 그러므로 그들은 만약 사물이 자신의 속성 중 어느 하나를 빼앗기면, 그것은 더 이상 동일한 사물로 존재할 수 없게 된다고 말한다. 그리고 이러한 전제로부터, 어떤 사물에 대한 임의의 사실을 진술하는 것은 그 사물에 대한 모든 사실을 진술하는 것임이 연역될 수 있고, 이것은 모든 것에 대한 모든 사실을 진술하는 것임이 연역될 수 있다. 그리고 이것은 궁극적으로 모든 참인 명제는 어떤 다른 참인 명제로부터도 연역될 수 있다고 말하는 것과 같으며, 이로부터 참인 명제를 표현하는 임의의 2개의 문장은 동치라는 것이 따라나온다고 말하는 것과 같다. 그리고 이것은 "진리"와 "실재"라는 단어를 서로 교환 가능한 것으로 사용하는 일원론자들로 하여금 '실재는 하나'라는 형이상학적 주장을 하도록 만드는 것이다.

일원론자들조차 우리가 자신이 참이라고 믿는 명제를 표현하기 위해서 현실적으로 사용하는 문장들이 모두 서로 동치는 아니라는 것을 받아들인다는 점을 덧붙여야 한다. 그러나 그들은 이 사실을 참인 명제는 모두 임의의 다른 참인 명제로부터 연역될 수 있다는 자신들의 결론에 대해서 의심할 수 있는 근거로 여기는 대신, 누군가가 믿는 명제는 모두 실제로 참이 아니라는 것을 보여주는 것으로 여긴다. 실제로 그들은 사람들이 완전하게 참인 명제를 표현하는 것이 불가능한 반면, 그들은 다양한 정도로 참인 명제를 표현할 수 있고, 표현하고 있다고 말한다. 그러나 나는 여전히 그들이 이 말을 가지고 정확하게 의미하는 것과 어떻게 그들이 그것과 자신들의 전제를 양립시키는지를 결코 이해할 수 없다.

분명하게 일원론자들을 그러한 역설적 결론으로 이끌어가는 그들의 논증에 포함된 결정적 단계는 모든 관계적 속성을 포함하여 어떤 사물의 모든 속성이 그 사물의 본성을 구성한다는 전제이다. 그리고 이 전제가 옳지 않다는 것을 드러내기 위해서는 이 전제를 분명하고 애매하지 않게 진술하기만 하면 된다. 지금까지 우리가 그것을 진술했던 형식은 그것이 일반적으로 진술되는 형식인데, 그 형식에서 실제로 그것은 애매하게 진술되었다. 왜냐하면 어떤 사물의 본성에 대해서 말하는 것은 "쥐를 잡는 것은 고양이의 본성이다"는 문장에서처럼 단순히 그 사물의 특징적 행태를 가리키는 방식일 수 있기 때문이다. 그러나 우리가 이미 보았던 것처럼, 그것은 또한 "경험에 독립적이라는 것은 선험명제의 본질에 포함된다"는 문장에서처럼 어떤 사물의 정의를 가리키는 방식일 수도 있다. 따라서 "어떤 사물의 모든 속성은 그 사물의 본성을 구성한다"는 말은 어떤 사물이 갖는 속성은 모두 그 사물의 행태와 관련된다는 명제를 표현하기 위해서나 또는 어떤 사물이 갖는 속성은 모두 그 사물의 정의적 속성이라는 명제를 표현하기 위해서 정당하게 사용될 수 있다. 그리고 일원론자들의 저술에서 그들이 이 명제들 중에서 어떤 것을 주장하고자 하는지를 구분하기는 쉽지 않다. 실제로 그들은 그 둘 사이를 아주 분명하게 구별하지 않으면서, 때때로 그 둘 모두를 주장하는 것처럼 보인다. 그러나 지금 우리가 고려하는 논증에서 그들이 그것을 인식하고 있든지 그렇지 않든지, 그들이 사용하는 것은 두 번째 명제임에 분명하다. 왜냐하면 어떤 사물의 행태를 예측하기 위해서 그 사물의 모든 속성을 고려해야 한다는 것이 실제로 참은 아니지만 참이라고 할지라도, 그 사물에 대한 모든 사실이 모든 다른 것으로부터 논리적으로 연역될 수 있다는 것은 따라나오지 않을 것이기 때문이다. 반면에 이 결론은 어떤 사물의 모든 속성은 정의상 그 사물에 속한다는 명제로부터 따라나온다. 왜냐하면 그 경우에는 그 사물이 존재한다고 주장하는 것은 암묵적으로 그 사물에 대한 모든 사실을 주장하는 것이기 때문이다. 그러나 우리는 어떤 사물에 정의상 그 사물에 속하는 어떤 속성을 귀속시키는 것은 분석명제, 즉 동어반복을 표현하는 것이라는 것을 알고 있다. 그래서 어떤 사물의 모든 속성은 그 사물의 본성을 구성한다는 전제는 이러한 용법에서 어떤 것에 대해서도 종합적 사실을 표현하는 것이 원칙적으로조차 불가능하게 된다는 불합리한 귀결을 초래한다. 그리고 나는 이것이 그 전제가 틀렸음을 보여주기에 충분한 것이라고 생각한다.

이 잘못된 전제를 표면적으로 그럴듯하게 보이게 만드는 것은 "이 사물이 자신이 가지고 있는 속성을 가지고 있지 않았다면, 그것은 현재의 그것일 수 없을 것이다"는 문장의 애매성 때문이다. 이렇게 주장하는 것은 단순히 하나의 사물이 어떤 속성을 갖는다면, 그것을 갖지 않을 수 없다고 주장하는 것일 뿐이다. 예를 들어서, 나의 신문이 내 앞에 있는 탁자 위에 있다면, 그것이 탁자 위에 있지 않을 수 없다는 것이다. 그리고 이것은 그 명제의 타당성을 아무도 논박할 수 없는 분석명제이다. 그러나 이렇게 주장하는 것이 어떤 사물이 갖는 모든 속성이 그 사물의 정의적 속성이라고 주장하는 것은 아니다. 만약 내 신문이 내 앞에 있는 탁자 위에 있지 않다면 그것은 현재의 그것이 아니라고 말하는 것이 그 신문이 뉴스를 포함해야 하는 것이 필연적인 것이라는 의미에서 그 신문이 탁자 위에 있다는 것이 필연적이라고 말하는 것과 같은 것이라면 그것은 거짓이다. 왜냐하면 내 신문이 뉴스를 포함하고 있다는 명제는 분석명제이지만, 내 신문이 내 앞에 있는 탁자 위에 있다는 명제는 종합명제이기 때문이다. 내 신문이 뉴스를 포함하고 있지 않다고 주장하는 것은 자기모순이지만, 내 신문이 내 앞에 있는 탁자 위에 있지 않다고 주장하는 것은 자기모순이 아니다. 그리고 p가 A의 정의적 속성, 혹은 내재적 속성이라고 말할 수 있는 경우는 오직 "A는 p라는 속성을 갖지 않는다"는 문장이 자기모순적 명제일 때뿐이다.

이러한 문제를 논의하면서 우리는 그 문제가 일반적으로 표현되는 용어인 사실에 관한 용어를 사용했는데, 이것 때문에 우리가 그것이 성격상 언어적(*linguistic*) 문제라는 것을 인식하지 못하게 되는 것은 아니다. 왜냐하면 우리는 어떤 속성 p가 A라는 사물의 정의적 속성이라고 말하는 것은 "A"라는 기호를 주어로 "p"라는 기호를 술어로 하여 형성된 문장이 하나의 분석명제를 표현한다고 말하는 것과 동치이기 때문이다.[8] 그리고 분석명제를 표현하기 위해서 사용된 술어는 동일한 대상을 가리키는 다른 기술구와 결합되어 종합명제를 표현하기 위해서 사용될 수도 있기 때문에, 이 경우에 사실에 관한 용어를 사용하는 것은 특히 현명하지 않다는 점을 덧붙여야 한다. 그리하여 《햄릿》을 썼다는 것은 '《햄릿》의 저자'의 내재적 속성이지만, '《맥베드》의 저자'나 심지어 '셰익스피어'의 내재적 속성은 아니다. 왜냐하면 '《햄릿》의 저자가 《햄릿》을 쓰지 않았다'고 말하는 것은 자기모순이지만, '《맥베드》의 저자가 《햄릿》을 쓰지 않았다'고 말하거나 '셰익스피어가 《햄릿》을 쓰지 않았다'고 말하는 것은 그것이 비록 거짓이기는 하지만 자기모순은 아니기 때문이다. 만약 우리가 지금 논의하는 사실에 관한 용어를 사용해서, 《햄릿》의 저자가 《햄릿》을 썼다는 것은 논리적으로 필연적이지만 셰익스피어나 《맥베드》의 저자가 《햄릿》을 썼다는 것은 논리적으로 필연적인 것이 아니라고 말한다면, 그리고 셰익스피어나 《맥베드》의 저자가 《햄릿》을 쓰지 않았다고 해도 존재할 수 있었을 것이라고 생각할 수 있지만 《햄릿》의 저자가 《햄릿》을 쓰지 않고는 존재할 수 있었다고 생각할 수 없다고 말한다면, 또는 셰익스피어와 《맥베드》의 저자가 《햄릿》을 쓰지 않았다고 해도 그들은 여전히 그들 자신으로 남아있지만 《햄릿》의 저자가 《햄릿》을 쓰지 않았다면 더 이상 자신일 수 없다고 말한다면, 우리는 각각의 경우에서 자기모순을 범하는 것처럼 보일 것이다. 왜냐하면 우리는 《햄릿》의 저자가 셰익스피어와 《맥베드》의 저자와 동일인이라는 것을 인정하기 때문이다. 그러나 이러한 주장이 단순히 "《햄릿》의 저자가 《햄릿》을 썼다"는 분

8) 이 단락 끝까지 계속되는 문장들은 1935년 Mind Association과 Aristotelian Society의 공동발표회에서 읽었던 "Internal Relations"라는 논문에 포함되어 있다. *Supplementary Proceedings of the Aristotelian Society*, 1935를 볼 것.

석명제이고, 반면에 "셰익스피어가 《햄릿》을 썼다"와 "《맥베드》의 저자가 《햄릿》을 썼다"는 종합명제라고 말하는 방식일 뿐이라는 것을 인식할 때, 자기모순적인 것처럼 보이는 것은 완전히 제거된다.

이로써 우리는 일원론의 형이상학적 주장을 야기했던 논리적 잘못에 대한 검토를 매듭짓는다. 그러나 우리는 일원론자들이 주장하고 다원론자들은 부정하는 특징적인 것 중에, 모든 사실은 논리적으로 다른 모든 사실에 포함된다는 것뿐만 아니라, 모든 사실은 인과적으로 다른 모든 사실과 관련된다는 주장도 있다는 것을 언급해야 한다. 실제로 인과관계는 그 자체로 논리적 관계라는 근거 위에서 두 번째 명제는 첫 번째 명제로부터 도출될 수 있다고 말하는 사람도 있다. 그러나 이것은 잘못이다. 왜냐하면 인과관계가 논리적 관계라면, 인과관계를 주장하는 모든 참인 명제의 모순명제는 자기모순일 것이기 때문이다. 그러나 인과관계가 논리적 관계라고 주장하는 사람들조차도 일반적 인과관계든 개별적 인과관계든 인과관계의 존재를 주장하는 명제는 종합적이라는 것을 인정한다. 흄의 표현을 빌리면, 인과관계를 나타내는 명제는 사실(*matters of fact*)에 관한 명제이다. 그리고 흄 자신이 분명하게 했던 것처럼, 우리는 그러한 명제의 타당성을 선험적으로 입증할 수 없다는 점을 보였다. 흄은 다음과 같이 말한다. "자연의 과정이 변할 수 있고, 우리가 경험한 적이 있는 것과 외견상으로 유사한 대상에는 다른 결과나 반대되는 결과가 따를 수 있다는 것은 아무런 모순도 함축하지 않는다. 우리는 구름으로부터 떨어지는 어떤 대상이 모든 다른 점에서는 눈과 닮았지만 소금의 맛이나 불의 느낌을 갖는다는 것을 분명하고 판명하게 상상할 수 있지 않은가? 우리가 그렇게 주장하지는 않지만, 모든 나무는 12월과 1월에 번성하고 5월과 6

월에 쇠락할 것이라는 명제보다 더 잘 이해될 수 있는 명제가 있는가? 이제 이해될 수 있는 것은 무엇이나, 그리고 판명하게 상상할 수 있는 것은 무엇이나 어떤 모순도 함축하지 않으며, 결코 증명적 논증이나 선험적인 추상적 추리에 의해서 거짓임이 증명될 수 없다."[9] 여기서 흄은 종합명제의 타당성은 오직 경험에 의해서만 결정될 수 있다는 우리의 주장을 뒷받침하는 셈이다. 분석명제는 자기모순 없이 부정될 수 없는 명제이다. 그리고 인과관계를 주장하는 명제는 종합명제의 집합에 속한다.

이로부터 우리는 모든 사건은 다른 모든 사건과 인과적으로 연관되어 있다는 일원론자의 주장은 우리가 이미 검토한 다른 일원론적 주장 — 모든 사실은 다른 모든 사실에 논리적으로 포함된다는 주장과는 독립적이라고 결론내릴 수 있다. 실제로 우리는 모든 사건이 다른 모든 사건과 인과적으로 관련되어 있다는 주장을 받아들이거나 거부하기 위한 아무런 선험적 근거도 가지고 있지 않지만, 그 주장이 자연과학의 가능성을 부정한다는 점에서, 그 주장을 거부하기 위한 좋은 경험적 근거를 가지고 있다. 왜냐하면 어떤 주어진 상황에서 예측할 때, 우리가 제한된 집합의 자료만을 고려할 수밖에 없다는 것은 당연하다. 우리는 고려하지 않는 것은 관련이 없는 것으로 무시해도 좋다고 전제한다. 예컨대, 나는 내일 비가 올 것인지 그렇지 않은지를 결정하기 위해서 만주국(Manchukuo) 황제의 현재의 심적 상태를 고려할 필요가 없다고 전제한다. 만약 우리가 그러한 전제를 무시할 수 없다면, 우리의 예측이 성공할 가능성이란 없을 것이다. 왜냐하면 우리는 항

9) *An Enquiry Concerning Human Understanding*, section iv.

상 보다 큰 부분의 관련된 자료들을 무시하지 않을 수 없기 때문이다. 우리의 예측이 매우 자주 성공적이라는 사실은 무관련성에 대한 우리의 판단 중에서 적어도 어느 정도는 옳다고 믿을 이유를 제공하고, 또한 그러한 판단의 정당성을 부인하는 일원론자의 주장을 거부할 이유를 제공한다.

우리 자신이 어떤 의미에서 과학의 통일(*unity*)을 지지하고 싶어 하기 때문에, 일반적으로 일원론과 연관된 잘못을 범한다는 점을 지적하는 것은 중요하다. 왜냐하면 우리는 여러 가지 "특별과학"(*special sciences*)을 "실재의 다른 측면"을 묘사하는 것이라고 생각하는 것은 잘못이라고 주장하기 때문이다. 우리는 경험적 가설이란 모두 궁극적으로 우리의 감각내용을 가리킨다는 것을 보였다. 그 가설들은 모두 동일하게 "미래의 경험을 예상하기 위한 규칙"으로 기능한다. 그리고 어떤 특별한 예측을 할 때, 우리가 오직 단 하나의 과학의 가설에 의해서 인도되는 경우는 거의 없다. 이러한 통일을 현재에 인식할 수 없게 하는 것은 주로 현재 과학용어의 불필요한 다양성(*multiplicity*) 때문이다.[10)]

우리 입장에서, 우리는 과학의 통일이라기보다는 철학과 과학의 통

---

10) 이러한 문제를 끝내기 위해서 요청되는 것은 "Characteristica Universalis"(보편문자)에 대한 라이프니츠의 희망이다. Otto Neurath, "Einheitswissenschaft und Psychologie," Einheitswissenschaft, Heft I, and "Einheit der Wissenschft als Aufgabe," Erkenntnis, Band V, Heft I을 참고. 또한 Rudolf Carnap, "Die physikalische Sprache als Universalsprache der Wissenschaft," Erkenntnis, Vol. II, 1932과 영어번역 The Unity of Science와 "Die Aufgabe der Wissenschaftslogik," Einheitwissenschaft, Heft III 참고.

일을 강조하는 데 관심이 있다. 철학과 경험과학의 관계와 관련하여, 우리는 철학은 결코 과학과 경쟁관계에 있지 않다고 주장했다. 철학은 과학의 사변적 주장과 갈등을 일으킬 수 있는 어떤 사변적 주장도 하지 않으며, 과학적 탐구의 영역을 넘어선 영역으로 대담하게 나아간다고 주장하지도 않는다. 오직 형이상학자들만이 그렇게 하고, 그 결과로 무의미를 만들어내는 것이다. 그리고 우리는 또한 단순히 철학함에 의해서만으로는 과학적 명제들의 정합적 체계의 타당성을 결정할 수 없다는 점을 지적했다. 왜냐하면 그러한 체계가 타당한지 그렇지 않은지의 문제는 항상 경험적 사실의 문제이기 때문이다. 그러므로 철학의 명제는 순수하게 언어적 명제이기 때문에, 그러한 문제와 아무런 관련성도 가질 수 없는 것이다. 그리하여 철학자는 철학자로서, 어떤 과학이론의 가치를 평가할 위치에 있지 않다. 철학자의 기능은 그 이론에서 등장하는 기호를 정의함으로써 단순히 그 이론을 명료화하는 것이다.

과학이론의 철학적 명료화 작업은 단순히 과학의 대중화를 위해서만 요구되고, 과학자들 자신에게는 큰 도움이 될 수 없다고 생각될 수도 있다. 그러나 이것은 잘못이다. 실험물리학자들 자신이 사용하는 개념에 대한 분명하고 명확한 분석을 제공받는 것이 얼마나 필수적인가를 깨닫기 위해서 우리는 단지 아인슈타인의 동시성(*simultaneity*)에 대한 정의가 현대 물리학에 대해서 갖는 중요성을 생각해 보기만 하면 된다. 그리고 그러한 분석에 대한 요구는 진보가 덜된 과학에서 한층 더 커지고 있다. 예를 들어서 심리학자들이 자신들을 오늘날 형이상학에서 벗어나게 하지 못하고 자신의 탐구를 조정하지 못하게 하는 잘못을 범하는 것은, 주로 정확하게 정의되지 않은 "지능" (*intelligence*)

이나 "감정이입"(*empathy*), "잠재의식적 자아"(*subconscious self*)와 같은 용어의 용법 때문이다. 특히 정신분석학자의 이론은 그 이론의 용어들을 철학적으로 명료화함으로써 제거될 수 있는 형이상학적 요소로 가득 차 있다. 정신분석학자들의 명제의 실제적인 경험적 내용이 무엇이고, 행동주의자들이나 행태심리학자들의 명제 사이의 논리적 관계가 무엇이며, 용어에 대한 분석되지 않은 차이 때문에 생겨나는 현재의 불분명한 관계가 무엇인지를 분명하게 하는 것이 바로 철학자의 임무이다. 그리고 그러한 명료화 작업이 본질적이지 않다고 할지라도, 전체로서 과학의 진보에 도움이 될 것이라는 점은 논쟁의 여지가 있을 수 없다.

그러나 철학이 없는 과학이 맹목적이라고 말할 수 있다면, 과학이 없는 철학은 실제로 공허하다는 것도 또한 참이다. 왜냐하면 우리의 일상적 언어에 대한 분석이 상당한 양의 형이상학을 예방하거나 드러내는 수단으로 유용하다고 할지라도, 그것이 제시하는 문제는 오랫동안 해결되지 않은 채로 남아있을 만큼 그렇게 어렵거나 복잡하지 않다. 실제로 우리는 이 책에서 과학의 언어와 본질적으로 관련되지 않은 문제 중에서 아마 가장 어려운 문제인 지각에 대한 문제를 포함해서 대부분의 문제를 다루었다. 그 사실은 언어분석이 왜 현대 철학사에서 그렇게 큰 역할을 하는지를 설명해 준다. 우리의 일상언어가 충분하게 분석되었다고 생각하는 철학자가 수행해야 하는 것은 동시대 과학의 개념을 명료화하는 작업이다. 그러나 철학자가 그러한 일을 이뤄낼 수 있기 위해서는 과학을 이해해야 하는 것이 본질적이다. 만약 그가 어떤 과학의 명제도 이해할 수 없다면, 그는 우리의 지식의 진보에서 철학자가 해야 할 기능을 수행할 수 없을 것이다. 왜냐하면 그는 대부분의 명료화될 것이 요구되는 기호를 정의할 수 없을 것이기 때문이다.

실제로 우리가 하는 것처럼 철학과 과학을 분명하게 구별하는 것은 오해를 불러일으킨다. 오히려 우리가 해야 하는 것은 과학의 사변적 측면과 논리적 측면을 구별하는 것이고, 철학은 과학에 대한 논리학(*logic of science*)으로 발전되어야 한다고 주장하는 것이다. 다시 말해서, 우리는 가설을 정식화하는 작업과 이러한 가설들 사이의 논리적 관계를 드러내고 그 가설에 등장하는 기호를 정의하는 작업을 구별하는 것이다. 우리가 후자의 작업에 참여하는 사람을 철학자라고 부르든지 과학자라고 부르든지 그것은 중요하지 않다. 우리가 인식해야 하는 것은, 철학자가 인간 지식의 성장에 대한 의미있는 기여를 하려고 한다면, 이러한 의미에서 철학자는 과학자가 되어야 한다는 사실은 필연적이라는 점이다.

옮긴이 해제

논리실증주의의 선언문《언어, 논리, 진리》

이 책의 저자 에이어는 1910년 영국 런던에서 스위스계 아버지 줄스 에이어(Jules Ayer)와 네덜란드계 유태인 어머니 라인(Reine) 사이의 외아들로 태어났다. 어려서부터 총명함을 보인 에이어는 주위 사람들로부터 대단한 기대를 받으면서 자랐는데, 특히 그의 조부는 에이어가 장차 영국의 수상이 될 것이라고 말하곤 했다고 한다. 이런 탓인지 에이어는 탁월한 학업성취에도 불구하고 자신에 대해서 만족하지 못하는 어린 시절을 보냈다고 술회하고 있다.

12세가 되어서 영국의 엘리트 학교인 이튼스쿨에 입학하였고, 19세 때 옥스퍼드의 크라이스트처치칼리지(Christ Church College)에 입학하였다. 그는 처음에 역사학과 고전에 관심을 가졌는데, 곧 법학을 공부할 결심을 하였다. 그런데 옥스퍼드에서 그의 첫 번째 철학 스승인 길버트 라일(G. Ryle)을 만나면서 철학에 관심을 가지고 본격적인 철학공부를 시작하였다. 그가 졸업하기도 전에 에이어는 크라이스트처치칼리지로부터 다른 대학으로 떠날 계획을 가졌던 한 강사의 후임을 맡아달라는 제안을 받았다. 그런데 그 강사가 다른 대학으로 떠나지 않게 되자, 에이어에게 강의 없이 1년의 휴가가 주어졌다.

그래서 에이어는 그 휴가기간 동안 그에게 강한 인상을 심어주었던 《논리철학 논고》의 저자인 비트겐슈타인을 만나서 공부하기 위해서 케임브리지로 갈 계획을 세웠는데, 라일의 권유와 비엔나학파의 수장인 모리츠 슐리크(M. Schlick)의 초대로 오스트리아 비엔나를 방문하기로 하였다.

에이어는 이 무렵(1932년) 그의 첫 애인이었던 르네(Renée)와 결혼하였기 때문에, 그의 아내와 함께 비엔나로 가는 것도 좋을 것이라 생각하여 라일의 권유를 받아들였다. 슐리크의 주도로 결성된 비엔나학파의 모임에 참석한 에이어는 1933년 영국으로 돌아올 때, 비엔나학파의 철학적 입장에 엄청난 영향을 받았다. 그의 전기를 쓴 마틴의 표현을 빌리면, 그는 "엄청난 혹은 종교적이라고 할 만한 열정을 가지고"[1] 비엔나학파의 철학을 받아들였다. 비엔나에서 돌아온 직후, 9개월 동안 그는 논리실증주의 철학을 소개하고 옹호하는 논문을 다섯 편이나 발표했다. 그런데 러셀과 무어 등이 있었던 케임브리지대학과 달리 옥스퍼드대학에는 여전히 그의 철학에 대하여 적대적인 철학자들이 훨씬 많았다. 이런 분위기 속에서 그는 1933년 12월부터 《언어, 논리, 진리》를 집필하기 시작하였다. 그로부터 19개월 후, 그의 나이 24세가 되던 1935년 7월 마침내 논리실증주의의 매니페스토라고 할 수 있는 《언어, 논리, 진리》를 완성하였다.

---

1) Martin, *On Ayer*, p. 7.

그 이후 그가 발표한 저서 중에는 논리실증주의 철학의 인식론적 결정판이라고 할 수 있는 《경험적 지식의 토대》(*The Foundations of Empirical Knowledge*, 1940), 그리고 1971년에 발표한 《러셀과 무어: 분석적 유산》(*Russell and Moore: The Analytical Heritage*), 1972년에 발표한 《확률과 증거》(*Probability and Evidence*) 등이 있다. 그 이외에도 수많은 저서와 논문을 발표하였고, 1977년에 자신의 첫 번째 회고록 《나의 삶의 일부》(*Part of My Life*)를, 계속해서 1985년에 두 번째 회고록 《그 이후의 나의 삶》(*More of My Life*)을 발표하여 20세기 중엽 이후 철학적 논쟁의 중심에 있었을 뿐만 아니라, 사생활에서도 두 번의 이혼과 한 명의 아내와의 사별, 그리고 네 번의 결혼이라는 파란 많은 인생을 정리하였다.

80년의 삶 동안 많은 철학적 업적을 남긴 에이어지만, 에이어를 유명하게 만든 한 권의 저서를 들라고 하면 대부분의 철학자들이 이 책, 《언어, 논리, 진리》를 꼽는 데 주저하지 않는다. 그러나 이 책은 출간되자마자, 에이어의 표현대로 "즉각적 악평"(*immediate succés de scandale*)을 받았다. 그는 여러 가지 비판에 대한 답을 하기 위해서 자신의 주장을 부분적으로 수정하는 내용을 담고 있는 서론을 첨부하여 1946년 재판(*second edition*)을 발간하였다. 이 책은 출간 후 약 20여 년 동안 매년 새로운 쇄를 출판할 정도의 베스트셀러가 되었는데, 그것은 논리실증주의를 소개하는 교과서로, 나아가 많은 비판에도 불구하고 분석철학의 철학관을 매우 잘 소개하는 개론서로 인정되었기 때문이다.

이 책에서 에이어는 논리실증주의의 핵심적 주장인 검증원리를 소개하고, 이를 토대로 철학에서 오랫동안 논쟁거리가 되었던 문제들을 검토하며, 많은 철학적 문제들이 사실은 검증가능하지 않은 무의미한 진술로 이뤄진 사이비 문제(*pseudo-problem*)라고 주장한다. 이 책에서 그는 언어분석을 통해서 의미 없는 진술들로 이뤄진 전통적 형이상학을 제거할 것을 주장하고, 인식적 의미를 갖지 않는 가치명제(윤리적 진술과 미에 대한 진술)를 다루는 윤리학과 미학에 대하여 "정서주의"라는 새로운 이론을 제시한다. 궁극적으로 에이어는 이 책에서 철학의 기능을 반성이라고 보고, 반성을 위해서 요구되는 철학적 활동은 분석이라고 주장하며, 철학사에서 중요하게 평가되는 대부분의 철학자들은 진정한 의미의 분석가라고 결론내린다. 이 책은 논리실증주의의 선언문이라고 불릴 만큼, 길지는 않지만 매우 분명하게 논리실증주의 철학을 소개하고 있다. 실제로 마틴의 설명에 의하면, 이 책은 대략 6만 단어 정도밖에 되지 않은 간결한 책이지만, 중요한 논리실증주의의 원리와 철학적 입장을 포괄하는 "아름답게 씌어진" 책이다. 요컨대, 이 책은 1930년대 이후 형성된 논리실증주의로부터 시작된 초기 분석철학의 면모를 정확하게 설명하는 분석철학의 고전이라고 할 수 있다.

그러나 에이어는 후기에 들어서 《언어, 논리, 진리》에 대해서 그가 처음 가졌던 열정을 포기한 듯한 인상을 풍긴다. 예컨대, 1977년에 발표된 그의 회고록, 《나의 삶의 일부》에서 그는 다음과 같이 말한다.

> 《언어, 논리, 진리》는 나의 이름을 철학자로 알려준 책이다. 나는 그 책의 지속적 성공에 만족한다. 그러나 때때로 나를 괴롭히는 것은 그 책이 여전히 나의 다른 어떤 저술보다 높게 평가된다는 사실이다. 나는 지난 40년 동안 어느 정도의 진보를 이룩했다고 생각하고 싶다.[2)]

또 1970년 브라이언 맥기(B. Magee) 와의 대담에서 맥기가 《언어, 논리, 진리》의 문제점이라고 생각되는 것이 무엇인가라고 묻자, 에이어는 "가장 중요한 결함은 그 책의 거의 모든 것이 옳지 않다는 것"이라고 대답한 적도 있다.[3] 이처럼 《언어, 논리, 진리》는 다른 여러 철학자에 의해서도 많은 비판이 제기되었을 뿐만 아니라, 에이어 자신도 후기에 이르러서는 많은 문제점을 가지고 있다는 것을 시인한 책인 셈이다.

그럼에도 불구하고 이 책이 갖는 철학사적 의의는 결코 과소평가될 수 없다. 소옴즈(S. Soames) 는 논리실증주의라는 철학이 철학계에 미친 영향을 하나의 혁명이라고 평하면서, 그것을 자연세계에 대한 새로운 이해를 가져다준 근대 과학혁명과, 현대인의 삶을 극적으로 바꿔놓은 오늘날 과학기술의 혁명에 비유하기도 하면서, 그 중심에 에이어가 있음을 지적하고 있다.[4] 물론 논리실증주의의 주장은 그들이 독창적으로 제안한 새로운 것은 아니었다. 에이어가 머리말에서 밝히고 있듯이, 그것은 흄의 경험론적 전통과 러셀과 비트겐슈타인의 영향 아래 생겨난 것이었다.

논리실증주의는 도대체 왜, 그리고 어떻게 현대철학에 그렇게 큰 영향을 미쳤는가? 이 글은 이 질문에 대답하기 위해서, 그리고 《언어, 논리, 진리》가 갖는 철학사적 의미를 이해하는 데 도움을 주기 위해서 책의 내용을 간단히 요약하고 검증원리를 중심으로 살펴보기로 한다.

---

2) A. J. Ayer, *Part of My Life*(London: Collins, 1977), p. 299.

3) Martin의 앞의 책에서 재인용, p. 8.

4) S. Soames, *Philosophical Analysis in the Twentieth Century*, Vol. 1(New Jersey: Princeton University Press, 2003), p. 257.

이 책의 핵심적 주장은 다음의 일곱 가지 논제로 정리할 수 있다.

1) 분석적 진술은 그 진술을 표현하는 문장의 의미를 이해하기만 하면 선험적으로 알 수 있는 필연적 참인 진술이다.
2) 물리적 대상은 감각자료로 이뤄지는 논리적 구성물이다.
3) 철학의 기능은 언어분석에 있다.
4) 언어를 구성하는 문장은 관찰문장과 비관찰문장으로 나뉜다.
5) 모든 의미 있는 문장은 동어반복이거나 모순문장이거나 경험문장(우연문장)이다.
6) 의미 있는 경험문장은 원칙적으로 관찰을 통해서 검증될 수 있다.
7) 윤리적 진술이나 형이상학적 진술은 인식적 의미를 갖지 않는 진술이다.

분석명제와 필연명제, 그리고 선험명제는 외연에서 동일하다는 첫 번째 주장은 러셀과 초기 비트겐슈타인의 주장으로부터 얻어진 것이다. 경험론자로서 에이어는 세계에 대한 지식은 모두 감각경험에 의존하는데, 선험적 참은 세계에 대한 것이 아니기 때문에 감각경험으로부터 독립해서 인식되고, 그것은 단지 그 문장의 의미 때문에 참이라고 주장한다. 그러나 이 주장은 20세기 중엽 많은 논란을 불러일으켰다. 우선 콰인(W. V. Quine)은 선험적 지식을 분석성이나 언어적 규약에 의존해서 설명하려는 시도가 성공적이지 않음을 그의 유명한 "경험론의 두 가지 독단"이라는 논문에서 밝히고 있다. 그리고 크립키(S. Kripke)는 그의 명저 《이름과 필연》(*Naming and Necessity*)에서 필연적 참과 선험적으로 인식가능한 참이 구별되어야 함을 주장함[5]

5) 이를 위해서는 W. V. Quine, "Two Dogmas of Empiricism," in *From a*

으로써 에이어의 첫 번째 주장에 대한 심각한 비판을 제기했다.

두 번째 주장은 흄의 현상론과 러셀에 의해서 제시된 논리적 원자론으로부터 발전된 것이다.[6] 즉, 물리적 대상에 대해서 우리가 가질 수 있는 것은 감각경험에 의해서 주어지는 감각자료일 뿐이고, 물리적 대상이란 그 감각자료의 논리적 구성물에 다름 아니라는 것이다. 그러나 에이어가 이 책의 제 8장에서 실재론과 관념론의 문제에서 밝히고 있듯이, 이 두 번째 주장을 곧 버클리류의 관념론으로 이해해서는 안 된다(이에 대해서는 이 책 제 8장의 "실재론과 관념론"을 참고하기 바란다).

에이어가 세 번째 주장을 하게 된 결정적 동기는 아마 러셀의 한정기술구에 대한 분석 때문이었던 것 같다. 러셀도 자신의 기술구 이론을 철학적 분석의 전형이라고 생각했는데, 에이어도 이에 대해서 동의하지만, 2판 서론에서 밝히고 있듯이, 러셀의 한정기술구 분석이 중요하기는 하지만, 그와는 구별되는 철학적 분석이 있음도 인정한다. 에이어에 따르면, 참다운 철학은 전통적 사변철학처럼 경험적으로 알 수 없는 세계에 대한 지식이 있다고 주장해서도 안 되고, 동시에 경험과학처럼 그 자체로 경험세계에 대해서 탐구하는 학문도 아니다. 철학은 경험과학의 이론에 대한 언어분석을 통한 명료화 작업이며, 따라서 철학은 선험적이고 논리적인 문제에 관심을 갖는다. 그는 이

Logical Point of View(Cambridge, MA: Harvard Univ. Press, 1953)과 S. Kripke, *Naming and Necessity*(Cambridge, MA: Harvard Univ. Press, 1980)를 참고할 것.

6) 러셀의 논리적 원자론에 대해서는 B. Russell의 *Logic and Knowledge*(London: George Allen & Unwin, 1956)에 나오는 "The Philosophy of Logical Atomis"와 "Logical Atomism"을 참고할 것.

러한 과정을 통해서 사변적 형이상학의 공허함이 드러나고 전통적인 여러 가지 논쟁적 철학의 문제가 해소된다고 보았다. 이러한 철학관은 에이어가 이 책에 대해서 만족스럽게 생각하지 않게 되었던 말년에도 그대로 유지되는데, 그는 자신의 이러한 철학관이 비트겐슈타인의 철학관과 궁극적으로 다르지 않다고 생각했다.

네 번째부터 여섯 번째까지의 주장은 이 책의 핵심이 되는 검증원리를 발전시키기 위해서 제시된 것이다. 먼저 강한 의미의 검증원리는 "어떤 명제의 참이 경험을 통해서 결정적으로 확립될 수 있다면, 그리고 오직 그럴 경우에만 그 명제는 강한 의미에서 검증가능하고, 경험명제 중에서 강한 의미의 검증가능성이 있는 명제만이 의미 있는 명제"라는 주장이다. 그러나 이러한 강한 의미의 검증원리는 지나치게 강한 주장이어서 많은 의미 있는 명제들을 무의미한 것으로 만들어버린다. 그래서 초판에서 에이어는 약한 의미의 검증원리를 옹호하는데, 약한 의미의 검증원리는 "어떤 명제가 경험을 통해서 개연적으로 참인 명제가 될 수 있다면, 그리고 오직 그럴 경우에만 그 명제는 약한 의미에서 검증가능하고, 경험명제 중에서 약한 의미로 검증가능한 명제만이 의미 있는 명제"라고 주장한다. 다시 말해서 어떤 가능한 경험이 하나의 경험명제의 참이나 거짓을 결정하는 것과 관련된다면, 그 명제는 약하게 검증가능하고, 따라서 의미 있는 명제라는 것이다.

그리고 그는 약한 의미의 검증이라는 말을 최종적으로 다음과 같이 관찰진술이라는 용어를 사용하여 직접적으로 검증가능한 경우와 간접적으로 검증가능한 경우로 설명한다.

"S라는 진술이 직접적으로 검증가능하다"의 충분조건은 다음과 같다.

① S가 관찰진술이거나

② (S & O)가 O′을 함축하고 O나 S만으로는 O′를 함축할 수 없다.

"S′라는 진술이 간접적으로 검증가능하다"의 충분조건은 다음과 같다.

(S′ & p)는 직접적으로 검증가능한 진술 S를 함축하지만, p나 S′만으로는 S를 함축하지 않는다(여기서 p는 분석진술이거나 직접 검증가능한 명제를 표현하는 진술이거나, 간접적으로 검증가능한 명제임을 독립적으로 보일 수 있는 진술만 포함하는 진술이다).

그러나 검증원리에 대한 에이어의 최종적 설명도 문제점을 갖는다. 이 설명에 대한 많은 비판이 제기되었지만, 가장 강력한 비판 중 하나로 여겨지는 처치(A. Church)가 제시한 비판만 간단히 살펴보자. 처치의 비판요지는 검증원리에 대한 위 설명은 모든 진술을 검증가능한, 따라서 모든 진술을 의미있는 진술로 만든다는 것이다. 그 주장을 정리해보면 다음과 같다.[7]

1) P, Q, R을 서로 논리적으로 함축하지 않는 관찰진술이라고 하자.

2) S를 임의문장이라고 하자.

3) α를 복합진술 (~P & Q) ∨ (R & ~S)의 약어라고 하자.

4) 3으로부터 (α & P)는 R을 함축한다.

---

7) A. Church, "Review of Language, Truth and Logic: Second Edition," *Journal of Symbolic Logic*, 14(1949), pp. 52~53. 소옴즈는 처치의 논증을 좀더 쉽게 비형식적으로 상세하게 설명하고 있다. S. Soames의 위의 책, pp. 289~289를 참고할 것.

5) 1의 가정으로부터 P는 R을 함축하지 않는다.
6) 4, 5와 검증원리에 대한 에이어의 설명으로부터, α는 직접적으로 검증가능한 진술이다.
7) 3으로부터 (α & S)는 Q를 함축한다.
8) α가 Q를 함축하지 않는다고 가정하자. 그러면 7과 검증원리에 대한 에이어의 설명으로부터 S는 간접적으로 검증가능한 진술이고, 따라서 의미있는 진술이다.
9) 이제 α가 Q를 함축한다고 가정하자.
10) 3과 9로부터 (R & ~S)는 Q를 함축한다.
11) 1로부터 R은 Q를 함축하지 않기 때문에, 10으로부터 ~S는 직접적으로 검증가능한 진술이다.
12) 7과 11로부터, α가 Q를 함축한다면 ~S는 직접적으로 검증가능한 진술이다.
13) 어떤 진술이 직접적으로 검증가능하다면, 그 문장의 부정은 항상 간접적으로 검증가능하므로, 12로부터 α가 Q를 함축한다면 S는 간접적으로 검증가능한 진술이고, 따라서 의미있는 진술이다.
14) 8과 13으로부터 S는 간접적으로 검증가능한 진술이고, 따라서 의미있는 진술이다.

결국 에이어의 검증원리에 대한 수정된 설명도 그렇게 설득력을 갖는다고 평가할 수 없다. 에이어도 자신의 검증원리에 대하여 제기된 이러한 비판이 매우 결정적이라는 사실을 인식했을 것이다. 왜냐하면 이 책에서 주장하는 많은 논제들이 사실은 검증원리에 의존하기 때문이다. 이런 이유 때문에 에이어도 "이 책의 대부분이 옳지 않다"고 말했을 것이다. 그럼에도 불구하고 이 책은 케임브리지의 무어와 러셀로부터 시작되어, 1930년대 비엔나학파의 논리실증주의에서 발전된 현대 분석철학의 철학관을 집약하여 담고 있다는 점에서 이 책의 철학사적 의의는 결코 과소평가될 수 없다.

찾아보기(용어)

ㄱ~ㄴ

ㄷ~ㄹ

ㅁ~ㅂ

ㅅ~ㅇ

찾아보기(인물)

지은이 소개

알프레드 J. 에이어 (Alfred J. Ayer, 1910~1989)

1910년 영국 런던에서 태어났다. 19세 되던 해 옥스퍼드대학에 입학하여 라일(G. Ryle) 교수로부터 철학을 수학하였다. 1932년 비엔나서클의 모임에 참석하여 논리실증주의 철학에 영향을 받고, 1935년 논리실증주의의 선언문이라고 할 수 있는 《언어, 논리, 진리》를 발표하였다. 그 후 옥스퍼드대학 교수로 재직하면서 수많은 저서와 논문을 발표하였다. 대표적 저서로 《경험적 지식의 토대》(*The Foundations of Empirical Knowledge*, 1940), 《확률과 증거》(*Probability and Evidence*, 1972) 등이 있고, 자신의 첫 번째 회고록 《나의 삶의 일부》(*Part of My Life*)를 1977년에, 두 번째 회고록 《그 이후의 나의 삶》(*More of My Life*)을 1985년에 발표하였다.

옮긴이 소개

송 하 석

한국외국어대에서 불어불문학을 공부하고, 미국으로 건너가 논리학, 분석철학을 공부하였다. 1989년 캘리포니아 주립대학에서 비트겐슈타인에 관한 논문으로 석사학위를 받았고, 1994년 클레어몬트대학에서 진리에 관한 연구로 박사학위를 받았다.

공직적격성 평가(PSAT)가 시작된 2004년부터 2010년까지 외무, 행정, 입법고시 선발시험 언어논리영역 출제위원 및 선정위원으로 참여하였고, 2006년 로스쿨 법학적성시험(LEET) 기초연구 및 연구협의원으로 참여하였다. 현재 아주대 기초교육대학 교수로 철학과 논리학을 가르치고 있다.

저서로 《리더를 위한 논리훈련》이 있고, 역서로 존 설의 《합리성의 새로운 지평》이 있으며, 연구논문으로는 "비트겐슈타인의 사적 언어논증과 회의주의", "진리의 본질과 논리" 등 언어철학, 논리학, 심리철학에 관한 여러 편의 논문이 있다.